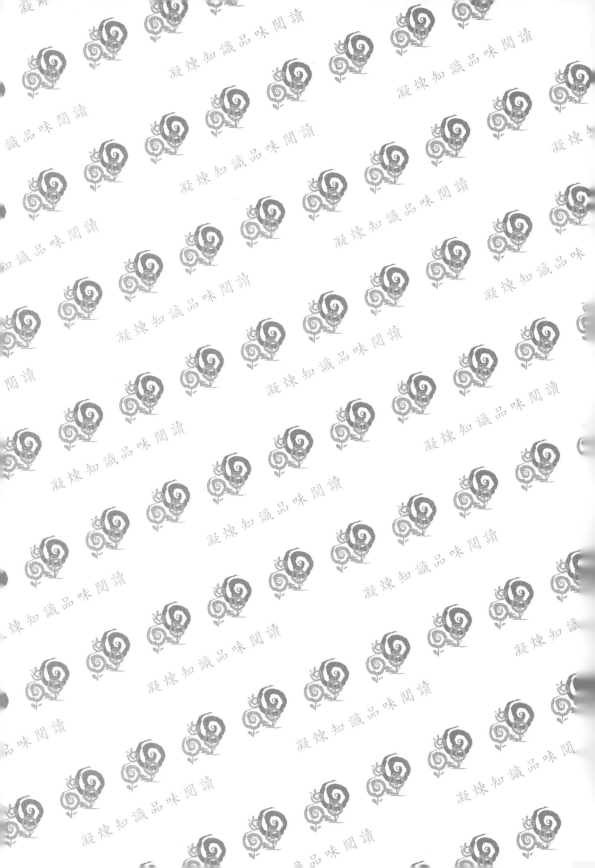

[2023年 最新版]

民意調查

陳陸輝 ◎主編

陳義彥、黃紀、洪永泰、盛杏湲、游清鑫、鄭夙芬、陳陸輝、蔡佳泓、俞振華 ◎著

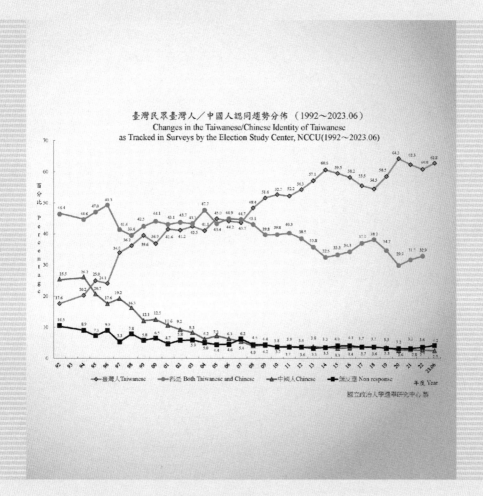

臺灣民眾臺灣人／中國人認同趨勢分佈（1992～2023.06）
Changes in the Taiwanese/Chinese Identity of Taiwanese
as Tracked in Surveys by the Election Study Center, NCCU(1992～2023.06)

五南圖書出版公司 印行

研究方法
系列

主編序

　　民意在民主政治運作的過程中，是不可或缺的重要成分。一個民主國家會注意民意的動向，瞭解民眾的需求，探索民眾對政策的看法，以及追蹤民眾對施政的評價，作為擬定公共政策、調整施政方向、改善國家治理的參考。反之，一個民主政治未發展到一定水準的國家，執政者在制訂政策過程中，往往忽略民眾的需要。所以一個國家對民意的重視程度，是該國民主政治健全程度的重要指標。

　　民意調查在台灣受到一定程度的重視，許多政黨在提名候選人階段，甚至以民意調查結果來決定人選。在報章媒體中，民意調查的報導，往往是吸引讀者目光的重要新聞。特別在選舉期間，也充斥著各種機構發布之不同候選人各自領先而彼此衝突的民意調查結果。因此，讓現代公民具備民意調查的基本知識，民眾才可以正確地解讀民調結果。本書出版的目的之一，就是以各國以及台灣相關的民意調查為範例，用深入淺出循序漸進的方式呈現，讓民眾能夠具備詮釋民意調查結果的基本能力。

　　民意調查是透過科學的嚴謹精神、實證態度與系統方法來探索民眾的意向。美國政治學者 Sidney Verba 指出：這種方式的優點在於能夠達到政治平等的理想。因為，透過科學的抽樣調查方法，讓所有民眾一方面有「相同的代表」（equal representation）母群體之機會，另一方面也讓參與調查的民眾，其意見能「一視同仁的被考量」（equal consideration）與受到政府「同等的回應」（equal responsiveness）。這是因為民意調查須以隨機抽樣的統計理論，挑選能夠代表母群體的樣本，使得每一位合格的民眾都有相同的中選機會。因此，無論民眾對政治事務是熱心積極或冷漠

無感，居住在都市或鄉村，散布在山間或海邊，都有同等的中選機會而參與訪問，並表達其意向。民主政治也隱含著民選的公職人員應對所有民眾的需求與偏好作同等的考量與回應。因此就「相同的代表」與「同等的回應」上，民意調查最能達到該目標。

政治大學選舉研究中心籌設於1983年，並在1989年1月27日奉教育部函核准設立，過去近四十年來執行過無數次的全台地區的面訪、電訪、郵寄問卷、焦點團體與網路民調。本著學術研究機構對於調查研究方法與理論的堅持，選舉研究中心歷年來從事的調查研究工作都以嚴謹的要求執行。自2001年以來，選舉研究中心的研究團隊結合國內民意調查研究的重要學者，針對【民意調查】、【面訪實務】、【電訪實務】、【民意調查新論】等主題，陸續出版專書，希望能夠拋磚引玉，將國內從事民意調查理論與實務研究學者的多年經驗，與學界及一般民眾分享。為了與時俱進，本書在內容以及範例上做了許多修正。本次版本在第二章特別增加了近來受到重視的「聯合調查實驗設計」之說明，第七章針對處理電話訪問的唯手機族與一般市話的雙底冊抽樣以及面訪的地址抽樣方法有所說明之外，各章節也更新相關的資料，讓本書能夠更具備理論與實用價值。

本書的撰寫者有陳義彥、洪永泰、黃紀、盛杏湲、游清鑫、鄭夙芬、蔡佳泓、俞振華與陳陸輝等幾位老師，他們從事民意調查研究工作多有二十年以上的經驗。不過，本書的內容仍難免有疏漏、錯誤與不盡理想之處，祈望各界先進，不吝指正。本書承蒙五南圖書出版公司發行人楊榮川先生與總經理楊士清先生的長期支持並協助出版，特此感謝。撰寫過程中，五南圖書出版公司的劉靜芬小姐、黃郁婷小姐在編輯以及校對上的協助，也是本書得以順利問世的關鍵，在此一併致謝。本書延續2001年出版的初衷、2009年、2013年與2020年的改版或小幅增修的展望，因此，筆者借用陳義彥與游清鑫兩位老師在最初幾個版本序言的部分內容，也希望傳承兩位老師編輯本系列叢書的精神。

陳陸輝 謹識

公元2023年8月

目錄

Chapter 1

民意與民意調查

陳義彥、蔡佳泓

　　十八世紀的法國哲學家盧梭（Jean-Jacques Rousseau），提出「普遍意志」理論，主張人人應該平等，而且普遍意志應該高於少數人或是特別團體的意志，人民的利益才會得到最大的實現。而美國政治學者 Austin Ranney 指出民主政治是一種根據人民主權（popular sovereignty）、政治平等、人民諮商及多數決等原則所組成的政府形式（Ranney 2001, 95）。其中「人民主權」的原則乃是要求制定政治決策的最終權力是歸屬於全體人民，而不是人民中的一部分人或一個人。這項原則是民主政治概念的核心。Ranney 指出政府須有制度上的管道安排，以便能夠掌握人民希望政府採行的公共政策。政府在確認人民的意見偏好之後，就須制定政策予以實施，以回應人民的需求。這項「人民諮商」原則是由「人民主權」原則邏輯推演而來的結果。如果政府可以完全違背人民的意願推行政策，那麼主權者就變成政府官員而不是人民了。

　　Ranney 的這兩項民主政治原則，勾勒出民意在民主政治的重要性。但是民意並非只有在民主國家才重要。Key（1961）曾說，即使是獨裁者也會想透過祕密警察瞭解人民在想什麼。就算是不民主的國家也需要一定比例的人民真誠的支持，否則政府有可能出現合法性的危機。由此可以瞭解為何中國古代有學者提出「民本」思想，要求統治者至少要照顧人民的生活需求。

壹、公眾的涵義

　　民意在英文為「public opinion」，早期譯為「公意」，亦即由「公」（public）與「意」（opinion）兩個要素所構成。

　　然則何謂「公」？最簡單的說法，「公」就是「公眾」。有學者將公眾界定為「一群具有共同態度的個人之集合體」（Yeric and Todd 1983, 2）。在一個社會裡，會同時存在著許多種社會議題。不同的公眾，因為其身分或年齡、性別、居住地區的不同，而關心不同的問題，例如農民關心農產品的價格，婦女關心醫療保健以及教育環境，老年人關心社會福利

等。如果按照關心議題的性質來區分，Yeric 與 Todd 指出三類公眾（Yeric and Todd 1983, 3-4）：

一、獨特性問題的公眾（the single-issue public）。這類公眾是由一群關心特定議題的人所構成，例如人權、環保、教育、文化等議題。此類公眾希望透過各種宣傳、教育行動促使更多公眾共同關心，進一步可能要求政府回應他們的訴求。

二、組織性的公眾（the organizational public）。這類公眾屬於某種特殊利益的組織，例如工會的成員、藥劑師公會的成員等，他們可能具有共同的利益，經常透過組織活動來向政府表達意見。

三、意識形態的公眾（the ideological public）。這類公眾的特點是具有強烈、抽象的意識形態，例如民族主義、保守主義、女性主義等。他們根據其意識形態倡議改變現狀，例如民族主義者在教育上強化民族的認同，女性主義者則在學校、職場強調性別平等。

　　第二種分類係根據公眾對公共問題的關心、瞭解程度來分（Roskin et al. 1997, 144）：

一、一般的公眾（a general public）。這群是社會上的大多數人，他們對於跟自己或目前無關的公共問題，並不太去關心或瞭解。例如對於政府的外交政策，他們常興趣缺缺，除非國家陷入戰爭中或發生國際危機，他們才會去注意。

二、關懷的公眾（an attentive public）。這群是社會上的少數人，受較好的教育，能瞭解較高層次的政治社會問題，如外交政策。他們是政策或意見菁英的聽眾，常常傳述菁英的觀點，並動員一般的公眾。

三、政策與意見的菁英（a policy and opinion elite）。他們是社會上極少數具有高度影響力的人，具有相當專業性並介入政治。這些人是國會議員、政務官、知名的學者和高層的新聞工作者，他們設計國內外各項政策，並表達給關心的公眾與一般的公眾瞭解。

　　上述兩大分類的各三種類型公眾，並不相互排斥，且可能重疊。隨著問題和情況的改變，各類型公眾組成數量也隨時在變動。

貳、民意的定義與類型

民意中的「意」就是「意見」。有學者認為「當一項態度被表達出來，不管是透過語言或是行為表達，就稱之為一項意見。」（Glynn et al. 1999, 106）。所以意見就是一個人表達出來的態度（Yeric and Todd 1983, 4）。意見與態度常是互用的，但是學者認為意見與態度這兩個概念還是有差異的，主要在三方面：

一、意見是個人對一項問題做可觀察的、語言或文字的反應；而態度是一種內在的、心理學上的性向或傾向。

二、雖然意見與態度都隱含贊成或不贊成的成分，但態度一詞更指向情感面（亦即基本上的喜歡或不喜歡）；而意見則強烈指向認知面（如有意識地評價或者支持或反對某些政治人物、政治團體或政策）。

三、最重要的一點，在傳統概念上，態度被視為對一組刺激具有全盤性、持久性的取向；而意見較視對象而定，可能針對某項特殊問題產生特別的行為調整（Price 1992, 46-47）。由於態度是內在的，不能直接觀察，必須透過意見的行為表現來表達，有些人主動透過遊行、投書報紙、寫信給民意代表等表達態度，而社會科學家則是透過調查、座談、實驗等方法來加以觀察態度。

Key（1961）強調，民意應該具有公共的性質，而且包括對候選人的看法、政府的期待、政黨的看法等都與公共的生活習習相關，應該可以視為民意。至於哪種汽車最受到歡迎、哪種星座的人最有人緣，則屬於私領域的意見。除非最受歡迎的汽車的銷售量是造假或是變成市場獨占，那才可能與公共生活相關，對於如何處理這個問題才會是民意。

Glynn 等人曾歸納民意的說法成五類如下（Glynn et al. 1999, 17-30）：

一、民意是個人意見的集合。

二、民意是多數人信仰的反映。

三、民意是建立在團體利益的衝突上。

四、民意是媒體與菁英的意見。

五、民意是被虛構出來的。

　　這五類定義反映出民意的根源、形成過程或表現之不同重點。這五類定義中最通用、簡明、清楚的就是第一類的定義：「民意是個人意見的集合。」許多研究者、新聞工作者、政策決策者和一般人都認為民意就是許多個人意見的簡單總和。民意也可能是團體利益的衝突結果。每個人都可能屬於至少一個社會團體，也許是人數非常龐大的世代、職業、居住地區等，也許是人數較少的校友會、登山協會等。不同社會團體之間有衝突但也可能有合作，過程中可能影響民意甚至政策。例如年金改革過程中，退休公務員、教師、勞工都會主張自己的權益；油價的政策則涉及到駕駛人、國營事業員工、職業大小客車駕駛人或業者的意見。

　　Hennessy 曾提出民意的五項要素（Hennessy 1985, 8-13），應有助於我們對民意內涵的瞭解。

一、一項「問題」的出現

　　學者都同意民意需有「問題」出現後才會產生。民意必須是對一項問題所表達的不同觀點，例如同性婚姻、核電廠的存廢、廢除死刑、房價問題等，所以民意可能隱含公眾對此問題會有爭議的要素在內。此外，這些問題必須對社會與人民產生影響，例如課稅、基本人權受影響等，才能構成民意的要件（Amstutz 1982, 183）。

二、公眾的性質

　　關於公眾的內涵，前面已有述及，公眾有許多類型，具有類似思想或行為傾向的人，會有形或無形組成同類的公眾。因此，不同的問題會形成不同的公眾。在形式上，各項問題的公眾是各自獨立的，代表特殊的意見。就一個人而言，在某項問題上，他與別人分屬不同的公眾，但在另一項問題上，他又與別人屬於同一公眾，例如主張「與中國統一」與「台灣獨立」不同立場的人，可能在是否興建核電廠的問題上，意見是部分一致

的。所以不同的公眾，其成員可能是重疊的。

三、公眾偏好的綜合

此項要素就是指公眾對某項問題的意見之總和。它包含了意見在方向上（如贊成或反對）及強弱度上（如強烈反對或稍微反對）分布的觀念。對一項牽涉範圍廣泛的大型計畫，公眾產生的意見數量可能相當可觀，例如民眾對於十二年國教的做法可能有相當多的意見，民眾對於是否舉行跨年晚會也可能有正反意見。針對某項問題而產生的眾多觀點之集合，就是所謂的「偏好的綜合」。

四、意見的表達

本要素強調「表達」兩字，也就是說民意是針對某一問題所產生的眾多觀點之表達，有學者甚至認為民意只關係到意見「公開地」表達。一個人除非把他的觀點表達出來，否則意見不能進入公共討論與辯論的領域，所以只有把意見陳述或表達出來才能構成民意。

五、參與的人數

這一要素是指跟議題相關的公眾之「數量」。民意的本質之一就是與政府政策有關。如果多數民眾對某一議題的看法與政府相反，政府在決策時可能會給予注意。也有因為部分較有組織的民眾積極推動而使得政府放棄原有計畫，例如 2013 年 6 月，馬英九政府與中國大陸簽署「海峽兩岸服務貿易協議」，但是 2014 年 4 月學生發動反服貿運動，占領立法院，使得政府承諾先立法才審查服貿協議，最後擱置該協議至今。就政府的決策而言，若一項對社會關係重大的政策，能獲得多數民眾的支持，則政策的推行將更順暢。但若對一項問題持某種意見的人數雖然眾多，卻不強烈，而同時社會另有一批人數少，但意見相當強烈，則決策者對這批意見

激烈的少數人，也不能不給予注意與重視。

綜合以上的說法，民意就是公眾意見的總合，公眾對特定議題的意見有方向與強度之分，而且可能在不同的議題上有不同的公眾站在同一方或是對立面。

參、民意的形成與變化

上一節已經定義民意為「公眾偏好的綜合」。有別於帶有更多規範性質的價值（value）、信念（belief），意見或態度乃是針對特定人、事、物的判斷或是偏好立場。而要瞭解民意的現況以及其影響，必須先知道民意從何而來？是否會持續不變還是一直變化？

Hennessy（1985）曾列舉出幾個研究民意來源的方法，包括從理性主義的途徑、幼兒成長的途徑、社會組織的途徑、經濟決定論的途徑等。根據這些研究途徑，意見可能來自於理性的判斷，或者是成長的過程，或者是社會團體的影響，或者是經濟地位的關係。Hennessy 認為這些理論都可以解釋民意的形成，而且可能互相影響，所以有待資料的蒐集、假設的驗證、變數的控制等步驟，以建構更完整的理論。他建議引用 Campbell、Converse 等人（1960）所提出的漏斗模型，來說明意見的形成過程。一開始個人態度可能受到包括家庭或所處社會團體的各種影響，隨著時間往最後的態度形成的時間點推進，各種短期的因素不斷出現，但是為時不久即消失，到最後可能剩下最初的家庭成員的影響。換句話說，民意的形成是一個動態的過程，我們不能只從最後的民意，而反推可能的影響因素，而必須觀察民意的形成過程，包括媒體的消息、政治人物的論述、朋友之間的討論等。雖然這不是一件容易做到的工作，不過我們仍然可以透過各種研究設計達到這個目的。

從民意為「公眾偏好的綜合」這個定義來看，個人的意見某種程度應該反映了個人的自利，也就是說個人的偏好應該是從對自己最有利的角度出發，也就是如 Hennessy 所指的經濟決定論。例如政府提出一個政策是

加稅以補助更多中下階層子女的就學時,受訪者可能會因為自身屬於中下階層,而且繳的稅較少,所以贊成這項做法,因此他的意見是贊成。相對地,中上階層的受訪者可能因為繳稅比較多而反對。如果有兩個政策,一個是政府增加稅收以補助更多中下階層子女的就學,另一個是政府增加課稅,而用於補助各縣市的河川整治,那麼屬於中下階層的受訪者應該會贊成優先採取第一項政策,而其他受訪者可能較不會那麼明顯地支持某一項政策,因為對他們較沒有直接的利益關係。

另外,根據 Downs(1957)的理論,民眾的偏好應該是基於許多對於政治事務的資訊所做出的判斷,前提是政黨提供其政見或是黨綱,而民眾吸收政黨提供的資料,再加以判斷得出對於政黨的偏好。不過,Downs 認為很多民眾不見得有興趣瞭解政治,而政黨也不一定會提供足夠的政治資訊,因此在這個情形下,民眾直接以政黨過去的表現或是意識形態加以判斷,而不是具體的政策內容。例如,支持社會主義的民眾傾向支持左派政黨,而支持保守主義的民眾則會選擇右派政黨。因此,自利之外,過去的資訊或是價值信念的意識形態也是重要的民意的來源。

一般來說,個人從許多來源獲得或是分享他人的偏好、意見、或是判斷。學者稱這一套過程為社會化或社會學習,意為個人會在成年以前透過家庭、學校、同儕團體等,受到他人的影響而產生自己的意見或是立場。也就是說,個人因為在成年前的態度或意見尚未成形,所以容易受到他人的影響。而一旦態度成形,隨著年齡的增長,將會愈來愈固定,不容易因為外界的資訊或是他人的說服而改變其態度。

Erikson 與 Tedin(2007)指出,個人在幼年時花相當多的時間在家庭,所以家庭成員間的態度會彼此影響,尤其是家長對於子女的影響更為明顯,例如政黨認同,因為子女會揣摩父母的想法,甚至改變自己的想法以迎合他們心目中的父母的想法。雖然隨著家庭功能的弱化,父母跟子女之間的態度傳遞也開始弱化。但是因為選舉期間會討論彼此之間的政黨支持,所以政黨認同仍然相當程度經由家庭傳遞。

同儕團體也是影響民意的來源之一。當年齡逐漸成長後,個人也會接觸到愈來愈多的政治議題,剛好跟同年紀的朋友討論政治議題,尤其是在

剛好年滿 20 歲擁有投票權的時候。不過,父母的影響可能還是高於同儕團體,因為政治與日常生活距離有點遙遠,而且與同儕團體的相處時間並不如與父母之間多。

　　學校則是另一個影響意見的來源。在小學與中學階段,學童會從課程中學習到愛國主義、服從權威、公民責任等,而這樣的教育過程會有可能會提高日後對於政治的參與。學者曾發現學童與老師之間對於政府的角色的看法相當一致(Hess and Torney 1967)。學者特別強調學童會學習到政治體系的相關符號、意象,例如國旗、總統、民族等。在學童的腦海中,政治領袖以及國家本身可能被理想化,成為一種權威的象徵。在時間的累積以及模仿中,學童漸漸地認知各種抽象的概念,並且加以組織,對於成年後的意見形成具有重要的影響。不過,學者仍然強調家庭的重要性,尤其是政黨認同的形成以及對於政治的興趣。

　　Monroe(1975, 77)指出,政治社會化過程本身,決定了態度是否容易變化的程度。如果個人遠在幼年時即已形成對於政治事務的認知以及評價,那麼對於後來所接觸到的資訊,便不容易接受而改變其態度。而且政治社會化過程強調的是人際之間的互動,所以除非個人搬遷到一個新環境,不然社會化的影響將會十分牢固。

　　一般而言,政黨認同、意識形態、長期的議題立場(例如統一或獨立議題、種族問題、墮胎問題)等,改變的可能性較短期的意見來的低。隨著年紀增長,態度也愈來愈穩定。例如 Jennings 與 Markus(1984)對於一群固定樣本的研究發現,受訪者於 18 歲及 26 歲時所回答的兩次政黨認同之間的相關係數只有 0.4,但是在 26 歲及 35 歲回答的政黨認同的相關係數達到 0.57。換句話說,年輕時的政治態度並不十分穩定,但是愈年長愈穩定。一般而言,幼年起的政治社會化一直延續到成年,但是人們並不會在成年後即停止學習新的事務及瞭解新資訊。即使是政黨認同,也不是永遠不會受到短期政治環境變動的影響而改變。

　　最後,大眾傳播提供民眾許多新聞訊息,在接收訊息過程中,個人可能會產生原先並沒有的立場,也可能因為新的訊息而轉變原有的態度,或是更加增強(Ranney 2001)。另外有學者提出媒體的影響並不是直接

對民眾的偏好有所作用，而是有「議題設定」（agenda setting）的效應，亦即突顯特定的議題，影響民眾關心的程度，例如經濟前景不佳、犯罪率升高、戰爭可能發生等，學者發現民眾的焦點常被媒體左右，反而忽略其他重要的議題（MacKuen 1981）。另一個媒體影響民意的方式是「框架作用」（framing effect），意指傳播者包括媒體有意強調議題的某一個面向，例如在集會遊行是否應該採報備制這個議題上，政府可能強調法治、交通秩序等面向，倡議者、媒體可能會強調言論自由、集會自由的面向，引導大眾的考量方向。不論是「議題設定」或者是「框架作用」，近幾年因為網路發達，社群媒體的影響力增加，媒體或者政治人物無法完全壟斷訊息傳播。例如網路上對於國民黨的批評似乎一直多於民進黨，即使國民黨全力在媒體上或是群眾間宣傳政策，似乎無法走出網路上留言者所設定的「傾中」、「不瞭解年輕人」、「既得利益者」等框架。而民進黨也有執政包袱，在網路上也有許多批評。

　　研究民意的先驅之一李普曼（Walter Lippmann, 1925）懷疑民眾是否願意花時間瞭解公共事務。由於他目睹政府在戰爭時期的宣傳，對於民眾的政治資訊判斷能力抱持存疑的態度，認為民主建立在民意基礎的理想只是幻影。不過，同時期的杜威（John Deway）抱持較樂觀的理想主義，認為「公眾」（public）的確存在，但是因為工業文明的進步，使得民眾無法體現民主就是來自於民眾自身或者是社群的理想。杜威的社群理想主義承認公民有其不理性、自私的一面，但是他認為透過教育以及社會組織，應該可以矯正李普曼所觀察的民主問題。李普曼與杜威的論爭提醒政府施政未必反應民意，反而有可能操縱民意，但是民意也可能隨著教育與社會組織的發展而提升，進而強化其重要性。

肆、民意的特性與型態

　　個人的意見綜合為民意，因此個體的民意與總體的民意有層次上的不同。個人的意見可能在不同時間點有不同的變化，但是這些變化會因為加

總全部的意見而消失，使得總體層次的民意相當穩定。總體的民意更能顯示長時間的趨勢，在實務上及理論上有很重要的功能，例如總統滿意度、特定政策的支持度，甚至左右意識形態等，都可以呈現出社會上對於政治事務的普遍看法。在探討總體層次的民意的型態之前，我們需要先瞭解民意的特性。

一、民意的特性

根據學者的說法，民意有三種特性（Rubenstein 1995, 27-29），現說明於下：

（一）強度

民意的第一個特性是對某問題的感覺有多強或多深。在問卷中我們詢問受訪者同意或不同意某個說法或是政策的程度，從而可以建立一個非常不同意、不同意、同意、非常同意的測量。一般而言，民眾對許多問題可能會有意見，但是真正感到具有強烈意見的，可能僅是少數問題而已。原因之一可能在於跟自己的切身利益相關，例如，健保費調漲的問題，多數人的感覺可能是「有點同意」或是「不同意」而已，但是一些可能需要繳更多保費的打工族則可能回答「非常不同意」。

（二）穩定性對流動性（不穩定性）

有些意見是基於長期所肯定的社會政治價值、意識形態或信仰。例如，當人們信仰「萬物皆有它們生存的權利」，或具有「自然生態應予保護」的價值觀念，此時便會產生「核廢料會破壞自然狀態」的態度，最後表現出來的就是「反對核四發電」的意見，甚至參加反核示威遊行。所以一般說來，基於信仰、價值而展現的意見，常是較具穩定性的，相較於特定的議題，改變較不易或較緩慢的。

但是如果把時間拉長來觀察，個人的態度有可能受到重大的事件的

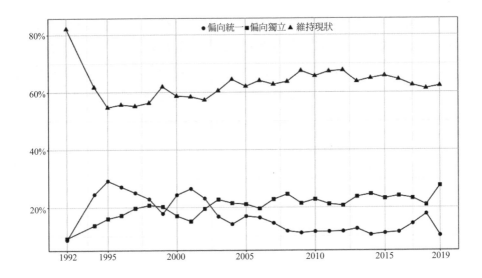

圖 1-1 台灣民眾的統獨態度（1994-2019）

資料來源：政大選舉研究中心。

說明：無反應包括不知道、拒答等，在計算百分比前已剔除。

影響，導致集體的態度分布發生變化。例如圖 1-1 顯示台灣民眾的統獨立
場，這是根據政大選舉研究中心每年累積調查資料所觀察到的結果。民眾
的長期趨勢是趨向台灣獨立，也就是回答「儘快宣布獨立」以及「維持現
狀，以後走向獨立」這兩個選項的總和，「偏向統一」的比例低於「偏向
統一」轉折點大約發生在 2000～2005 年之間，2018～2019 年的變化幅度
特別大，「偏向獨立」的比例將近 30%。「維持現狀」多年來一直是占多
數，顯示民意的長期穩定特性，但是又有統獨立場的緩慢變動。

　　另外有些意見是相當不穩定的，甚至一夕變化，我們常聽人說：「民
意如流水」，其實流動性也是民意的特性之一。民意的不穩定，其原因很
難正確指出來，下列是較常見的原因：

1. 受訪者缺乏足夠的資訊，有可能是因為該議題並非相當受人注意。
2. 在接受訪問（尤其是電話訪問）時，必須在很短的時間內反應，因此當
   時只是做一種直覺的判斷而已，並不是根據可靠的資料或經過審慎的分
   析與思考而產生的，所以表達的意見只是暫時的，或回應較草率，思慮

欠周。

3. 當發生的事件，真相逐漸透明化，或印象愈來愈深刻，或是資訊累積愈來愈多，抑或現勢已有變化，非他原來所想像或期望，於是態度便可能會變遷，民意也就可能發生轉變。在 2004 年的總統選舉所同時舉辦的兩項防禦性公投，國民黨與民進黨兩大陣營的立場壁壘分明。原本贊成與不贊成投公投票的比例相當，但是在選舉前三週的二二八紀念日當天，民進黨號召「牽手護台灣」活動，成功地把公投與台灣意識的氣勢拉高，根據估算當天全台有超過兩百萬的民眾參與這項活動。圖 1-2 呈現出在從選前六週到選舉當週的民調結果。選民在「領或不領公投票」的意見始終為兩極化，但是在二二八那一週開始，回答會去投公投票的比例開始高於回答不投公投票的比例。一開始，未決定比例接近兩成，一直到最後一週剩下一成。可見得民意在二二八活動之後發生相當的改變。

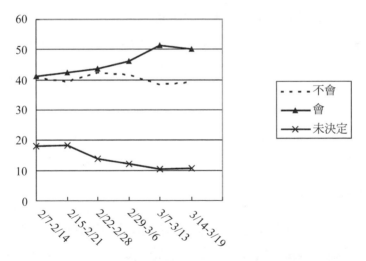

圖 1-2　2004 **年總統選舉前六週的公投議題態度折線圖**

資料來源：蔡佳泓、徐永明與黃琇庭（2007, 15）。

（三）隱性對顯性

意見的隱性（latency）或顯性（salience）特徵，關涉到我們的意見如何形成的問題。這些特徵也說明了我們是被動消極或主動積極地持有某項意見。有時候我們非常被動消極地持有某項意見，甚至連我們自己都懵然不知，當在一個特殊的環境裡提到此項意見時，就會引起我們的注意。譬如說，一般人平時對公民權利的概念並不在意，但是在看到探討公民的財產權、外國移民取得我國身分所需時間、我國公民在外國犯罪但是未被遣返國內等報導時，對於公民權利的態度可能就會被喚醒，進而在與他人討論甚至接受訪問時表達原本隱性的態度。

至於顯性的意見，則是公認為重要的問題，已經引起公眾的注意。例如失業率、兩岸關係、健保費調漲、退休金破產、教育改革等問題，這些議題占據媒體的龐大篇幅，或是經常在平常生活討論，被視為與個人或社會有重要的關係。

另外有學者提出四種態度強度的測量，與上述三個面向相互呼應。第一是持續（persistent），定義為在一段時間內態度一致沒有變化；第二是抗拒外界的影響（resistant），定義為受訪者接收到資訊之後仍然保持接收資訊之前的態度；第三是態度影響行為的程度，態度與行為之間的關聯愈高，態度愈強；第四為態度影響認知的程度，也就是態度與獲取資訊、處理資訊過程之間的相關程度（Bizer, 2005）。

二、民意的型態

透過民意調查來探知民意，就是想要獲得民意的型態或結構，以作為決策的參考或依據。通常根據方向（如贊成或反對）與強度（如非常贊成、有點贊成、有點反對、非常反對）兩個層面，可以把民眾對特殊問題的不同意見表達出來，透過統計分析與曲線得出三個民意的基本型態（Roskin et al. 1997, 136-137）。

（一）J 型（J-Curve）民意結構

　　這種型態如圖 1-3a 及圖 1-3b 所示。在圖 1-3a 中，對某一問題（或政策）絕大多數民眾強烈贊成，此時政府對此一政策應可順應民意，採納實施之。但圖 1-3b 中，則恰好相反，絕大多數民眾是強烈反對，此時政府非常不宜採取此項政策，若政府硬是要採行，恐會招致民眾強烈的抗爭，亦不符合民主政治的原則。

　　例如民眾對「大陸政府對我們政府的態度」，即呈現 J 型的民意結構（在圖 1-3c），顯示大多數的民眾認為大陸政府對台灣政府持不友善的態度。

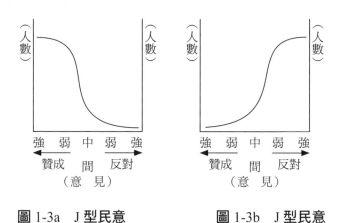

圖 1-3a　J 型民意　　　　　　　圖 1-3b　J 型民意

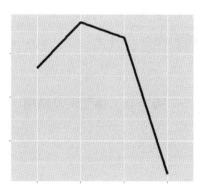

圖 1-3c　民眾對「大陸政府對我們政府的態度」的意見型態（2008.07）

資料來源：行政院大陸委員會，「大陸政策與兩岸關係」（電訪）。

（二）鐘型（Bell-Shaped Curve）民意結構

對許多問題，民眾兩極端的意見相當稀少，大多數的意見都落在中間區域，而形成一口鐘型的民意結構（見圖 1-4a），此時，政府可考慮採行此項中間政策。像有關「九二共識」的問題，多數民眾（41%）認為有利於維護台灣利益，而認為「非常不利」及「非常有利」僅各占 15% 以及12%（見圖 1-4b）。在此例子，顯示兩極端的意見占少數，而大多數的意見都在中間地帶，但贊成與反對的比例又約略旗鼓相當（56：44）。這種分布 V. O. Key, Jr. 稱之為「縱容的共識」（permissive consensus），因為民意沒有給政府清楚的指示，於是准許政府採取行動有更大的自由與空間（Key 1961, 29）。另外關於民眾的左派或右派位置，也可能形成類似鐘型的民意結構（見圖 1-4c）。

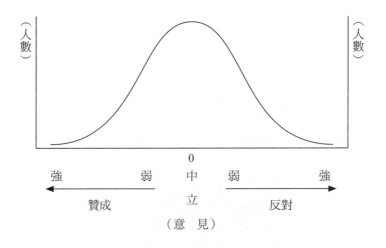

圖 1-4a　鐘型民意結構

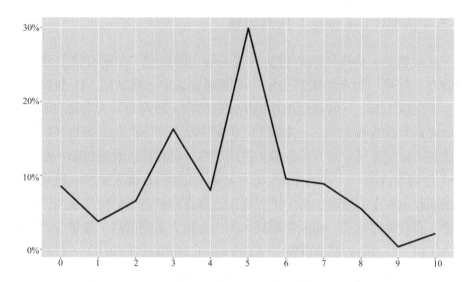

圖 1-4b　民眾對立法院的信任程度（2016.08）

資料來源：台灣社會變遷基本調查計畫第七期第二次。

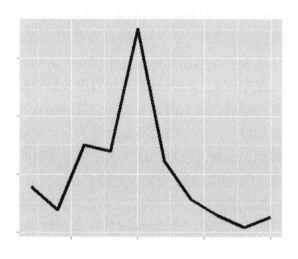

圖 1-4c　民眾的左派右派位置（2012.03）

資料來源：2010 年世界價值觀調查：台灣。

說明：無反應包括不知道、拒答等，在計算百分比前已剔除。

（三）U 型（U-Curve）民意結構

　　民眾對某一特殊問題的看法形成兩極化的意見，如此社會上分成兩個分立、互斥、衝突的兩群公眾，中間意見甚少，稱之為「U 型民意結構」（見圖 1-5a）。當社會出現這種民意結構，政府常陷入兩難的困境，甚至成為爭執的其中一方。美國十九世紀中葉，南方與北方各州對奴隸制度問題，歧見甚深，南方有數個州脫離聯邦，林肯總統實施封鎖，最後在 1861 年爆發內戰，一直到 1865 年才結束，超過 50 萬人死亡。研究近年來美國政治極化的學者指出，世界觀與政黨認同結合，會使得黨派對立更嚴重。而政黨認同是一種團體認同，個人會認同某個群體，希望成為該群體的成員，並且敵視其他群體（Hetherington and Weiler 2018）。世界觀經常與經濟議題有關，例如圖 1-5a 呈現的 U 型民意，出現在圖 1-5b，民眾對於政府減少對企業管制的看法出現中間低、兩邊高的對立型態。

　　民意型態不只上述這三種型態（Yeric and Todd 1983, 19）。政府做決策時，須衡量各種民意型態做特殊的衡量。值得注意的是，民意有可能從一種型態轉變成另一種型態。例如在 1990 年代初，兩成的民眾認為自己是台灣人，約兩成五的民眾認為自己是中國人，而四成五的民眾認為自己既是台灣人也是中國人。但是經過總統直選及政黨輪替後，認為自己是台灣人的民眾已經與自認為既是台灣人也是中國人的比例相當，各約為四成五，所以族群認同的型態從既是台灣人也是中國人為主要共識，轉變為台灣人與既是台灣人也是中國人占了絕大多數的 J 型民意結構。

　　另一項值得注意的問題是不同的次團體（subgroups）之間對於不同議題可能有不同的共識或衝突。例如表面上多數民眾的議題立場是中間溫和立場者居多，但是不同政黨認同者針鋒相對，也就是民眾跟隨著政黨的路線而無交集，而且愈富有、教育程度愈高、對政治興趣愈高者愈傾向根據政黨的方向而決定其立場，並透過政黨影響資源分配，造成社會資源不公平的分配（Baldassarri and Gelman 2008）。

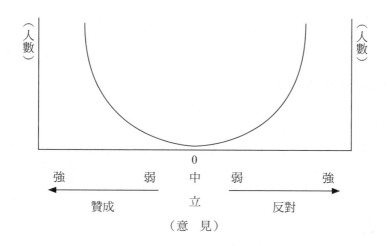

圖 1-5a　U型民意結構

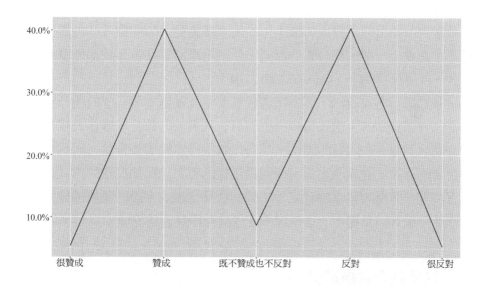

圖 1-5b　民眾對於政府減少對企業管制的看法（2016.08）

資料來源：台灣社會變遷基本調查計畫第七期第二次。

說明：無反應包括不知道、拒答等，在計算百分比前已剔除。

伍、民意調查的涵義與簡史

一、民意調查的涵義

在現代民主政治體系裡，如何測量民意是一項很重要的問題。因為民主政治的理論假定：政府是把民眾意見轉換成政策的工具，政府應該掌握人民的利益與情感。但是政府官員不是光靠想像就能瞭解民意，也不是總統或是行政院長下鄉訪問，接觸到極少數的意見領袖或是一般民眾，就能夠全面性、精確性地知悉人民利益與需求之所在。此時，透過科學性的調查方法來探知民意是一項很有效的方式。隨著調查研究技術的愈精進，民主國家採用民調來測量民意的興趣愈來愈高，運用也愈來愈普遍。

何謂民意調查（poll 或 public opinion polls）？Lake（1987, 5）認為民意調查是一種有系統的、科學的和公正的蒐集資料的方式，這些資料是來自母體中所抽出的部分人（樣本），用來推論更大的團體（即母體）。所以民意調查是一種抽樣調查的形式。任何用來測量社會和政治態度的調查設計，就是民意調查（Curtice 1996, 704）。

我們綜合各家說法，認為所謂民意調查，就是本著科學的與公正的態度從研究範圍內的全體民眾中，抽取具有代表性的部分民眾作為樣本，直接詢問他們對一些問題的看法，然後以這些樣本的看法推論（或代表）全體民眾的看法，並說明誤差。任何做這樣的努力以探知民意的方式，便是民意調查。而所謂樣本的代表性，即指依抽樣理論來設計隨機抽樣方法，抽取部分民眾作為樣本，這些樣本在理論上即具有代表性。

二、民意調查發展簡史

（一）美國

1824 年美國總統選舉時，《哈里斯堡賓州人報》（*The Harrisburg Pennsylvanian*）詢問過路行人，他們會投給亞當斯（John Quincy Adams）

或傑克遜（Andrew Jackson）？這種經詢問後所計算的結果便成為「預示未來大勢的小事」（a straw in the wind）之理論，亦即「意向調查」（straw polls）的濫觴，用來預知選舉的結果。此後的各項選舉中，許多報章雜誌常執行這種不科學的「意向調查」來預測選舉，有些正確有些則錯誤。

到了二十世紀前期，有名的雜誌《文學文摘》（*Literary Digest*）發展一種聲望調查，並且頗為精確地預測 1916、1920、1924、1928 和 1932 年的總統選舉。《文學文摘》所根據的理論是：「所詢問的選民愈多，則結果愈可靠」，所以採用非常龐大的樣本，常達數千萬份。《文學文摘》採用郵寄問卷方式，寄給全美的雜誌訂戶、電話及汽車用戶。可惜，在 1936 年的總統選舉調查中，收回的問卷中有2,400萬份表示要現任的羅斯福（Franklin Roosevelt）總統離開白宮，於是《文學文摘》就預測共和黨的總統候選人藍登（Alf Landon）會以 59.1% 贏得總統寶座。但是開票結果卻是羅斯福以 60% 的票數獲得壓倒性勝利。此次的選舉結果，等於宣告了「意向調查」的死亡。

1936 年就民意調查研究的發展而言，是非常重要的一年。蓋洛普（George H. Gallup）於 1935 年 10 月成立「美國民意調查所」（The American Institute of Public Opinion），這是第一個獨立於媒體之外的專業性民調組織。蓋洛普於 1936 年的總統大選也做了選舉預測，但是他的選舉結果預測與《文學文摘》迥然不同；他預測羅斯福會贏。蓋洛普曾公開預言：《文學文摘》的民調是自取滅亡。其理由是它的樣本嚴重地偏向高收入的選民，這些選民大多數對羅斯福總統的社會及經濟政策高度不滿。所以《文學文摘》的民調預測必然會失敗（Roskin et al. 1997, 138）。

蓋洛普所用的方法是基於「隨機抽樣理論」（random sampling theory），這是二十世紀初統計學家發展出來的抽樣理論，要件是：所有選民都有被抽中的同等機會。抽出的樣本重視其代表性，樣本不在多，只要具有代表性，即使樣本小，也能忠實地反映出全部選民的意見分布。此外，這種抽樣方式可以計算出抽樣誤差，也就是樣本與母體之間的差距。可想而知，樣本如果大到與母體一致時就沒有誤差，但是樣本超過一定數

目時，抽樣誤差就會變得非常小。

從此以後，這種新的科學抽樣方法就成為民調界的主流，歷次選舉的預測與實際的結果約在 3% 左右（參閱表 1-1）。值得注意的是由於美國的選民需要事先登記，因此近年來選舉預測的結果需要分成已登記選民（registered voters）以及有可能出席投票的選民（likely voter）。在蓋洛普的影響下，世界各國機構開始從事民意調查。在 1936～1946 年間，英國、澳洲、法國、加拿大、丹麥、瑞典、荷蘭、西德、芬蘭、挪威、義大利等國，紛紛成立類似民意調查所的機構（王石番 1995, 54-55），到 1950 年代，許多國家已經運用民意調查的結果作為施政的參考。

表 1-1　美國蓋洛普公司預測民主黨總統候選人得票率（選民票）

年　份	蓋洛普預測－民主黨候選人實際得票率（%）
1936	−5
1940	−3
1944	−2
1948	−4
1952	5
1956	−2
1960	1
1964	3
1968	−3
1972	1
1976	−2
1980	3
1984	0
1988	−2
1992	6
1996	3
2000	−2
2004	1
2008	2
2012	−2

資料來源：http://www.presidency.ucsb.edu/data/preferences.php。

除了蓋洛普之外，Pew Research Center（皮尤調查中心）、RTI International、Rusmussen、Knowledge Networks、YouGov 等美國或跨國的民調機構在預測選舉、政策調查、市場調查、民調技術方面都有相當卓越的成績，美國幾個主要的報紙或電視網也一直進行民調，許多歐美著名大學例如密西根大學、芝加哥大學等也設立民調以及資料中心。Google 提供研究者把題目放在各種部落格、網站頁面的服務，再按照樣本數目收費。近年來網路民調興起，利用大型的市場民調獲得母體特徵的參數值之後，對可能偏向高教育、年輕的網路調查受訪者進行比對加權，可以獲得相當接近電話民調的結果，卻又節省不少時間與人力成本。本書的第四章將介紹網路調查。

（二）台灣

　　十八世紀以來在台灣的發展過程中，有許多的統治者與民間的衝突，但是不太容易觀察到民意的蹤影。與民意相關的大眾媒體在 1923 年出現，也就是《台灣民報》。在發刊詞中，台灣民報希望成為「民眾的言論機關」，在當時日本的高壓統治下，不僅反映社會現狀，也鼓吹各種社會運動。之後台灣經過國民政府遷台、戒嚴與威權統治，一直到 1987 年解嚴，四十多年的時間醞釀了對於國家認同、族群認同、民主化、各種社會議題的意見，因此在 1990 年代的政治轉型過程中，民意的蓬勃發展促使政府以及學術界重視民意以及民意調查研究。

　　台灣的民意調查，始於 1954 年，聯合報進行有關使用簡體字政策的調查，採讀者投書方式進行，結果收到 2 萬 1,000 多份的讀者回信。1956年新生報成立「民意測驗部」，為我國第一個專業的民調機構，運作到1962 年才停止，其中總共進行 30 多次的民調。

　　1958 年立法委員吳望伋成立「中華民國民意測驗協會」，為我國傳播媒體以外第一個專業性的民意調查組織，迄今仍在運作。曾經發行《民意雜誌季刊》，第 18 期（1978 年 7 月）後改為《民意月刊》，第 185 期（1993 年）後則改為《民意研究季刊》。該協會過去調查的主題包括法

律、政策、各種社會議題。

　　陳義彥教授指出，江炳倫在 1972 年出版《政治文化與投票行為》一書，華力進也在 1972 年出版《台灣地區公民政治參與之調查研究》，可說是台灣民意調查最早的著作。後來雷飛龍、陳義彥、魏鏞、袁頌西、李錫錕、郭秋永、胡佛、曹俊漢、陳德禹等學者在 1980 年代相繼出版民意調查的研究，不僅引進國外的理論，並且以嚴謹的抽樣、問卷製作、訪問一直到資料分析、出版著作，奠定國內學術界調查研究的基礎。

　　1986 年趙少康、丁庭宇及多位學術界人士合作成立「財團法人民意調查基金會」，並於 1987 年元月發表第一次民調，調查民眾對中央政府首長施政表現的滿意程度，為我國首次有關政府首長（含總統）的聲望調查，引起社會廣泛的注意與爭議，也開展了日後相關議題民意調查蓬勃發展的序幕（陳義彥、許志鴻與盛杏湲 1995, 53-54）。而在學術研究機構部分，政治大學於 1989 年成立「選舉研究中心」，從事民意方面的調查研究工作，是國內唯一有專任研究人員的調查研究中心，迄今有台北、世新、中山、輔仁、成功、文化、台灣師範、東海、中正等大學，設立民意調查研究中心，中央研究院亦成立調查研究工作室，後來改制為調查研究專題中心，隸屬於人文社會科學研究中心。台北市政府及行政院研考會（現為國家發展委員會），分別於 1997 年及 2000 年成立民調中心，長期進行民調，瞭解民眾對公共政策的意見。這種民意調查的蓬勃發展現象，與我國自由化、民主化的演進過程實相呼應。

陸、民意調查的成功要件

　　雖然民意調查已經發展許久，但還是有人質疑民意的內涵及民意調查的可靠性。有人認為民意是一種幻影，毫無意義。例如，他們斷定：新聞工作者與國會議員常常提及對某一特殊問題的民意狀況，但卻毫無有關民眾感覺的數據以支持其說法。假若一個人濫用民意一詞，而毫無量化或質化的證據以支持其所謂民眾的感覺，則民意一詞將毫無價值可言。這些人相

信任何類型的民意其實都是不存在的，在真實的公共領域裡是不具基礎的（Glynn et al. 1999, 22）。

這些學者都認為：縱然總統或國會議員曾做民意調查證明民意支持他們所詢問問題的立場，但也是有人會質疑這項民意調查是否可靠？受訪者是否具備豐富的資訊後才表達意見（Glynn et al. 1999, 23）？

學者認為兩個可能的原因造成民調結果的誤差。第一個是訪問過程效應（interviewing effect），第二個是調查機構效應（house effect）。雖然調查過程有各種科技輔助，也有標準化的訓練，但是訪員的接觸技巧，有可能影響受訪者是否願意受訪；訪員使用的語言，有可能影響受訪者的反應，而訪員歸類答案的標準，也可能影響受訪者答案的紀錄。

另一個可能的影響因素是調查機構。不同的機構可能有不同的加權程序或者是加權的依據，也可能有不同的樣本來源，調查方式可能有電話訪問、網路調查、手機調查等差異，影響調查結果。過去國內有一些調查機構不論是與其他機構比較或者是與最後選舉結果比較，經常高估特定政黨的得票率，這也是另一種機構效應的來源。不過，如果把調查結果想像為一個個信賴區間，根據中央極限定理，無數個信賴區間之中，應該有幾個「不包含」母體參數。所以，某些民調結果特別與眾不同其實是正常的現象，只是民調單位應該要誠實報告調查的程序，讓讀者判斷是否有機構效應，避免民調誤導大眾。

本章認為可以從三個方面來討論民調的準確程度：一、民調結果的正確性及民眾相信程度問題；二、執行者（或委託者）做民調的動機何在？亦即公正客觀的問題；三、調查的技術與過程問題。現說明於下：

一、民調結果的正確性及民眾的相信程度

關於民調最常被問及的問題是：民調是否正確地反映民意的實際狀況？迄今為止，還沒有發展出一個完全令人滿意的方法，來查核民意調查結果所建議政府應採何種政策，其正確性如何？目前唯一能檢證民調結果是否正確的，只有投票前的選舉預測。當開票結束時，哪一家民調的結果

正確與否，即刻可以獲得檢驗。根據統計，美國總統大選的選前民調預測，各主要民調機構所做的 50 家次中有 44 家次預測正確，正確率達 88%（1936～1996）（Ranney 2001, 120），而這六家次失敗中，有三家次是發生在 1948 年。

但是另一個極端情形是所有訪問機構彼此學習，發生所謂的「牛群現象」（herding），也就是每一家訪問單位在各種原因下一致相信某一方勝選的機率很高，所以發布的民調結果非常一致，但是卻犯下嚴重的錯誤。例如在 2015 年的英國下議院選舉，許多民調機構低估執政的保守黨得票率，高估了工黨以及自由民主黨。部分原因可能歸咎於加權的變數並不十分精確，造成民調發布者的錯誤判斷。在 2016 年的美國總統選舉，大部分專家或者機構看好希拉蕊・柯林頓會獲勝，但是最後是由唐納・川普以較多的選舉人團票獲勝。

我國的總統選舉預測，因選罷法規定在投票前十天不得公布民意調查結果，但在這十天之中，常是選情變化最大的關鍵時刻，因此在這十天中，各家民調機構都繼續在做民調，但不能公布，因此實際的選前預測之正確性如何？有待更多資料公開檢視。而我們民眾是否相信選舉的民調？表 1-2 顯示有 53.4% 的民眾是不相信的，相信的有 29.8%，不過強烈表示「非常不相信」者僅占 7.6%，對從事民調的工作者而言，這項數據應還稍感安慰。

至於選民覺得哪一個機構所發布的選舉民調比較公正客觀？表 1-3 顯示學術機構、媒體及市場調查公司是比較被覺得公正客觀的，各占

表 1-2　國內選民對選舉民調的相信程度（2000.08）

	人　數	百分比
非常不相信	90	7.6
不太相信	539	45.8
有點相信	314	26.7
非常相信	37	3.1
看情形／很難說	56	4.8
無意見／不知道	142	12.0
合　計	1,178	100.0

資料來源：政大選舉研究中心，「跨世紀總統選舉中選民投票行為科際整合研究」。

表 1-3　國內選民覺得哪一機構所發布的選舉民調比較公正客觀（2000.08）

	人　數	百分比
媒體	178	15.0
市場或民意調查公司	148	12.5
國民黨	20	1.7
民進黨	52	4.4
新黨	2	0.2
親民黨	13	1.1
學術機構	196	16.6
政府機關	31	2.6
都公正客觀	12	1.0
都不公正客觀	161	13.6
看情形／很難說	75	6.3
不知道／無意見／拒答	293	24.8
合　計	1,180	100.0

資料來源：政大選舉研究中心，「跨世紀總統選舉中選民投票行為科際整合研究」。

16.6%、15% 及 12.5%。至於政黨及政府機關所公布的民調，選民肯定其客觀性的比例性非常低。在本表中有 13.6% 的選民認為「都不公正客觀」，算是比較高的比例否定民調。

　　上面兩表的數據，相當值得國內民調機構警惕與努力檢討改進。在美國，根據蓋洛普的調查，有三分之二的受訪者認為民調經常是正確的，但是也有一些民調結果顯示美國民眾對於民調的功能有所保留，例如有 50% 的受訪者認為民調建立在穩固的科學基礎之上（Asher 2012, 8, 20），可見美國民眾對民調也有一些疑問。

二、執行者（或委託者）的動機問題

　　前面已述及，民眾感覺政黨及政府所做民調的公正客觀性相當低，甚至有 13.6% 的高比例覺得各機構的民調「都不公正客觀」，這顯露了民眾對民調的不信任，或懷疑各機構做民調的動機。

　　早在 2001 年，周祖誠（2001）發表〈民調數字替誰說話？〉一文，描述朝野政黨利用民調機構及外圍團體作為政爭攻防的工具。部分媒體運用有利於自己立場的問卷設計來誤導受訪者，或者利用題目順序引導受訪者朝向設計者所希望的方向，都是常見的現象。如果該機構調查的結果相較於其他同時間的調查有明顯的差異，就可能出現「機構效應」（周祖誠 1999）。

　　執行者（或委託者）如何透過問卷設計來操弄民調，讓民調結果能符合其預期的目的？例如：詢問民眾以下兩題：

> 「本縣政府為了發放育兒津貼、老人年金、照顧弱勢等措施，希望爭取更多中央補助。請問您贊不贊成這項做法？」
> 「本縣政府今年預定興建完成十條產業道路，爭取中央到本縣設立科學園區，並且開發五處觀光農場，一處工業區。請問您滿不滿意縣長的表現？」

　　這些題目一方面主動提供調查者希望受訪者聽到的資訊，一方面並沒有給予受訪者相對應的選項，受訪者自然會順從訪問者的期待而回答。

　　透過民意調查操弄民意的情形，在國外也是很普遍，例如許多政治人物在一場演講、一個事件（如在公開場合致詞），或在一次天災之後捐鉅款，即刻做民調，向民眾誇耀他的民調數字，以提高其聲望（Jacobsohn 1997, 165）。

　　執行者（或委託者）這種別有用心的操弄民調，對民調的公信力殺傷甚大，所有從事民意調查者應努力並全力阻止。可喜的是，隨著愈來愈多專業調查公司加入民調，以及專家學者共同監督，台灣近年來民調的品質有上升的趨勢。但是在選舉前經常出現許多民調公司或者基金會發布民調結果，選舉後又消失無蹤，這些民調數字背後的動機，值得所有人注意與關心。

三、調查的技術與過程問題

歸納調查的技術與程序的可能問題有以下五項：

（一）抽樣：不按照統計學抽樣原理來抽樣，致使樣本不具代表性無法推論母體。

（二）問卷：詢問的問題充滿誘導性，也沒有邀請公正的學者專家細心檢視問題的遣詞用字，或做試測（pre-test）以發掘問卷的缺失。例如政府部門的問卷有時候為了怕受訪者不瞭解政策而費力地解釋，不知不覺中變成一種政令宣傳，而且易讓受訪者一面倒地同意問卷的題目。

（三）訪員：訪員的素質與訓練不足，例如訪員對研究問題的瞭解有限，訪員本身沒有進入狀況，或是語言能力不足（例如不會講台語、客語），以致溝通困難，甚至產生誤解。

（四）過程的監督：整個調查過程草率，監督不嚴，例如在電話訪問過程中沒有監聽監看。在面訪過程中，沒有組成督導系統，隨時解決訪員所遭遇到的問題，掌控研究進度；面訪結束後，沒有做複查的工作，或複查數量太少或複查動作不確實，導致訪員舞弊。或者是回收後的登錄、檢誤作業草率，流失許多寶貴的資訊。

（五）分析方法：執行者對統計方法的瞭解有限，例如忽略自變數與依變數之間的內生性關係，也就是依變數與自變數彼此影響，高估了因果關係，扭曲了民調結果。

基於上述民意調查的缺失與批判，筆者提出一個成功的民意調查必須具備或注意下列六大要件：

（一）調查者的客觀性。

（二）樣本的代表性。

（三）問卷的適當性。

（四）調查過程的嚴謹性（含抽樣、訪員及督導的態度與技巧）。

（五）受訪者回答的真實性。

（六）統計分析的正確性。

　　我們認為第一項「調查者的客觀性」是最先決的要件。調查者必須要有探知真實民意的心，本著學術良心，循著科學的嚴謹態度來執行民意調查，才能建立民意調查的公信力。我們也可以透過第二項到第六項的要求，來檢視調查者的客觀性。本書第二章對於調查誤差、測量誤差等問題，有更詳細的介紹，請讀者參閱。

柒、結語

　　隨著社會的變遷以及科技的進步，民眾已經不只能從電視獲得有關公共事務的訊息，更可以透過網路上的社群媒體、獨立媒體、部落格等獲得最新消息，甚至收看直播。民意的研究也必須回應時代的趨勢，針對電話涵蓋率的問題、不同調查模式的差異、跨領域研究的方法，做更有系統的探討，才能更完整地掌握民意的方向以及影響層面。

　　近年來，各大學以及研究資助機構愈來愈強調研究倫理，本書第十章有詳盡的介紹。如何兼顧研究參與者的知情權利，以及調查工作的順利進行，是民意調查的一大挑戰。不過隨著資料型態的改變，例如巨量資料、網路調查等，可能使得個人資料的保護方式需要更多的討論。

　　本書以下各章將詳細的介紹研究設計、抽樣、問卷設計等調查理論與實務，希望透過學理與經驗的結合，有系統地闡明如何成功地做好一次民意調查，以落實民主政治就是民意政治的理想。

Chapter 2

調查研究設計

黃 紀

　　一般人印象中，學者應該是兩袖清風、清心寡欲。衡諸實際，即便生活形態可以如此，做起學問來可不能這麼隨遇而安，反而要從構思、規劃到執行，高度理性，步步為營。研究的重要性愈高、規模愈大，整體規劃也要愈縝密，這就是「研究設計」的重要。

壹、何謂「研究設計」？

　　所謂「研究設計」（research design, RD），是針對研究的目標，規劃與安排人地時事物，以利蒐集到相關的資料，回答想研究的問題（research questions, RQ）。研究問題的起源容或不同，可能基於好奇或學理上的興趣、可能為了解決實際的問題，但百變不離其中，RQ 決定RD。

一、研究設計的目的：有效回答研究問題

　　在投入一項研究前先沙盤推演、謀定而後動，就好比在蓋房子前先畫好藍圖才備料施工一樣，目的不外乎：消極的可避免走冤枉路，徒勞無功；而積極的則可按圖索驥，水到渠成。因此研究設計講求的是銜接「目標—手段」的邏輯結構（logical structure），有了設計的框架，才好據以訂定後勤補給的細部規劃。誠如建設藍圖可能會應實際狀況而做修改，研究設計也可能在執行中必須有局部調整，但權變幾乎是任何規劃與執行無可避免的狀況，卻不能因此以「船到橋頭自然直」為藉口，而不預先全盤規劃。

二、研究設計的標準：效能與效率

　　研究設計既然是達成研究目標的手段，就必須符合以下兩項標準：

（一）效能（effectiveness）：也就是透過對人地時事物的規劃，按部就班，順利達成研究的目標。

（二）效率（efficiency）：以最小的資源投入，達成既定的目標；或是在給定的資源下，發揮最高的研究成效。換言之，效率的原則，就是把人力財力和時間花在刀口上，做最妥適的規劃（optimization under constraints）。

貳、調查方法與調查研究設計

所謂「調查」（surveys），是以一套蒐集訊息的系統（information collection system）來蒐集並建立可靠且有效的資料（reliable and valid data）。產生資料的方法，可以是直接檢測，也可以是間接觀察（indirect observation）。問卷調查法仰賴受訪者回應的自我報告（self-report），因此屬於後者，其強項在於蒐集個人的態度、價值觀、偏好、意見、行為等資料；至於其執行方式（mode）則頗為多樣，從傳統的紙筆測驗，到晚近的「電腦輔助調查訊息蒐集」（computer assisted survey information collection, CASIC）（Vehovar, Manfreda, and Koren 2008, 271）均屬之，且隨科技發展而與時俱進。誠然，做調查不一定需要抽樣（例如普查 census），抽了樣也未必要用問卷來調查（如驗血），但現今社會科學中主要的個體資料來源，確實是將抽樣方法與問卷調查兩者結合的「抽樣調查」（sample survey）。本章討論的主題，就側重標準化（standardized）的抽樣問卷調查。

所謂「調查研究設計」（survey designs），如同第壹節所述之其他實證研究的設計，旨在針對該調查案的研究目的（包括描述、比較、解釋或預測），來規劃安排人地時事物，以便在有限的資源與時間內，盡可能蒐集到符合需要的資料、減少各種可能的誤差，最後並能正確的分析和解讀這筆得來不易的資料，幫我們解答心目中的研究問題，順利達成研究目標（Fink 2003）。

參、抽樣調查的一般流程

　　規劃設計貴在縝密，既能見林、也能見樹。先鳥瞰一般抽樣調查的整體流程，可以培養我們的整體視野。

　　抽樣調查是實證研究中舉足輕重的一種方法，因此其研究的過程，自與一般的實證研究有類似之處，但也有其獨特之處。圖 2-1 顯示：選定研究主題之後，工作流程兵分兩路：往左邊，提出分析架構與假設、概念化、變數操作化與測量等流程，是與一般實證研究相同之處，只是操作化與測量最後都體現在調查的主要工具——問卷上；與此同時，往往如圖 2-1 的右邊，有另一組專業人馬會根據主題的理論母群，擇定抽樣底冊（sampling frame）、決定抽樣設計與樣本數、執行選樣等步驟，這部分屬於抽樣調查中選擇觀察對象的流程。待問卷與樣本都確定後，接下來訪員的招募及訓練、施測、問卷回收、登錄與檢核除錯、加權等，也相當於其他實證研究的資料蒐集與彙整。最後資料分析與報告撰寫，更是所有實證研究必經的流程。

肆、見林：全方位的調查設計

　　調查研究的流程頗為繁複，每個階段都有其挑戰，而整個調查案的品質，則端賴研究者對這些挑戰是否都處置得宜。有句俗話說：「整串鐵鍊的能耐，只消看它最弱的一環。」（A chain is as strong as its weakest link.）意思就是：整串鐵鍊的力道繫於環環相扣，只要其中一個環節出了問題，很可能崩解斷裂！抽樣調查的流程前後呼應，牽一髮動全局，因此 Fowler（2002, 7-8）強調「全方位的調查設計」（total survey design），提醒調查研究者既要見樹、更要見林，切忌明察秋毫之末卻不見輿薪。誠然，在第一線衝刺的研究者常面臨魚與熊掌不可得兼的兩難抉擇，此時「全局為重」的權衡更加重要。因此本章認為調查研究者宜「先見林，後見樹」。

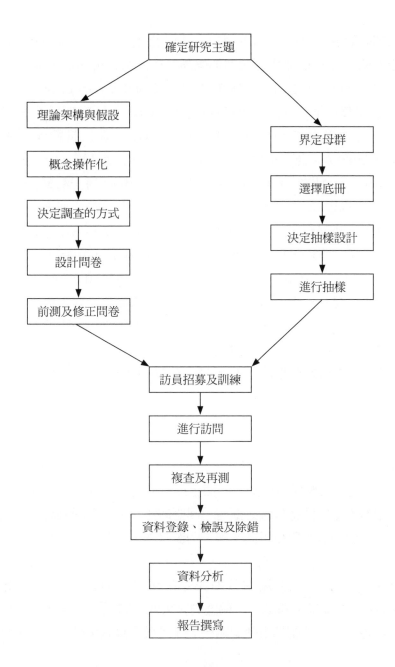

圖 2-1　一般抽樣調查之流程圖

資料來源：作者修改自 Groves et al.（2009, 47, Figure 2.4）。

　　早期討論調查誤差的文獻，往往只強調抽樣誤差（sampling error），或僅粗略的區分為抽樣誤差和非抽樣誤差（non-sampling error）兩類。Groves 在 1989 年提出了「調查總誤差」（total survey error）的觀點，強調應正視整個研究流程中所有可能發生的誤差及降低這些誤差所需的成本，並在有限的資源內，權衡輕重預為因應，將總誤差極小化（Groves 1989）。此一思維類似管理學中的「全面品管」（total quality management），目的在執行前未雨綢繆，以免臨陣時掛一漏萬、顧此失彼的窘境。這個觀點影響甚大，已成為調查設計及評估的「典範」（Gideon 2012, 4-6），也是全方位調查設計觀的立論依據。Weisberg（2005）引伸 Groves 的觀點，提出調查研究鐵三角（survey research triangle）：調查誤差、調查限制（constraints）與相關效應（survey-related effects），他認為最佳研究設計是在三者間取得平衡，也就是一方面追求誤差極小化，一方面也充分考量資源、時間、道德規範等對調查的限制，並瞭解問卷設計、調查方式、執行機構等都難免對調查的結果有一定的影響。由於相關效應涉及調查資料的分析與推論，因此本節僅針對前兩項逐一說明。

一、調查誤差

　　Weisberg（2005, 19）將調查總誤差比喻成航道上的一座冰山（見圖 2-2），由三大塊層層相疊：水面上比較顯而易見的是「選樣問題」，水面下隱而不顯卻同樣危險的還有「回應問題」及「管理問題」。調查研究者要像老舵手般，熟稔風向水勢、明灘暗礁，方能因應制宜，順利穿梭安抵目標。

　　必須說明的是，上述的各項誤差都可區分為兩個成分：變異量（variance）和偏誤（bias）；[1]偏誤的後果較為嚴重，但並非每項都必然會發生偏誤。例如拒訪如果純屬隨機，除了樣本數減少外，問題不大；但

---

[1]　用統計學的「均方誤」（mean square error, MSE）做比喻，均方誤＝變異量＋偏誤的平方。其他條件不變，均方誤愈小愈好。若沒有偏誤（即偏誤＝0），均方誤就等於變異量。

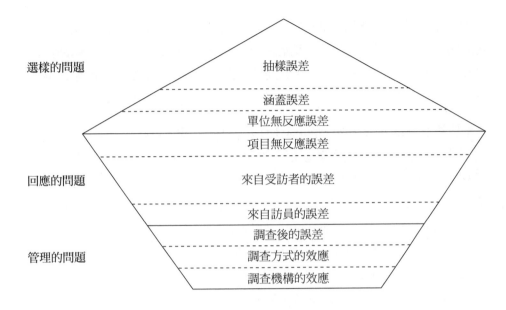

選樣的問題　　　　　　　　　　　抽樣誤差

涵蓋誤差

單位無反應誤差

項目無反應誤差

回應的問題　　　　　　　　　　來自受訪者的誤差

來自訪員的誤差

調查後的誤差

管理的問題　　　　　　　　　　調查方式的效應

調查機構的效應

圖 2-2　調查的各種可能誤差

資料來源：Weisberg（2005, 19）。

若是有回答和拒答的人之間迥然不同，就構成了偏誤。換言之，隨機誤差
（random error）因正負相抵，平均為零，只會擴大變異量，增加推論母群
參數的不確定性；但系統誤差（systematic error）則不會正負相抵，因此
會產生偏誤，造成高估或低估母群參數值（Bautista 2012, 39）。

（一）選樣問題（Respondent Selection Issues）

1.抽樣誤差（Sampling Error）

　　只要是抽樣而非普查，就一定有抽樣誤差。其他條件不變，機率樣本
的樣本數愈大，抽樣誤差就愈小。至於樣本數的大小，則視研究要求之精
準度（precision）而定。

2.涵蓋誤差（Coverage Error）

　　抽樣時依據的底冊若與研究目標鎖定的母群（target population）有

差距，且底冊有列和未列的人呈有系統的差異，就會產生涵蓋誤差。例如電訪只以電話簿為底冊，可能涵蓋不到某個社會階層的人。網路民調（internet surveys）縱使以 IP 位址為底冊，也無法涵蓋到不使用電腦的人。

3.單位無反應誤差（Nonresponse Error at the Unit Level）

中選的樣本因為找不著或拒訪等原因而沒訪問到，稱為單位無反應，這些人若與接受訪問者呈系統性的差異，就會產生偏差。因此提升受訪率是多數調查必採的措施，例如「台灣選舉與民主化調查」（Taiwan's Election and Democratization Study, TEDS）[2] 要求訪員至少要三訪中選的樣本失敗後，才能替代樣本。在執行過程竭盡所能，仍不免有缺漏，分析時才採用加權（weighting）或選樣模型（sample selection model）（Brehm 1993; 黃紀與王德育 2016, 309-330）來修正。

（二）回應問題（Response Accuracy Issues）

1.項目無反應誤差（Nonresponse Error at the Item Level）

中選的樣本雖接受訪問，但對問卷中的某些題目沒有具體回應，如訪員漏問、受訪者拒答或回答無意見、不知道等，稱為項目無反應，造成所謂缺漏值（missing values）。缺漏如純屬隨機，問題不大；但缺漏的機率如果與該項目本身的特性相關（例如所得愈高者愈不肯回答所得的題項、有時愈是支持某個政黨者愈不願回答自己將投票支持該黨等），則屬非隨機缺漏（missing not at random, MNAR），會造成嚴重偏誤。在分析時，可採多重插補（multiple imputations）或設限（censored）依變數模型（Little and Rubin 2002; 黃紀與王德育 2016, ch. 7）。

2　TEDS 係由國科會人文處支持之多年期計畫，由國立政治大學黃紀教授於 2000 年創立，並擔任總召集人至 2020 年 7 月；2020 年 8 月起召集人為國立政治大學陳陸輝教授。TEDS 歷屆委員會委員、執行小組老師以及 TEDS 之歷次執行計畫，參見 TEDS 網頁：http://www.tedsnet.org/。

2.來自受訪者的測量誤差（Measurement Error due to Respondents）

指問卷的遣詞用字（wording）或題序（order）等問題，造成受訪者未能知無不言或敷衍回答。題目用語力求簡明易懂、客觀中立，題序不至於前題引導後題的回應，可減少這方面的誤差。

3.來自訪員的測量誤差（Measurement Error due to Interviewers）

訪員的言行舉止影響到受訪者的回答，例如訪問時未按照原問卷題目或題序進行。加強訪員訓練及督導可減少這方面的誤差。

（三）管理問題（Survey Administration Issues）

1.調查方式產生的效應

一旦決定採受訪者自理（self-administered）的紙筆測驗、郵寄問卷、網路民調，或是有訪員協助處理（interviewer-administered）的面訪、電訪等調查方式，甚或結合數種調查法的「混合式民調」（mixed-mode survey）（Dillman, Smyth, and Christian 2014; 黃紀 2013）相當程度也牽動其抽樣設計、涵蓋誤差等層面，對調查的結果必定有影響。

2.調查後的誤差（Postsurvey Error）

一般常認為訪問結束，調查也完成了，其實不然。大型面訪案問卷回收後的資料登錄（coding）與彙整，往往曠日廢時，每個步驟也都可能出錯，唯有層層把關、交叉比對，才能將訪問後的誤差降到最低。例如以往每一波 TEDS 兩千多份成功樣本從面訪收尾後，必須經過問卷條碼（barcodes）輸入登錄、檢核、除錯等程序，通常需要將近三個月的勞力密集處理及再三核對後，才能公開釋出。但在改採「電腦輔助面訪」（computer-assisted personal interviewing, CAPI）系統後，平板電腦取代了紙本問卷，訪員將訪問結果透過網路迅速回傳到總部的伺服器，則登錄的效率可接近普及的「電腦輔助電話訪問」（computer-assisted telephone interviewing, CATI），且降低調查後誤差。

3.調查機構的效應（House Effects）

若不同民調單位針對同一主題各自做了調查，其品質也往往因為各單位之人力素質、流程控管等而有差異，使用者比較數筆調查資料時必須將之納入誤差度的考量。

二、調查的限制（Survey Constraints）

（一）經費（Financial Costs）

減少前述之誤差，往往需要投入經費，造成兩者間的抵換關係（tradeoffs）。例如提高樣本數可減少抽樣誤差；蒐集或購買更完整的底冊可降低涵蓋誤差；贈送受訪者禮物、提高訪員費、增聘有經驗的訪員督導等，亦可提高訪問成功率、降低單位及項目無反應之誤差等。這些措施無不需要投入更多之人力與物力，但另一方面巧婦難為無米之炊，研究者勢必要權衡緩急輕重尋求平衡。

（二）時間（Time）

除了經費多寡之外，完成調查案時間壓力的大小，往往也限制了調查的方式。若時程較充裕，則面訪成功率較高、蒐集的資料也較完整，是較佳選擇；但若母群大而時間急迫，就勢必要用電訪而非面訪。此外，時程愈緊迫，往往也愈難兼顧各項減少誤差的措施。

（三）道德的考量（Ethics）

現有的調查方法，多多少少都會打擾到受訪者的日常生活，因此研究再重要、再急迫，也必須尊重受訪者的意願與隱私，並按部就班謹守行政程序及法律的規範。科技部人文司之前推動之行為與社會科學研究倫理審查，即是在確保符合此一規範。

伍、見樹：調查設計的結構

個別調查研究案的設計，除了要具備前一節的整體觀，還需進一步針對 RQ 做出具體的規劃。本節討論的重心移到個別調查設計的邏輯結構上，強調達成研究目標的手段。

Fink（2003）將調查研究設計區分為兩大類：實驗設計與觀察設計。

一、實驗設計（Experimental Designs）

直覺上，調查和實驗似乎風馬牛不相及。但若研究的目的著重因果推論（參見黃紀 2008; 2010; 2013; 2018），則實驗或準實驗設計（Campbell and Stanley 1963）便可與調查方法巧妙的結合。例如古典實驗設計的精髓在於將受試者隨機分派（random assignment, or randomization）成兩組：一組為實驗組（experimental group），予以施測處理（treatment）；另一組為控制組（control group），未予施測。由於隨機分派使得兩組在測前的特徵分布極為似近，研究者便可透過比較這兩組測後結果的差異進行因果推論，也就是判定該差異（果）係由兩組間唯一的不同點——施測處理（因）——所造成。由於 Fink 的專長為醫療及公衛，所以她在 *How to Design Survey Studies* 一書中（Fink 2003, 30-31）舉的例子，是比較兩組隨機分派的心臟病患，實驗組採藥物治療、控制組採手術治療，目的在檢視何者療效較佳。

社會科學使用隨機分派的機會雖然比自然科學少，但仍然扮演著重要的角色，只是常需因應社會科學的特性稍做調整。在調查研究的傳統裡，實驗未必是在控制的環境（如實驗室）中進行，而可能是在實際的環境中進行，稱為「實地（或田野）實驗」（field experiments）（參見 Gerber and Green 2008; 2012），兼顧因果推論的內在效度（internal validity）和研究發現適用的廣度（generalizability，即外在效度 external validity）。其實早在 1940 年代，Cantril（1940; 1944）等學者就已經在實驗問卷題目不同的遣詞用字對受訪者回應的影響，此一傳統到了 1980 年代以後開始

與認知科學結合,成為調查方法論中探討「問答過程」(question-answer process)很重要的一支,其調查設計稱為「樣本分組實驗」(split-sample experiments)(Fowler 2004)或「分卷實驗」(split-ballot experiments)(Petersen 2008)。分卷實驗設計的結構,結合了一般的問卷調查和隨機分派實驗,也就是將測量相同變數的兩種不同用字、或不同題序的問卷,以隨機分派的方式同時訪問兩組機率樣本,然後比較這兩組樣本在回應上的分布是否有差異,推論不同的問卷用字、題序或內容所產生的效果,據以改進問卷設計,提升測量的效度。如果分卷實驗在設計上也不讓訪員知道是在進行分組或分卷實驗,則更貼近所謂「雙盲設計」(double-blind design)。

　　當然,分卷實驗的應用範圍絕不限於調查方法論本身。例如 Blais(2012)採網路調查的方式,隨機分派給受試者兩種描述不同選舉制度的問卷,比較這兩組受試者參與投票的意願,推論選制對投票參與的影響。又例如市場調查,以不同的視覺輔具呈現給兩組隨機分派的受訪者,比較其偏好,作為產品設計及行銷等的依據。同理,傳播研究也可以類似的調查實驗設計,瞭解閱聽人對不同媒介內容的認知與感受等。不過如同一般之實驗設計,調查實驗的長處往往在因果推論的內在效度,至於將結論推廣至不同時空情境之外在效度,則需格外謹慎(Barabas and Jerit 2010)。

(一)列項實驗(List Experiment)

　　近年網路調查興起,因其成本低、速度快,與實驗設計結合後如虎添翼,網調實驗(internet survey experiments)迅速崛起(Sniderman 2011),TEDS 自 2016 年起,亦建立網調實驗平台,進行網調實驗(黃紀 2017)。調查實驗不僅快速普及,其實驗設計也日新月異。除了前述有關問卷遣詞用字、題序先後的測試外,對於敏感題(sensitive questions)的處理也著墨甚多,目的在保護受訪者隱私的前提下,既避免社會群體壓力的扭曲(social desirability bias, SDB),又可測知其真實的態度。例如

1991 年 Sniderman 等學者採用「列項實驗法」〔亦稱為項目總數法（item count technique）〕，將受訪者隨機分為兩組：控制組問卷列了三項非敏感項目，受訪者無須對個別項目表態，只需回答共同意幾項；實驗組問卷則在相同的三項之外，加上一題敏感的種族問題「有黑人家庭搬到你家隔壁」，受訪者也只需回答總共同意幾項，透過比較兩組的回答，推知種族偏見的比例（Blair and Imai 2012）。「列項實驗設計」近年在網調中廣受採用，其分析與推論方法也推陳出新（Blair, Imai, and Lyall 2014; Imai 2011）。

（二）聯合實驗（Conjoint Experiment）

　　一般較為傳統的實驗設計，只針對一個變數（單因子）將受測者隨機分成若干組，雖然簡單明瞭，但推論受到侷限。若研究議題的「因」涉及多個層面（multidimension），則宜採用能兼顧複合因果效應（composite treatment effects）的實驗設計。這種設計在不同學科中有其源遠流長的歷史，在行銷學中稱為「聯合分析」（conjoint analysis）（Hensher, Rose, and Greene 2015; Rao 2014）、在社會學中稱為多因子調查（factorial surveys）（Auspurg and Hinz 2015; Wallander 2009）。政治學者 Hainmueller 等人將之與主流「反事實因果推論模型」（counterfactual model of causality）結合後改良為「聯合調查實驗」（conjoint survey experiments）（Bansak et al. 2021; Hainmueller, Hopkins, and Yamamoto 2014; Hainmueller and Hopkins 2015），頗受青睞，常應用於探討民眾如何做抉擇，例如對候選人或政策偏好的研究。
　　聯合調查實驗處理多層面現象的方式如下：
1. 擇定「因」的屬性變數（attributes）及各變數的類別（levels）。
2. 決定變數及其類別的所有可能組合，每一種組合構成一個「選項的輪廓側寫」（profile）。
3. 隨機選兩個（或兩個以上）的選項側寫配成一組（set），呈現給受訪者擇一（forced choice）或評分（rating）。

4. 重複步驟 3，隨機分派若干組給每位受訪者做選擇與評分。

　　以 Hainmueller 與 Hopkins（2015）研究美國民眾對移民的偏好為例：

1. 作者擇定移民申請者的九個屬性會影響民眾之偏好：性別（2 類）、
   教育程度（7 類）、原國籍（10 類）、英語能力（4 類）、專長（11
   類）、工作經歷（4 類）、就業規劃（4 類）、曾否到過美國（5
   類）、申請移民的原因（3 類）。

2. 上述九個屬性及其類別共構成 $2 \times 3 \times 4^3 \times 5 \times 7 \times 10 \times 11 = 1,478,400$ 種
   可能的移民申請者的側寫，但有些不可能的組合（如高中以下教育程度
   之醫師專長等）則予以排除。

3. 隨機分派兩個申請移民的側寫給每位受訪者，先請其就每組兩人之中二
   擇一，再對此兩人用 1 至 7 的尺度評定其偏好程度。（見表 2-1）

4. 重複步驟 3，隨機分派 5 組給每位受訪者做選擇與評分。

表 2-1　聯合調查實驗問卷中兩個選項之聯合表（conjoint table）範例

請仔細閱讀以下兩個申請移民的案例，你個人覺得哪一位應該優先准許移民美國？

	移民申請人—甲	移民申請人—乙
曾否到過美國	曾拿觀光簽證入境一次	曾拿觀光簽證入境一次
申請移民的原因	與在美國的家人團聚	與在美國的家人團聚
原國籍	墨西哥	伊拉克
英語能力	面試時英語會話流暢	面試時英語會話流暢
專長	保母	教師
工作經歷	一至二年	三至五年
就業規劃	未聘但已與美國雇主面試	到美國後再找工作
教育程度	相當於美國之兩年大專學歷	相當於美國之大專學歷
性別	女	男

假如你必須從這兩位申請人擇一，請問你會優先選誰？甲＿＿＿乙＿＿＿
如果用 1 到 7 來表示您的看法，1 表示美國絕對不應准許該移民、7 表示絕對應該准許該
移民，請問您會給甲多少？＿＿＿
那乙呢？＿＿＿

資料來源：Hainmueller and Hopkins（2015, 534）。

　　聯合調查實驗除了可處理更符合實際的多層面複雜議題外，近年也常被應用於敏感議題之民調，如種族、性別平等（Carey, Clayton, and Horiuchi 2020）、鄰避效應（Hankinson 2018）等，以降低社會群體應然面壓力產生之偏誤（SDB）。Horiuchi、Markovich 與 Yamamoto（2022）亦證實，聯合實驗設計將多個變數之屬性隨機組合、兩兩配對比較的題型，相較於一般問卷的直接問法（direct questions），可大幅降低敏感題之SDB偏差。

二、觀察設計（Observational Designs）

　　Fink（2003）所謂「觀察〔或描述（descriptive）〕設計」，是指研究的對象為既有的團體，並未以隨機分派創造實驗與控制組。社會科學中多數的調查設計屬於這一類。黃紀（2000）從實用論的觀點，認為觀察研究必須關注時間、空間、與分析層次（level of analysis）三個層面；而 Johnston（2008, 386-389）亦認為調查研究的設計有三個無可規避的面向：調查的執行方式（mode）、樣本的空間配置（space）、觀察的時間次數（time）。

　　這些面向之中，執行方式與抽樣設計在本書已另有專章討論，本節不再贅述；以下僅針對時間及分析層次的面向，說明幾個較常見之調查設計。

　　首先，我們不妨將時間面向想像成一條縱軸，而觀察之案例數則視為橫軸（參見圖 2-3），如果橫切一刀，只取得一個時間點的多個案例資料，稱為「橫斷面研究」（cross-sectional studies）；但如果在時間軸上取了兩點或以上的資料，則稱為「縱貫時序（跨時）研究」（longitudinal studies）。橫斷面就好比照片，只捕捉到瞬間的鏡頭（snapshot）；而跨數個時間點就好比影片，可進一步掌握某個時段內的動態（dynamics）。

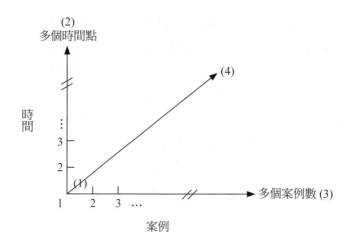

圖 2-3　案例數和觀測次數（時間點）構成之各種研究設計

資料來源：作者修改自 Pennings, Keman, and Kleinnijenhuis（2006, 21）。

說明：(1) 一個案例，一個時間點：個案研究（case study）。

　　　(2) 一個案例，多個時間點：時間序列（time series）。

　　　(3) 多個案例，一個時間點：橫斷面（cross-section）。

　　　(4) 多個案例，多個時間點：

　　　　　A. 案例均不同：重複數次之橫斷面（repeated cross-sections）。

　　　　　B. 案例均相同：合併橫斷與時序（pooled cross-sectional time-series）

　　　　　　　　　　　／固定群（panel）。

（一）單次橫斷面研究

針對某個特定事件進行的調查，多採一個時間點的橫斷式設計。例如 TEDS 自 2001 年起，均針對歷屆的總統、立委、縣市長選舉進行選後面訪。不過此處所謂「一個特定時間點」（one fixed point in time），未必真的指很短的剎那，而是指調查只進行了一次，至於該次調查的執行期間，可能短則數日（如電訪、網調），長則數個月之久（如大型面訪、郵寄問卷等）。

橫斷式民調可即時記錄當時的狀況，並分析變數之間靜態的（static）關係；且由於僅執行一次調查，相對成本也較低。但橫斷面民調不易進行

因果推論，更難掌握民意的動態演變，是其限制。例如過去對「政治世代」的研究，欲分析不同世代出生的民眾，在政治態度或行為上的差異，常以單次橫斷面資料中的年齡作為世代劃分的基準。但這類型的研究，除了世代劃分的切點常有爭議外，方法上備受質疑的，是以單次橫斷面資料切割後所估計的世代效應，其實混雜著年齡與時期的效應，難以區分。在台灣民主化初期，因政治民調剛萌芽，累積之資料有限，採單次調查分析政治世代，情非得已。但欲分析動態演變，實應以跨時間點的研究設計為宜。

（二）跨時（Longitudinal）研究

正如各種自然與社會現象會與時推移，民意的「常與變」（continuity and change）也往往引起學界的關注，而想瞭解其演變的軌跡並提出解釋。一般觀念中，「常與變」無非是指我們感興趣的對象的某些特徵，在不同的時間點上是否前後一致，一致則為「常」，不一致則為「變」，所以往往最關心的是有無變化，然後進一步探究變化的方向與幅度、持續的久暫、起源與成因等。因此不論是常與變，都是動態（dynamic）的概念，其測量需比較兩個或兩個以上的時間點，殆無疑義。例如「選舉穩定與變遷」（electoral stability and change）的研究，感興趣的對象就是選民（electorate），感興趣的現象特徵就是他／她們在歷次選舉中把選票投給哪個政黨的候選人，而「穩定與變遷」強調的正是比較選民在歷次同類公職選舉中把票投給的政黨是否一致，如否，其選票流動（flow of the vote）的幅度、方向為何？原因何在？（黃紀 2005）因此跨時研究設計，必須考量兩大面向：變化的分析層次，以及演變的三種效應來源。

1.總變量 vs. 淨變量

時間層面在跨時研究裡的重要性，常讓人忽略了另一個息息相關的面向——微觀（micro）與宏觀（macro）的分析層次問題，也就是：我們實際觀察到的變化，和我們學理上最關心的對象（個人或群體），究竟是不是在同一個層次？探討一個現象的演變，必須在分析層次上先釐清

總變量（gross/individual change）與淨變量（net/aggregate change）的區別（Plewis 1985, 16-17）。顧名思義，總變量是將個別（individual）成員之變動予以加總；而淨變量，則是集體（aggregate）之增與減相抵後的淨值。淨變量是總變量的下限，兩者當然息息相關，但兩者通常並不相等（黃紀 2001, 557-558）。如果總變與淨變的概念聽起來有些陌生，或許舉交易的「毛額（總額）」（gross value）與「淨額」（net value）為例，大家反而更為熟悉。假定在只有甲乙兩人構成的市場中，甲乙原各有 50 元，之後在一次相互採購過程中，若觀察到甲付給乙 40 元，而乙付給甲 35 元，則交易毛額為 40 + 35 = 75 元，交易淨額則為 40 – 35 = 5 元，簡單而明瞭。但換個情況，如果我們沒觀察到交易過程，僅僅知道甲乙原各有 50 元，在交易之後甲餘 45 元、乙餘 55 元，則我們只能推知交易淨額為 50 – 45 = 5 元，卻無從知曉交易之毛額究竟為多少，充其量也只能說至少甲要付乙 5 元才會產生這樣的結果；不過話說回來，我們並不能排除甲實際上付了 50 元給乙、而乙付了 45 元給甲的可能性。換言之，雖確知交易淨額為 5 元，實際之交易總額卻可能介於 5 元與 95 元之間，其可能性有許多種，究竟是多少，不得而知。同樣的道理也適用於跨兩個時間點的調查資料。假設某國只有甲乙兩黨，民調顯示原本（時間點 t = 1）各有 50% 選民支持，勢均力敵；一年後（t = 2）另一次獨立抽樣的民調顯示甲黨的支持度減為 45%，而乙黨則增為 55%。由於只有兩個時間點獨立重抽的樣本，兩組樣本的成員並不相同，所以無法追蹤同一個人的變化後填入流動表（turnover table，參見表 2-2a）的細格內，只能將集體（宏觀）層次甲黨支持度由 50% 降為 45%、而乙黨則由 50% 增為 55%，寫在流動表的邊緣總和（marginal totals）上。我們雖可輕易計算兩黨支持度之淨變量為 | 50% – 45% | = 5%，卻因為左下方 P_{21} 與右上方 P_{12} 的兩個細格均為未知，無從將兩格加總計算總變量，故充其量也只能說：至少要有 5% 的民眾原本支持甲黨後來轉而支持乙黨，才會產生這樣的整體結果；不過話說回來，我們並不能排除一個極端的可能：原本甲黨的支持者全都倒戈支持乙黨，而原本支持乙黨的民眾則有九成轉向支持甲黨！換言之，雖確知淨變量為 5%，總變量卻可能是介於 5% 與 95% 之間的任何數，可能性有

表 2-2a　兩黨支持度之流動表：跨兩個時間點的橫斷面調查

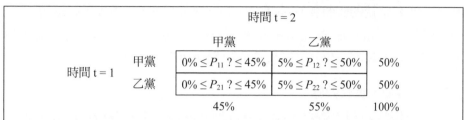

		時間 t = 2 甲黨	時間 t = 2 乙黨	
時間 t = 1	甲黨	$0\% \leq P_{11} ? \leq 45\%$	$5\% \leq P_{12} ? \leq 50\%$	50%
	乙黨	$0\% \leq P_{21} ? \leq 45\%$	$5\% \leq P_{22} ? \leq 50\%$	50%
		45%	55%	100%

說明：1. 兩個時間點的橫斷面調查，流動表細格內的數值為未知，只能得知邊緣總和，
其淨變量為 $|P_{1+} - P_{+1}| = |50\% - 45\%| = 5\%$。

2. 總變量 $= P_{12} + P_{21}$ 為未知，僅能推知其上下限為 $5\% \leq (P_{12} + P_{21}) \leq 95\%$。上下限
之推算，參見 Duncan and Davis（1953）。

表 2-2b　兩黨支持度之流動表：跨兩個時間點的定群調查

		時間 t = 2 甲黨	時間 t = 2 乙黨	
時間 t = 1	甲黨	10%	40%	50%
	乙黨	35%	15%	50%
		45%	55%	100%

說明：1. 表 2-1b 之淨變量仍為 5%，與表 2-1a 相同。

2. 表 2-1b 因係定群之個體資料，故細格內之數值為已知，可估算總變量 $= P_{12} +$
$P_{21} = 40\% + 35\% = 75\%$，遠大於其淨變量。這表示淨變量只是總變量的下限。

許許多多種，究竟實際是多少不得而知。唯有以定群研究（panel study）
測得的個體資料，才能逐一清點哪幾個人維持不變、哪幾個人由甲變乙、
哪幾個人由乙變甲，填入流動表的細格後，據以精確估算實際的總變量。
表 2-2b 即是一例，顯示淨變量僅是總變量的下限，但兩者的值可能相距
甚遠，可見得追蹤同一群人在數個時間點的變與不變，訊息十分可貴。
　　研究民意的變化，應依研究主題辨明其焦點為總變量或淨變量，不
過理想上應以兩者均能兼顧為宜。由於定群研究鎖定同一群樣本，在數個
時間點重複進行訪問，所蒐集的資料既可用來估算總變量，也可用來估算

淨變量，顯然最有價值（Lazarsfeld 1982 [1948]）。在欠缺定群追蹤資料時，若能有系統的彙整獨立抽樣之民調，雖亦可建立「數個橫斷面構成之時序資料」（time series of repeated cross-sections），幫助我們瞭解選民投票抉擇之演變趨勢，但其推論則聚集於對淨變量之估計。

2.年齡、時期、世代效應

　　單次橫斷面調查資料不適合進行動態的政治世代分析，已如前述。至於跨時研究，則往往將演變的機制劃分為三種效應：年齡效應（age effect）、時期效應（period effect）、世代效應（cohort effect），故此類分析常稱為「年齡—時期—世代分析」（age-period-cohort, or APC, analysis）或逕稱「世代分析」（cohort analysis），說明如下：

(1)「年齡效應」：指個人隨著年歲增長，經歷生命的各階段（求學、成家、事業生涯等）而產生之內在生理與心理特徵。例如年輕人比較理想自由，年長較為務實保守。

(2)「時期效應」：指與時推移的大時代、大環境，往往會影響到社會的每一分子，不論是哪個年齡層或哪個世代，都無法避免。如戰爭、革命、大蕭條及政策大轉折等，是較明顯的例子。

(3)「世代效應」：通常指同一出生世代（birth cohort）的同齡群，因成長過程經歷共通的事件與社會經濟環境，經社會化過程，形成相似且持久的態度或集體記憶，儼然自成一個次團體（subgroup）。世代間的差異透過世代交替，新世代後浪推前浪、老世代逐漸凋零，社會的組成（composition）隨之改變，社會氛圍也跟著改變。例如台灣「學運世代」的成長並跨入政界。

　　跨時調查資料的動態資訊豐富，有助於世代分析，但實證研究上，世代分析最大的挑戰，在於 APC 三者的「識別問題」（identification problem）。由於 APC 三者均與時間息息相關，構成了「舉二反三」的恆等式，例如在 2000 年進行的調查，若已知某受訪者為 60 歲，自然亦知其屬於 1940 年出生的世代，換言之，世代＝時期－年齡（$C = P - A$）；同理，$A = P - C$、$P = A + C$。若將 APC 三者設為自變數一起納入迴歸分析，會造成多重

共線性問題（multicollinearity）而無法估計 APC 三者的係數，但若任意剔除其一，估計的係數又可能混雜了被剔除變數的效應而有偏誤，形成所謂「APC 難題」（the APC conundrum，參見 Glenn 2005）。用最簡單的線性迴歸式表示，依變數 Y 的期望值若是 APC 的線性函數，則：

$$E(Y) = \alpha + \beta_A A + \beta_P P + \beta_C C$$
$$= \alpha + \beta_A (P - C) + \beta_P P + \beta_C C \quad \because A = P - C$$
$$= \alpha + (\beta_P + \beta_A)P + (\beta_C - \beta_A)C$$

上式顯示：若將年齡 A 剔除，則 P 及 C 的係數估計值都混雜了 A 的效應 β_A。探討「APC 難題」的文獻雖已汗牛充棟，但辯論仍方興未艾，尚無定論（參見 Bell and Jones 2015; O'Brien 2015; Yang and Land 2006; 2013 等）。故研究者責無旁貸必須瞭解 APC 分析的條件與限制，針對研究的議題及跨時資料的特性，結合對該議題時空脈絡的知識，慎選分析方法與統計模型。綜合言之：

(1)涉及動態演變的議題，應採跨時研究設計。

(2)著重世代效應的 APC 分析，調查資料涵蓋的時段長度，應足以顯現世代交替的效應。

(3)世代分析除了需要長期一貫的跨時資料外，更需面對劃分年齡、時期、世代效應的方法論挑戰。

（三）跨時之調查設計

跨時間點的調查研究設計，十分多樣。以下係依據各時間點的抽樣方法，區分為三大類：重複之橫斷面、滾動式橫斷面、及定群追蹤。

1.重複數次之橫斷面調查

在數個時間點，每次都針對相同的母群重新進行獨立抽樣（簡稱「獨立樣本」），所以每一波訪問的樣本並非同一群人（參見圖 2-4），但是各波的問卷至少有一部分為相同的核心題目，故研究者可以根據各波的獨立樣本，計算這些相同的題項在不同時間點的分布，然後依照時序排列後

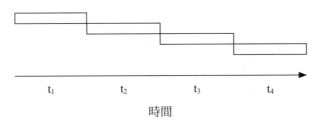

圖 2-4　重複數次之橫斷面調查：樣本沒有重複

資料來源：Menard（2008, 5）。

便可顯示出該變數在集體層次的時間序列（aggregate time series），進行
趨勢分析（trend analysis）。例如美國 Gallup 民調公司自 1950 年代起便定
期以獨立樣本進行總統之聲望調查（popularity poll），研究者可將歷屆美
國總統任內之聲望高低依時間劃成趨勢圖，並進而分析經濟榮枯、重大事
件等對總統聲望起伏的影響。又如政大選舉研究中心將其過去二十餘年有
問及統獨立場、台灣人／中國人認同、政黨認同的民調結果，按時序呈現
其百分比趨勢圖，研究者亦可據以描述並解釋台灣民眾重要政治態度的走
勢與演變，其中「台灣人／中國人認同」之趨勢，參見圖 2-5。TEDS 多
年期計畫（黃紀 2012a; 2020）自 2012 年 9 月起每季均執行一次「總統施
政滿意度」電訪，將相同題型的數波調查依時序串連起來，可審視總統滿
意度的整體趨勢與演變（圖 2-6）。

　　重複數次之橫斷面調查（repeated cross-section surveys）的優點，在於每
波均為獨立抽樣，故可針對當時之母群重新抽樣，無須像定群研究般擔心
固定樣本流失或被先前問答所制約，以及追蹤數波之後固定樣本年歲增長
涵蓋不到年輕族群等問題。但是正因其為獨立抽樣，每一波的受訪者都不
同，因此最適宜分析整體趨勢的淨變，但較不易透視個體層次的總變量。
倘若研究主題的分析層次是個人，卻苦無長期之定群資料，則可考慮串
接數波有共通核心題組的橫斷面調查。文獻中，分析的方式有兩大方向：
(1) 世代分析（cohort analysis）：如前節所述，APC 分析旨在區辨年齡、
　　時期、世代的效應。例如林宗弘（2015）以 1995～2010 年四波台灣社

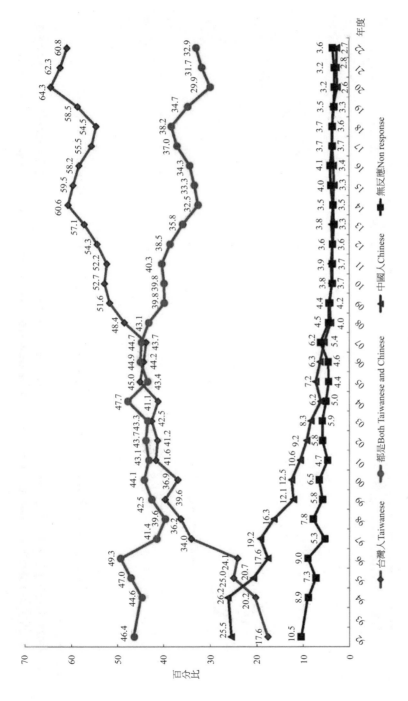

圖 2-5 台灣民眾之「台灣人／中國人認同」演變趨勢（1992-2022）

資料來源：政治大學選舉研究中心。

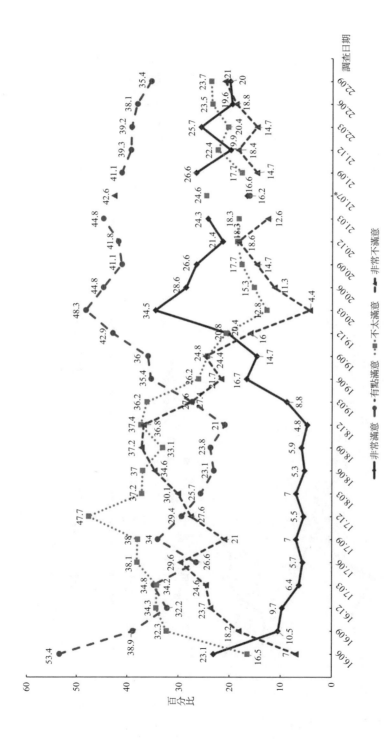

圖 2-6　蔡英文總統施政滿意度趨勢圖：TEDS 電話調查（2016.06-2022.09）

資料來源：黃紀（2020）、陳陸輝（2022）。

說明：*2021 年 5 月疫管署宣布新冠肺炎疫情警戒升級至第三級，故無法辦理 6 月份總統滿意度電訪，改於 7 月辦理網路調查。因 2021 年 7 月的調查方式與其他各季均不同，圖 2-6 僅列出其百分比供參考。

會變遷調查，分析國家認同與民主價值的演變；黃紀（Huang 2019）以六屆總統大選選後面訪，探討民眾 1996～2016 年統獨立場演變的世代效應。

(2) 擬似定群分析（pseudo-panel analysis）：以定群分析為典範，將各波之獨立樣本拆解重建成若干個性質相近的「同質群」（synthetic cohorts），依時序串接成「擬似之定群」（pseudo-panels），然後結合跨層推論與定群分析方法，間接推論群內的變化（Huang 2006; Lebo and Weber 2015; Pelzer, Eisinga, and Franses 2004）。例如張傳賢與蒙志成（2013）以TEDS 2001-2012，分析選民在藍綠認同、統獨議題與族群認同上的演變。

2.滾動式橫斷面調查

滾動式橫斷面（rolling cross section, RCS）電訪始於 1984 年之美國選舉研究（the American National Election Study, ANES）附屬的子計畫，1988 起在加拿大選舉研究（the Canadian Election Study, CES）中發揚光大。美國首次大規模採用滾動樣本，係 2000 年之全美 Annenberg 選舉研究（the 2000 National Annenberg Election Survey, NAES），針對 2000 年美國總統大選從 1999 年 12 月起至 2001 年 1 月中旬止，近十四個月期間以滾動樣本訪問了約 58,000 位受訪者（Waldman 2004, 12）。我國滾動樣本電訪最早由劉義周教授引進，其後 TEDS 之 2005 年任務型國民大會選舉（TEDS2005NA）、2008 年第七屆立委選舉（TEDS2008L-T）及 2012、2016、2020 年總統與立委選舉（TEDS2012-T、TEDS2016-T、TEDS2020-T）（黃紀 2011; 2012b; 2015; 2016; 2020）亦採用選前滾動樣本及選後定群追蹤電訪的調查設計。黃紀與游清鑫（Huang and Yu 2011）即分析 TEDS2008L-T 的選前五波滾動樣本電訪及 2010、2011 非立委選舉年的獨立樣本電訪，檢驗其提出之「選制知識之選舉週期論」（electoral cycle theory of electoral system knowledge）；黃紀、王宏忠與林長志（Huang, Wang, and Lin 2012; 2013）則運用 TEDS2008L-T 及 TEDS2012-T 選前滾動樣本（參見圖 2-7 之選制知識趨勢圖）檢驗選制知識對投票與否

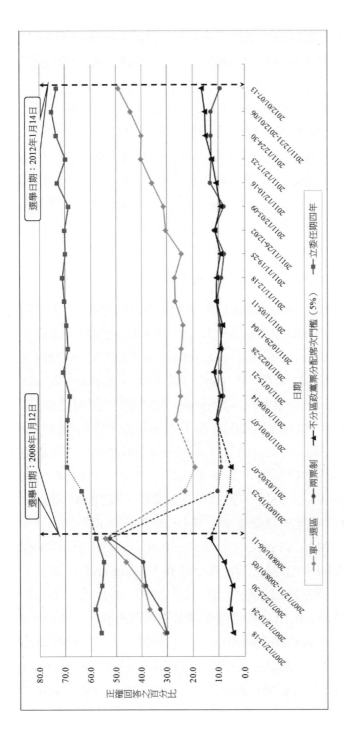

圖 2-7　台灣民眾對立委選舉「單一選區兩票制」認知之趨勢圖（2007.12-2012.01）

資料來源：Huang, Wang, and Lin（2013）。

說明：2010 年 3 月及 2011 年 3 月為「重複兩次之橫斷面電訪調查」，其餘以資線連接部分均為「滾動式橫斷面電訪調查」。

的影響。

　　滾動式橫斷面電訪在結構上有些類似前述「重複之橫斷面調查」——數個時間點、每波獨立抽樣、問卷有相似之核心題目，故可視為是「重複之橫斷面調查」的一個特例（Kenski 2004, 46）。但「滾動」所特別強調的，是以很短的時間為單位（例如每一天或每幾天）連續進行獨立抽樣調查，因此其執行方式主要是採電話訪問，不過近年也擴及網路調查。這類調查設計的主要目的，在掌握一個特定時段內可能瞬息萬變的動態，最典型的當然就是捕捉選前競選活動的即時影響（real-time effects in campaigns）（Brady and Johnston 2006; Johnston 2008; Johnston and Brady 2002）。

　　滾動式橫斷面設計最大的優點，就是以比定群設計更低的成本，追蹤某個重要時期內的動態演變，倘若該時段內有特殊重大事件發生，則其累積的跨時資料還可作為準實驗設計中之「受阻擾之時間序列設計」（interrupted time-series design），比較該事件發生前後的民意趨勢來評估事件的影響力（Huang, Wang, and Lin 2013）。不過滾動樣本既然是「重複之橫斷面調查」的一個特例，前節所述的限制自然也適用：RCS 基本上只適宜描述和分析集體層次上的趨勢變化（即淨變量），RCS 本身不易估算個體層次的總變量。若是對個體層次的總變量感興趣，定群設計比 RCS 更理想（Bartels 2006）。

3.定群調查

　　早在 1940 年，美國社會學家 Lazarsfeld 及其團隊就在 Ohio 州的 Erie County 對同一組樣本（600 人）進行了七波的調查訪問，研究競選活動、媒體及人際溝通對投票的影響，他們將這組樣本稱為「panel」（Lazarsfeld, Berelson, and Gaudet 1968 [1944], 3-5），開定群（panel）研究之先河。自此，定群研究指鎖定同一群樣本，在兩個或兩個以上的時間點重複進行訪問，所蒐集的資料屬於相同個體的重複測量（repeated measurements）。圖 2-8a 及 2-8b 均表示不論在哪個時間點，觀察測量的對象都是同一組樣本，與圖 2-4 重複橫斷面之每次重新獨立抽樣截

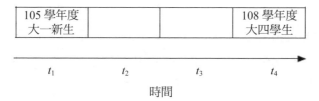

圖 2-8a　單世代定群研究：以追蹤 105 學年度大一新生之樣本為例

20 歲				24 歲
21 歲				25 歲
22 歲				26 歲
23 歲				27 歲
24 歲				28 歲
⋮				⋮

t_1　　　　t_2　　　　t_3　　　　t_4　　　　t_5

時間

圖 2-8b　多世代定群研究：以追蹤 20 歲以上公民之樣本為例

資料來源：作者修改自 Menard（2008, 5）。

然不同。圖 2-8a 之研究設計，是鎖定某一個特定的世代（例如某學年度入學之大學生）進行追蹤，故稱為「單世代定群」（singe-cohort panel），推論範圍僅限於該世代（Yang and Land 2013, 10-11）；但圖 2-8b 之設計則鎖定多個世代進行追蹤，故稱為「多世代定群」，母群涵蓋更廣（Menard 2008）。

　　定群研究各波的結果當然也可以視為是重複之橫斷面調查資料，用來估算集體層次的趨勢及淨變量；不過定群資料（panel data）最可貴之處，在還能進一步估算個體層次的總變量（Lazarsfeld 1982 [1948]）。也就是說：定群研究還可以幫我們瞭解是哪些個人沒變、哪些個人變了？怎麼改變法？並可進而分析是哪些因素使得有些人堅定不移，有些人卻改變心意？是哪些因素促成某種模式的改變？誠如 Campbell（1960）指出：集體的數據固然可以看出一些走勢與傾向，但是要能進一步深入瞭解其背後產

生之機制，勢必要參照民意調查的個體資料作為檢證，方能有紮實的實證基礎。

　　定群研究應用甚廣。例如「單世代定群」研究，陳義彥與陳陸輝（2004）針對政大 93 學年度入學的大學生抽出 1,000 多位樣本後，持續四年追蹤訪問五波，以瞭解其政治社會化的過程與影響。陳陸輝（2011）進一步從全台灣地區公私立大學及技職院校 100 學年度的大一新生抽出 2,000 位樣本，於 2012 年 3 月進行首波社會化面訪調查，且持續追蹤這一群大學生樣本，在大二及大三時進行網路調查，在大四時（2015 年）再執行一波面訪。至於「多世代定群」研究，例如 TEDS2008L 第七屆立委選舉的面訪調查，除了 1,240 個重新獨立抽樣的成功樣本外，為了進一步瞭解 2008 年 1 月首度實施的「單一選區兩票並立制」是否對選民的思維與投票行為有影響，還追蹤 TEDS2004L 第六屆立委選舉調查的成功樣本進行再訪，而後者完成訪問的 1,381 人就構成了 2004 及 2008 年兩波的定群樣本；林長志（2010）及林啟耀（2015）運用這兩波定群資料，分析我國立委選制變遷對選民投票行為的影響。此外，黃紀、郭銘峰與王鼎銘（2014）亦運用《日本選舉研究》第三期（*Japanese Election Study*, JES III）2001～2005 年的八波定群資料，分析日本選民在小泉執政時期的政黨認同與投票抉擇之穩定與變遷。黃紀（Huang 2018）則以 2016 年總統選舉前、後之兩波定群追蹤電訪，比較同一組樣本在政黨輪替前後對整體經濟的回顧與前瞻評估，印證選民的經濟評估確實有受到政黨偏差（partisan bias）的影響。

　　台灣政治學界第一筆針對 18 歲以上民眾進行之長期「多世代定群」面訪調查，始於「台灣政經傳播研究：政治極化面訪追蹤 2018～2022」（TIGCR-PPS 2018-2022, 黃紀與張卿卿 2023）。黃紀（2021）比較 2018 及 2019 年成功追訪的 1,723 位同一群受訪者這兩年之統獨立場，分析 2019 年香港反送中事件對台灣民眾政治態度的影響，結果如表 2-3 所示，追蹤同一群受訪民眾 2018～2019 年間統獨立場的穩定與變遷，清楚顯示有相當比例的人往該表右上方偏獨的方向（標示為深灰色）移動，尤其是 2018 年持主流態度「維持現狀，以後再決定」的人之中，有 22.1% 到

表 2-3　2018 年至 2019 年台灣民眾統獨立場之變化

		2019 統獨立場						
		儘快統一	維持現狀以後統一	維持現狀再決定	永遠維持現狀	維持現狀以後獨立	儘快獨立	2018 Total [%]
2018統獨立場	儘快統一（%）	16 (20.00)	19 (23.75)	22 (27.50)	14 (17.50)	5 (6.25)	4 (5.00)	80 [4.64]
	維持現狀以後統一（%）	12 (3.95)	98 (32.24)	97 (31.91)	59 (19.41)	32 (10.53)	6 (1.97)	304 [17.64]
	維持現狀再決定（%）	7 (1.13)	34 (5.48)	310 (49.92)	115 (18.52)	137 (22.06)	18 (2.90)	621 [36.04]
	永遠維持現狀（%）	1 (0.31)	15 (4.72)	91 (28.62)	158 (49.69)	44 (13.84)	9 (2.83)	318 [18.46]
	維持現狀以後獨立（%）	3 (1.02)	6 (2.05)	41 (13.99)	24 (8.19)	184 (62.80)	35 (11.95)	293 [17.01]
	儘快獨立（%）	4 (3.74)	2 (1.87)	12 (11.21)	10 (9.35)	38 (35.51)	41 (38.32)	107 [6.21]
	2019 Total（%）	43 (2.50)	174 (10.10)	573 (33.26)	380 (22.05)	440 (25.54)	113 (6.56)	1,723 [100]

資料來源：黃紀（2021, 76）。

說明：邊緣分布同質性（marginal homogeneity）檢定：X^2=143.68, df=5, p<.001；對稱分布（symmetry）檢定：X^2=159.18, df=15, p<.001。

了 2019 年轉變為「維持現狀，以後走向獨立」。一年內產生如此大幅的變化，應屬於外在重大事件造成之時期效應（period effect）（Huang and Kuo 2022; 黃紀 2023）。

　　儘管定群研究的優點甚多，但也有其限制：

(1) 再訪的制約效果（panel conditioning）：由於重複訪問同一群人，受訪者的回應可能因此受影響而與單次訪問的回應不同，例如受訪者可能記憶前次的回答，為了顧及先後一致而刻意違反本意，造成測量誤

差。

(2) 樣本流失問題（panel attrition）：除了長期追蹤同一群人必須投入較多的人力與時間成本外，定群研究最頭痛的，莫過於樣本可能中途流失，包括厭倦或不耐煩而拒絕再參與、因遷徙而失聯、移民國外、或疾病、過世等。樣本流失不只是樣本數減少而已，更大的問題是流失的樣本通常並非隨機，而是呈某種系統性，因此往往數波之後樣本就不再能充分代表母群，若仍不明就裡僅以追蹤成功者進行定群分析，可能會產生偏誤（即前節所述之「單位無反應」誤差）。此外，固定樣本在追蹤數波之後年歲增長，涵蓋不到年輕族群，為顧及母群之代表性，便需定期增補新樣本。

　　定群研究的上述缺點，均來自追蹤若干時間點的重複訪問。直覺上，若能在一次訪問中，以追憶題（recall questions）請受訪者回憶過去數個時間點的態度或行為，既可獲得個人的跨時資料、又避免了再訪制約與定群流失的問題，省時省力一舉數得。然而有許多研究指出，這種所謂「回溯型定群設計」（retrospective panel designs）（Menard 2008, 7）有兩個嚴重的缺失，故使用應格外謹慎：

(1) 記憶失準：記憶有時並不可靠，除了愈久遠的事愈容易淡忘之外，受訪者還可能自以為記得而實際上卻記錯，或因自我防衛的心理而將現在的想法投射到過去的想法與行為等，均有損測量的效度。

(2) 樣本偏差：若追溯的時間點較久遠，則很可能當時的母群有一部分在追憶調查進行時已經失聯或過世，自然被排除於樣本之外，使接受調查的受訪者其實已不足以代表當初的母群，造成樣本偏誤。

陸、結語

　　研究設計是要替研究者搭橋鋪路，通往研究的目的地，其重要性不言而喻。在此將本章的幾個主要論點摘述如下，作為結語：

一、「調查研究設計」旨在針對調查案的目的（包括描述、比較、解釋或

預測），來規劃安排人地時事物，以便在有限的資源與時間內，盡可能蒐集到符合需要的可靠資料、減少各種可能的誤差，最後並能正確的分析和解讀這筆得來不易的資料，幫我們解答心目中的研究問題，順利達成研究目標。

二、在規劃設計時，研究者必須既能見樹、更能見林。「見林」的典範就是「全方位的調查設計觀」，提醒我們注意整個調查流程中的每個環節，並依照研究目標盱衡全局、預為因應，在資源許可範圍內將選樣、回應、控管等三大類調查誤差的總和降至最低。

三、「見樹」的思維，在考量個別調查案訪問的執行方式、樣本的空間配置、觀察的時間次數、分析層次的宏觀微觀，對人、地、時訂定符合邏輯的安排，以確保設計的效能，讓資料及其分析能命中研究目標。如果研究以因果推論為目標，則調查實驗設計最佳；如欲描述靜態現象與關係，單次橫斷面調查已足；如欲瞭解集體層次之長期演變趨勢及淨變量，可採重複數次之橫斷面調查；針對短期而密集之現象，則可採滾動式橫斷面調查；如欲深入追蹤分析個體層次之總變量及其成因，恐非定群設計莫屬。

Chapter 3

民意調查的類型

游清鑫

　　民意調查的行為在現今社會是無所不在,隨時在發生的。民意調查的內涵可以是相當寬鬆的,凡是平時隨處可見的意見調查,如產品的使用滿意程度、對某一事件或提議的贊同程度等,皆是民意調查的一種,只要是詢問一般人對某些事物的意見,並加以簡單的統計加總,即可視為一種民意調查的形式。但是,民意調查的內涵也可以是相當嚴謹的,尤其在要求較為嚴格的民意的定義與調查的定義之下,民意調查便具有學術內涵而擴大其應用範圍,如政府或學術機關經常執行的各項政策調查與學術研究計畫等,其調查結果都可以成為具體的政策建議或是學術討論中的辯證,這些研究的價值自然較高。[1]

壹、民意調查的分類標準

　　民意調查的內涵有嚴謹與寬鬆的區分,此種內涵特性使民意調查可以有簡單形式與複雜形式,也可以是介於兩者之間,另一方面也使研究者或使用者在進行民意調查作業時面臨許多不同的抉擇標準與自我定位。因此,論及民意調查的類型時,首先需要釐清時下一些與民意調查相關的主題,以便使研究者與使用者可以在面對一份民意調查報告時,有一個較為正確的理解。以下,本段將從民意調查的研究目的、內容、方法、資料的量化程度(quantification)與執行機關等特性來介紹民意調查的分類情形。

　　首先,從調查的目的來區分時,民意調查可以分成以下三類:

一、資料的調查:例如調查某一地區基本的人口社會資料,或是一般性的人口普查,資料結果呈現出觀察對象的基本事實面貌。

二、分布的調查:針對某些特定的事物,瞭解民眾對其認知、情感與評價的調查。

三、建議的調查:通常是以政府性的調查訪問為主,其目的在於藉由調查

---

[1]　有關民意調查的定義問題,可參照本書關於民意與政治關係的論述章節。

過程瞭解民眾對該研究事物的態度與評價，以作為政府制訂政策的參考。

此三種調查方式基本上是由簡單到複雜，但在一般實用上，三者經常同時進行，沒有截然劃分，如第三項調查通常是以政府單位為主，但在許多情形下，需要民眾對政策偏好表示意見的調查過程中，同樣也需要事先瞭解民眾對這些事物的認知與評價等態度，三者間經常無法截然區分。

其次，從調查的內容性質來區分，民意調查可分為：

一、商業性的調查：最常見的市場調查型態多半屬於商業性的調查，此類調查通常是由廠商針對某項特定產品進行市場接受度的評估，以作為持續產品促銷或修訂的依據（梁世武 1998）。

二、傳播媒體的調查：多半由傳播媒體所主導的民意調查，其形式有時是針對社會上某項重大議題進行民意調查，以瞭解當前多數人對此項議題的意見，並據此成為新聞要點。例如《遠見》雜誌定期進行公布的縣市長施政滿意度調查，即是典型的傳播媒體民意調查。

三、政治性的調查：與政治事物相關的事物調查，最常見的是對政策偏好的調查、施政滿意度的調查、以及各種選舉調查（Asher 1998, 109-141）。近期的財團法人台灣民意基金會與美麗島電子報經常在選舉期間公布其調查結果，緊密貼近各項政治與選舉議題，其結果也受到各界矚目。

四、學術性的調查：強調學術專業領域的調查，如各個社會學科的經驗調查，或是在生物醫學上的訪問調查等。台灣社會科學的研究同仁經常使用的「台灣選舉與民主化調查」與「台灣社會變遷基本調查」以學術理論為基礎發展出來的調查資料庫，也更有利學術研究的累積。

這些調查內容主要依照調查目的的差異而定，而且有些調查的形式通常要講求時效性與實用性，因而學術性精神則變為次要，例如政治性的調查經常與現實政治情勢牽扯不清，尤其所公布的民意調查結果，經常遭到其他不同政治陣營的質疑，民意調查甚至淪為替政治團體或人物服務的工具，這是在解讀民意調查時，需要特別注意的事項。相較之下，學術性質的調查研究，在題材的選定與資料的蒐集過程更為中立與嚴謹，比較有參

考價值，尤其是長期間所建立的料庫更有利第三者使用該資料進行研究。

　　第三，從調查研究方法的角度來看，民意調查可以粗略分成科學性的民意調查與非科學性的民意調查：

一、非科學性的調查：非科學性的調查隨處可見，這些調查通常沒有嚴謹的理論背景與資料蒐集過程，調查結果也不見得會做推論，有時只是一種民眾意見的態度分布而已，如報章媒體經常有類似「讀者投書」或「讀者投票」等類似的意見調查，或是由報社派出記者在一些特定區域設置簡單的投票站，請過往的民眾對一些受到關注的問題表示意見的假投票（straw poll）。

二、科學性的調查：科學性的民意調查所講求的是前述較為嚴謹的學術調查或政府單位的調查，其特色在於講求精確、學術研究的累積與推廣應用，研究方法採取嚴格的統計、抽樣、與標準化的訪問方式完成調查，並藉由電腦與統計分析調查所得。較具雛形的學術性民意調查首見於普林斯頓大學教授 Lazarsfeld 於 1933 年對廣播收聽率的調查（陳義彥、許志鴻與盛杏湲 1995, 41），逐漸將抽樣與統計等學術理論帶入民意調查的領域當中，使民意調查逐步走向精確化。

　　從民意調查的歷史來看，將嚴格的抽樣與統計方式應用到民意調查的時間並不長，如果從 1930 年代開始算起，研究者開始用科學方法來進行民意調查的時間至今約只有七十年左右，而值得注意的是，雖然科學性的民意調查開始呈現其重要性，但並不表示非科學性的民意調查會逐漸減少，相反地，即便研究者強調科學調查方式的重要，在現今的社會當中，由於強調科學方法的調查所需程序較為繁複，調查過程的條件配合要求較多，直接影響調查成本與時效性，因此，非科學性的調查仍然占民意調查較為多數的比例。[2]

　　第四，有關調查資料的量化程度問題，主要是指調查資料取得及應

---

[2]　有關民意調查的發展歷史，以及其方法應用的特色導論，可參閱王石番（1995, ch. 2）和陳義彥、許志鴻與盛杏湲（1995, ch. 2, 3）。

用分析的過程當中，會利用到大量數據、統計方式等的比重，比重愈高則量化程度也愈高，如果資料的取得較少依賴大量的數字處理過程，則調查的質化性質較高。整體而言，以數據的數量化程度來區分民意調查的方式時，可以有質化的民意調查與量化的民意調查兩類：

一、質化研究（qualitative research）：依照 Strauss 與 Corbin（1990, 17-18）的說法，質化研究是指任何非經由統計方法或量化方法得到的研究所得，強調以非數學程序在資料蒐集上的應用。以這樣的定義來區分質化研究與非質化研究，雖然點出質化研究的非數量特性，但其嚴格排斥數學與統計方式的使用，使質化研究顯得過於狹隘。因此，在強調非數量化的特性下，也有研究者指出質化研究並非排斥量化的使用，只是其比重較少，有時質化研究甚至是一種多方法的研究途徑，不應嚴格將數量的應用排除在外（Denzin and Lincoln 1998, 3）。常見的質化研究方式如觀察法、記錄法、訪問法、書籍檢閱、影帶分析、焦點團體訪問法、生命歷史口述法等（Marshall and Rossman 1999）。

二、量化研究（quantitative research）：量化研究的資料蒐集與處理方式比較接近一般有關民意調查的方式，強調對較大數據的處理與分析，其間自然包含藉由數學與統計觀念的協助，將龐大的數據以簡馭繁，藉少數推論多數。常見的量化調查資料如一般的民意調查資料，包含面對面訪問、電話訪問、郵寄問卷訪問以及網路調查訪問等。而近期受到學術界與實務界高度討論的大數據資料（包含網路的聲量），其優勢在於利用資訊科技快速蒐集到大量的資料，這些資料主要來自網路世界的意見，或來自特定文字資料庫的內容，雖然可以呈現特定的民意趨勢，但由於理論性與代表性較為不足，用於學術研究更需注意其限制。

有關質化研究與量化研究的分野，在學術界的討論已經有相當長的歷史，雙方的支持者也各有論點，有時甚至水火不容。但是，就民意調查的課題而言，此種爭論並不具太大的意義，因為民意調查的目的在於找出一個真正的民意態度與走向，並且在必要時進行大規模的推論，以民意調

查此種要求而言，質化研究並非不可以用在民意調查的工作行程中。事實上，在現今民意調查的整體研究中，多角化（triangulation）或多途徑的研究方式已經開始受到相當大的注意與鼓舞（Baker 1994），其中較常看到的趨勢是將焦點團體研究法與其他的面對面訪問或電話訪問同時進行，希望藉由量化研究與質化研究的結合，相互補充彼此的不足，為民意調查帶來較為精確的結果。

第五，從調查的機關類型來區分，可以區分成以下幾類（王石番 1995, 403-439; 賴世培等 1996, 31-38）：

一、傳播媒體的調查：如我國及其他國家主要的媒體與雜誌，都定期或不定期地進行民意調查。

二、政黨的調查：政黨定期地藉由民意調查的方式，評估政黨自身的表現，有時也藉此瞭解民意走向，以提出符合民眾需要的政策草案。

三、候選人的調查：有意參與政治的個人，需要藉由民意調查的方式瞭解民意走向，尤其在選舉時期更需要民意調查的資料，以瞭解自己與對手在選舉當中的地位。

四、學術單位的調查：純粹就學術研究的需要進行民意調查，通常見於學校單位或是獨立的學術機構。

五、公司組織的調查：私人的民意調查組織，這些組織通常以市場取向為主，也常採用整體的行銷（marketing）策略，對產品市場性進行調查，也常見於選舉時期所出現的選舉公關公司，替候選人或政黨進行競選策略的提供。

六、政府單位的調查：政府單位有時也會設置民意調查單位，藉以隨時掌握民意動向，以作為制訂政策的參考。

前述討論的分類標準嚴格來講，並沒有嚴格的學術理論依據，主要是依據過去民意調查的發展歷史與實際的應用情形來區分，對於這些分類標準的採用，需要特別提醒的是，雖然我們可以藉由不同的分類標準來幫助我們瞭解現有民意調查各方面的特性，但在實際上，這些分類標準所包含的內容，彼此之間並非涇渭分明，相反地，一項民意調查的規劃、執行與完成，背後皆牽涉到這些分類標準所產生的特性與影響。因此，對於一個

研究民意調查的人來講，當其面對一份民意調查報告時，就可以以前述各種分類標準及其所具有的特性，對民意調查先有一個背景式的瞭解，再進而對其結果有更為正確的評估。

例如，當研究者或一般民眾面對一份民意調查報告時，可以判斷這份民意調查是由政府單位委託，學術機關進行，經由抽樣調查的研究，其調查內容主要是對某些特定政策的民意評估，這樣一份民意調查報告同時包含前述多項分類標準的特性；又或者當研究者或一般民眾面對一份由某一政黨自行進行民意調查結果，並公布該黨候選人在選舉期間的領先或是落後的情形，此時研究者或民眾就須事先瞭解該份民意調查所具有的基本特性為何。基本上，這兩份民意調查報告有相似之處，也有所差異，但不可否認地，不同的執行單位所得出的民意調查結果可能會有不同的可信度，這些分類標準即是影響民意調查可信度的主要來源，因此，研究者或民眾便可以依照這些特性來解讀民調結果。

貳、民意調查的主要類型

民意調查的類型探索可以用前述有關民意調查的目的、內容、研究方法、量化程度與調查機關等分類標準來逐一探討。但事實上，不論以何種標準來切入，其探討內容都將顯得過於零碎與繁複，因此，一般在探討民意調查的主要類型時，通常直接從民意調查的執行方式著手，並且強調較具科學精神的資料蒐集面向，來探討這些不同民意調查類型之間的優缺點，同時這樣的討論方式也不排斥這些主要類型是可以與前述不同的調查目的、內容、方法與執行機關同時並存。以下將針對面對面訪問（face-to-face interview）、電話訪問（telephone interview）、郵寄問卷訪問（mail survey）、網路調查訪問（internet survey）、與焦點團體（focus group）等主要民意調查類型進行介紹與討論。

一、面對面訪問

面對面訪問從字面上的意義來瞭解，指的是訪員將事先設計好的問卷及相關資料，以口述問卷內容的方式當面向受訪者進行訪問，進行訪問的地點通常是在受訪者的居住處所或是對受訪者較為方便的場所，有時又稱為家戶訪問（household interview）。面對面訪問與其他訪問類型最大的不同在於訪員與受訪者之間的互動模式，訪員可以親自與受訪者實地接觸，受訪者可以看到訪員本人，其間訪員的表現與受訪者的反應將決定訪問的成敗，經由這樣的互動情境，完成問卷調查的工作。

從理論上來講，相較於其他型式的訪問，面對面訪問的調查方式是許多學術研究者的第一選擇，但是，從實際的經驗上來看，面對面訪問在所有調查訪問的執行比例當中，卻屬於少數，這樣的結果透露出有關面對面訪問所具有的優點與缺點，是研究者在進行調查方式選擇時所必須考慮的地方。

（一）優點部分

1.訪問資料的取得較為可信

面對面訪問強調訪員的出現在現場，以及訪員與受訪者的互動，在這項過程當中，有助於調查結果的正確性。這種關係可以如下四個方面來說明：

(1)取得受訪者的信任：在一般的訪問進行中，受訪者會事先收到訪問調查單位的通知信函，告知何時會有訪員來進行何種主題的訪問，因此，當訪員出現在受訪者的處所時，受訪者並不是完全的陌生，而且經過訪員簡單的自我介紹與出示身分證件後，受訪者將比較可以接受訪問的進行。

(2)訪員對問卷的解釋：訪員將問卷內容詢問受訪者，受訪者就其所瞭解的題目意義進行回答，如果受訪者對問題內容與意義有不清楚的地方，訪員便可以當場加以解釋與協助，務必使受訪者可以完全瞭解問

卷的內涵，如此回答的內容才能具有效度。

(3)瞭解受訪者的反應：訪員在訪問現場進行訪問，可以觀察到受訪者在回答問卷的情境，許多經驗顯示，受訪者在回答問題的過程當中，經常會受到其他事件的干擾，而當其他干擾事件發生時，訪員便需判斷這些干擾事件是否會影響訪問的進行，以及如何減輕其影響。另一方面，在訪問的進行中，受訪者對較為敏感題目的回答可能變得較為猶豫不決，此時訪員便需依照題目設計的精神，向受訪者說明該題目所具的意義，以及減輕受訪者的疑慮，使受訪者可以回答該項問題。

(4)可以藉助輔助工具協助訪問：在面對面訪問的過程中，有一些訪問題目如果有輔助工具來說明，如利用卡片或其他相關器具來說明題目的含意，將可以使受訪者更加容易瞭解題目的意義。訪員的工作之一便是善用這些輔助工具，正確告知受訪者使用方式，以利訪問的進行。

2.訪問內容與時間較為寬裕

　　訪問題目的數量限制常是進行訪問調查的研究者最大的困難所在。尤其對學術研究者而言，一項重要的概念或問題，通常無法用簡單的一兩個題目來表示。相反地，如果要調查的問題在概念層次上相當抽象，必須用許多問題來加以運作化，訪問題數便會急遽增加，否則無法達到測量的信度與效度。面對面的訪問由於有訪員在場協助，在訪問氣氛融洽之下，比較有機會使受訪者接受較多的訪問題數，一般以訪問時間不超過三十至四十分鐘的範圍，這應是受訪者可以忍受的時間，而這樣的時間比起電訪的時間限制來說，是很大的優勢，甚至有學者認為可以長達六十至七十分鐘（Frey and Oishi 1995, 37）。但值得注意的是，儘管在時間與內容上較為寬裕，面對面訪問的問卷題數與訪問時間仍然不宜過長，以免影響訪問效果與對受訪者不尊重。

3.樣本代表性較佳

　　在樣本代表性方面，面對面訪問主要有以下兩點優勢：

(1)確認受訪者：經由面對面的訪問，訪員可以看到受訪者的廬山真面目，此時，訪員可以依照原有受訪者的一些基本資料，如性別、年齡

等做一確認，以確保該受訪者是其真正的訪問對象，此一優點是電話訪問、郵寄問卷訪問與網路調查所做不到的，也是確保樣本代表性的第一步。

(2)減少抽樣誤差：面對面的訪問過程中，通常需要事先掌握母體的特性與結構，如果母體的人數不多，可以採用全部訪問的方式；而如果母體人數眾多，則需要從中進行抽樣，抽出樣本進行訪問，而不論是全部訪問或是抽樣訪問，都可以事先瞭解母體的特性，再依其特性抽出受訪者進行訪問，其最後的訪問結果較能代表全體的特性。如以全省性的選舉調查為例，面對面訪問在進行抽樣時，常以選舉人名冊為抽樣清冊，這份清冊通常是事先核定過且較為精確的資料，由此清冊進行抽樣要比從電話號碼簿中抽樣的電話訪問有更高的涵蓋率，或是更小的抽樣誤差。[3]

4.特定調查群體只適合使用面對面的訪問方式

電話資料雖然方便使用，但仍然可能有些受訪者家中沒有電話，因此無法用電話訪問；或是受訪者由於各種因素而無法接受其他諸如電訪或是郵寄問卷的訪問，如受訪者不識字、有身心的障礙無法自行接受訪問或寫字者，此時面對面的訪問便成為唯一的方式。

（二）缺點方面

1.訪問成本高

面對面訪問最大的缺點即在於所需成本相當高，此種成本分成人力成本、時間成本、人員訓練與管理成本以及禮物成本等四大部分：

(1)人力成本：面對面的訪問需要許多訪員的參與才可以執行，隨著訪員因素而來的相關費用，如訪問費、交通費、保險費、甚至差旅費等，都是一筆可觀的成本。除訪員的成本之外，也需編列複查訪問費用以提供

3　但是，值得注意的，在目前許多必須進行抽樣程序的面對面的訪問當中，並不是每一個訪問都可以像選舉調查一樣找到結構清楚的母體，許多面對面訪問的樣本代表性必須視其母體清冊的取得而定。

助理與督導在調查訪問末期進行實地複訪工作。如果再考量訪員的招募與訓練時期的花費，則成本將再提高。[4]如以政府機關或學術界經常實施的全省性面訪調查，訪員必須在全省各地進行訪問，而進行一次一般性樣本數的調查（1,067 個成功樣本），所需的費用極可能達新台幣200 萬元，相較於電話訪問進行同樣的調查所需成本約為 30 萬元的情形下，面對面訪問的代價的確昂貴。

(2)時間成本：從調查的規劃、執行、訪問結束、資料複查、資料處理到報告撰寫，整個過程所需時間相當長，如前述全省性面對面選舉訪問調查，所需的時間至少半年，這樣長的時間相較於電話訪問所需的一個星期至一個月，面對面訪問的確付出相當高的時間成本。

(3)人員訓練與管理成本：面訪需要相當多的訪員來支援，但是訪員不是單有意願即可參加調查訪問，執行單位必須篩選出適合的訪員並給予嚴格的訓練，務必使訪員可以完全代表研究單位與受訪者互動，在訪問時忠於問卷原意，並且沒有舞弊或偏差行為的產生。除訪員之外，各地區的督導與助理必需隨時對訪員的訪問工作進行監督與協助，如有必要甚至取代訪員進行訪問，這群助理與督導必須比訪員更有經驗、更能瞭解訪問調查的原意，因此，其事先的訓練與培養更需要較長的時間與經驗，如此才能確保訪問品質。

(4)禮物成本：面對面的訪問通常會儘量在經費許可的情況下，提供受訪者一份紀念品，以感謝其對訪問調查的合作，這一份成本單價雖然不高（通常不超過新台幣 100 元），但以所需成功樣本數來合計，也是一筆不小的數字，相較於電話訪問不需準備禮品的情形，面對面訪問再次顯現其高成本。

2.訪員的舞弊與偏差行為無法當場糾正

　　訪員到受訪者處所進行訪問及代表研究單位與受訪者進行互動，在一般的情形下，一個受過良好訓練、有經驗的訪員可以與受訪者維持良好

4　一般的面對面訪問除了訪員之外，尚須配備相當數量的地區督導與助理，以協助訪問的進行與提升訪問品質。有關助理與督導部分可參閱面訪實務有關面訪執行部分。

的互動，並且忠實的完成研究單位交付的任務。然而，在實際的執行過程中，仍然會發現在訪問過程中，訪員會有一些偏差或是舞弊的行為出現。偏差行為通常指的是訪員的行為不適當，例如強迫受訪者在不適當的時間進行訪問、訪問時沒有保持適當的禮節與行為舉止，以及訪問後沒有將紀念品送給受訪者等；舞弊行為指的是訪員在訪問過程中沒有忠實地將研究單位所指定的訪問方式與內容呈現給受訪者，如訪問時沒有訪問到真正的受訪者、漏問題目後再由訪員自行填寫、訪問時故意利用語言與動作引導受訪者作答、誤解問卷題目的意義，以及沒有實地訪問該受訪者但卻由訪員自行填答並謊稱有進行訪問等。當訪員有這些舞弊或不當的行為發生時，各地區的督導或助理最快只能在訪員將問卷交給督導或助理之後，才能在複查時發現，但此時距訪問發生時間已經有一段時日了，將造成查證的困難以及資料正確性的判讀不易。

3.地理交通問題常是訪問的潛在障礙

面對面的訪問要求訪員必須找到受訪者並進行訪問，而如果受訪者所在位置地處偏僻或是已經遷移，則訪員在訪問的過程中必定增加許多安全上及交通上的困擾。經常遇到的情況是，交通不便的山區訪問是訪員最大的考驗，訪員需自備交通工具以及辨識地圖方向的能力，這些因素間接造成訪問成功的困難。

4.訪問成功率日益降低

面對面的訪問通常會在訪問前事先寄出一份通知單，使受訪者瞭解訪問目的與執行期間，其目的即在於提高訪問成功率，但是即使如此，面對面訪問的整體成功率卻有逐步下降的趨勢，如以早期的面訪調查來看，訪問成功率尚可達到四成左右，甚至是五成的成功率，但近來面對面訪問的成功率有逐次下降的趨勢，目前其成功率只有兩成至三成之間，對於調查成本是一項相當大的壓力。造成訪問成功率下降的原因很多，諸如抽樣所依據的母體資料不確實、受訪者遷移、不在家、外出工作、受訪者排斥訪問的心態與前述的交通障礙等問題，都是造成成功率下降的原因（陳義彥、許志鴻與盛杏湲 1995, 84-87）。

二、電話訪問

　　面對面的訪問方式雖然在方法上可以符合較為嚴謹的學術要求，但其伴隨而來的代價卻相當高，其中的訪問成本以及時間成本更是許多研究者所頭痛的問題，因此強調時效以及低成本的電話訪問便成為另一個調查訪問的主流。從字面上來瞭解，電話訪問的執行方式為調查過程是藉助電話通訊設備來進行，因此，研究者必須事先掌握受訪者的電話號碼，並且經由電話溝通的方式來進行訪問。

　　嚴格來講，電話訪問的歷史並不長，直至本世紀中葉才開始，隨者電話業務的普及，尤其是家用電話的普及，電話調查才逐漸展現其重要性。相較於原有傳統常用的郵寄問卷或是面對面的訪問方式，電話訪問以其所具有的特性，可說是一種革命性的轉變，尤其是藉助目前普遍使用的電腦輔助電話訪問系統（computer assisted telephone interviewing, CATI），可將抽樣方式、問卷內容、問卷結構與邏輯，以及受訪者的回答內容，同時間輸入電腦當中，並且可以當場提供初步的調查結果以及提供進一步深度的統計分析資料格式，訪員只需藉由電腦所提供的問卷模式，逐題逐字訪問受訪者即可，大大減輕早期電話訪問需藉助紙張與鉛筆的訪問模式（papers and pencils interviewing, PAPI）所帶來的不便。此種影響在當前的社會中，仍然隨著新的輔助訪問方式持續發展中，不僅在一般的媒體或商業團體的資料蒐集過程中逐漸居於重要地位，在學術研究當中也由於調查技術的改進，受到更大的使用（Babbie 1998, 403-404;[5] Lavrakas 1993, 15-18）。對於電話訪問的評估，其優缺點如下：

（一）在優點方面

1.時間快速

　　時間成本通常是面對面訪問與郵寄問卷訪問最大的致命傷，但是，時間快速卻是電話訪問最大的優點。通常執行一個標準的電話訪問時程（以

---

[5]　請參考：李美華等譯（1998）。

成功 1,067 個樣本為例），僅僅需要約四天至一個星期，如果調查過程不講求嚴格的抽樣程序（如戶中抽樣或是受訪者的樣本替代問題），則訪問時間甚至可以節省在三天之內完成。這樣的時效性對於一些需要強調即時性的問題，電話調查方式便具有絕對優勢。

2.成本低

　　由於電話訪問是由訪員透過電話向受訪者進行訪問，整個執行過程的成本相對來講要遠低於面對面的訪問，這可以從以下兩個方面來說明：

(1)訪問時間的減少同時也降低訪員的成本：研究者只需支付訪員在訪問期間的訪問費用，不需要支付諸如面訪過程中所需的交通、食宿、與保險等費用，研究者所需支付的訪員費用通常是以訪員訪問的時間為單位（鐘點數）來計算，而不是以完成訪問的份數來計費，在費用的支付上更加經濟（陳義彥、許志鴻與盛杏湲 1995, 98）。

(2)訪問問卷的製作時間與印刷費用減少：透過 CATI 系統的協助，一些書面問卷的資料事先輸入電腦之中，訪員訪問時不需準備書面問卷，也不需要將受訪者的答案填寫在紙上，直接用電腦輸入即可，相較於面訪與郵寄問卷的大量使用書面問卷，明顯地有較好的經濟效益。

3.樣本明確易得

　　樣本的取得通常是調查訪問首先要解決的問題，在具有廣大母體以及需要抽樣程序的調查訪問中，電話訪問的抽樣最為簡便，通常以（住宅）電話號碼簿上所有電話號碼的持有人為主要的訪問對象，再自其中進行抽樣訪問，因此，其抽樣清冊相當具體明確，同時也易於取得，尤其當電話已經成為家家戶戶必備的民生用品時，利用電話樣本進行訪問更具方便性。

4.較易對訪員的表現進行監督與評估

　　電話訪問執行過程中，所有訪員都在同一個集中的場所進行電話訪問，除了研究人員之外，也需要研究助理及督導。研究助理的作用在於協助研究人員的問卷製作以及 CATI 系統的操作，督導的作用則在於協助研

究助理，同時更要對訪員的訪問工作進行「監看」與「監聽」，透過即時的「監看」與「監聽」，以確保訪員能將研究者原來所設計的問卷題意清楚且正確地向受訪者表達，並且非常忠實地將受訪者的回答輸入電腦中，如有發現訪員曲解問卷題意，或是誤解受訪者的回答內容時，則督導或助理必須立即加以糾正，因此，訪員的舞弊與偏差行為得以減少，也可以確保訪問的正確性。[6]

5.減輕受訪者的受訪壓力

電話訪問的過程中，訪員只從電話一端與受訪者進行溝通，訪員無法親眼看到受訪者，因此，當訪問的題目較為敏感時，受訪者感受到要回答或是不回答的壓力較小。

6.訪問成功率較高

相較於面對面訪問與郵寄問卷訪問，電話訪問的成功率較高，通常電話接通之後，會有四成到六成的成功率。一般電話訪問的設計常以 30 個題目，訪問時間不超過十分鐘為理想型態，如果訪問主題可以更加引起受訪者的興趣，或是問卷題目不會太長，則訪問成功率將可再提升。

（二）缺點方面

1.樣本代表性問題

相較於面對面的訪問，電話訪問的樣本代表性是其經常被質疑的地方，這可從以下兩方面來討論：

(1)電話號碼簿涵蓋率（coverage）不足的問題：在理想的情形下，凡是有電話的民眾，其電話都應該可以在電話號碼簿中找到，而且在電話日益普及的情形下，可以預期每一個人的電話都會在電話簿中呈現。但是，實際上，並非每一個人都有電話，而且有電話者其電話號碼也不一定都有登記在電話號碼簿中，或是，一個人有一組以上的電話號

6　有關電訪執行過程的助理與督導工作內容，可以參閱本書訪問執行過程章節。

碼,但並沒有完全登記在電話簿上,因此,當電話訪問以電話簿作為抽樣清冊時,此一清冊本身即不完整,其所代表的只是相當比例的電話號碼所有人,而非全數的電話使用人。以台灣的經驗而言,電話號碼使用人有在電話號碼簿上登記的比例約占七成左右,要以此七成的數量來進行抽樣,很顯然地將無法觸及那些沒有登記電話號碼的使用人,因此,在執行過程中必須對抽出的號碼尾數進行隨機變換,或是利用隨機撥號抽樣方式(random digit dialing, RDD)(Lavrakas 1993, 33-46)來改進。[7]

(2)訪問執行期間與受訪者的作息時間之間的偏差:由於電話訪問所具有的便捷性,容易使研究者認為隨時可以取得其預期的樣本,但在實際的執行過程中,由於所需的時間較短,每一次的訪問通常約三個小時,其訪問時段有時在上午或下午,有時則在晚上,在這些不同時段中,經常發現不同的訪問時段會有不同特徵的受訪者比例。例如在白天時段的電話訪問,能找到的受訪者多數是屬於家庭主婦、失業者或是退休人員,而且在一般的家庭生活作息當中,年紀較大者通常比較不會來接聽電話,教育程度較低者通常較不願意接受訪問,而年紀較輕的受訪者晚上不在家的比例較高。這些既有的生活作息現象,反映在電話訪問調查中的結果則是,年長者、教育程度較低者與年輕人的受訪比例偏低,這是電話訪問事先無法避免的情形。改善方式則可以採用跨越不同的訪問時段以及對受訪者進行戶中抽樣的程序,以改善此一部分所造成的樣本偏差。

2.無法目睹受訪者回答的真實情境

除非是將來有關視訊的技術與成本可以被普遍接受及應用,電話訪問才有可能如同面訪一樣,讓受訪者與訪員面對面進行溝通,否則在電訪當中,訪員是看不到受訪者的各種反應。因此,受訪者在接受訪問時,可能正在看電視、寫字或做其他事情,而非全心接受訪問,當受訪者心有旁騖

---

[7] 此一部分可參閱本書〈抽樣〉一章。

時，是很難期待受訪者可以充分瞭解訪問內容，並且真誠回答。

3.訪問中斷比例較高

電話訪問的基本成功要件是使受訪者可以有耐心的聽完並回答每一個問題，不像面對面的訪問中，受訪者通常比較不會隨時中斷訪問的進行，電訪進行中，受訪者可能因為突然另有要事，可能因為對訪問感到不耐煩，必須終止訪問，此時訪員能做的可能只是儘量向受訪者詢問下次的訪問時間以便進行約訪的安排，但有時受訪者直接掛斷電話，或表示不願再接受訪問而無法進行約訪，導致訪問中斷與失敗。

4.訪問內容不宜過多、時間不宜過長

一份良好執行的電話訪問，訪問題目最好不要超過 30 題，而較為適當的訪問時間以不超過十分鐘為主。此一時間對於調查主題較為普及受歡迎、問題較少、結構較為簡單的訪問格式相當適合，如商業性的產品滿意度調查或是電視媒體的收視率調查即是此一類型。但是，在其他許多調查類型中，問卷的設計在內容與結構上較為繁複，如有關學術性的調查，調查主題需要取得較為深入的資訊，問卷題數較多，其所需的時間通常會超過十分鐘，甚至達到三十分鐘，此種長時間的訪問對受訪者來講是一項極大的負擔，容易引起受訪者的反感，進而造成訪問的中斷或減低訪問效果。此種時間上的壓力自然減少電話訪問的效用，使得較為嚴謹的學術調查在應用電話訪問時，需要對整個執行模式更加精簡。

5.無法使用訪問輔助器材

電話訪問時訪員無法在現場向受訪者解釋題目的意義，只能經由電話向受訪者詢問，因此，無法藉助相關的輔助工具來向受訪者說明題目意義，或是處理較為敏感的問題，這樣的特性也使得電話訪問較無法處理複雜或敏感的題目，而且電話問卷的內容設計更須要求淺顯易懂，不可以使受訪者對訪問內容產生疑義，太過艱深的問題必須加以改造，以更口語且受訪者可以意會的語句來表示。

6.特定訪問對象的電話號碼不易取得

　　電話訪問的基本設計是以電話號碼簿為抽樣依據，但如果調查主題與對象並不適合一般民眾，無法在電話簿中取得受訪者的電話號碼。如訪問某些民間團體的成員，必須先取得這些團體的成員名冊，以及成員的電話號碼，否則便無法進行電話訪問，而這些特定團體成員名冊的排列結構與電話號碼簿又有不同，使得研究者在進行訪問時，必須重新確立一套抽樣調查的依據。

7.受訪者缺乏接受訪問的誘因

　　任何調查訪問對受訪者而言，都是一種時間的支出，因此，除非受訪者對該調查主題有極高的興趣，否則，一般人即使沒有排斥調查訪問，通常也沒有太大的誘因來接受訪問。因此，諸如面對面訪問或是郵寄問卷訪問，甚至是網路調查等方式，都會提供相當的誘因，如簡單的紀念品或抽獎活動，增加受訪者接受訪問的意願，但是這些誘因的提供方式無法在電話訪問中使用，尤其電話訪問的執行時間較短，預算較少，通常不會也無法編列預算提供受訪者任何報酬，間接地也影響受訪者接受訪問的意願。

三、郵寄問卷

　　郵寄問卷訪問從字面上的意義來理解，即是透過郵件寄送的方式，將調查問卷及相關物品，寄送給受訪者，受訪者接到問卷並自行填答完成後，再以郵寄方式寄回給研究者。整個過程當中，研究者與受訪者之間的主要溝通方式，是以郵件為主，由於研究者並沒有親身以問卷內容訪問受訪者，純粹由受訪者自行填答，因此，此種郵寄問卷的執行方式，是屬於自填式問卷（self-administered questionnaire）的一種（Bourque and Fielder 1995）。

　　郵寄問卷的訪問方式，在民意調查開始發展的初期即存在，如經常受到研究者當作探討範例的 1936 年《文學文摘》（*Literary Digest*）有關美國總統選舉的調查預測，即是用郵寄問卷方式進行訪問。此種長遠的使用

歷史，暗示出郵寄問卷的訪問方式具有一些可資利用的優點。但是，在另一方面，該次的失敗經驗，也說明了郵寄問卷的執行可能面臨的困境。因此，雖然郵寄問卷的使用有相當的歷史，郵寄問卷的使用方式較常見於商業性的調查，或是較不需做嚴格推論的調查中使用，而在相關學術研究方面，研究者通常對郵寄問卷訪問方式所能得到的結果及其效用持較為保留的態度，整體而言，郵寄問卷訪問方式同樣也是優缺點並存，分別敘述如下：

（一）優點方面

1.成本的節省

節省成本是郵寄問卷最大的優點，在執行過程當中，調查方式是由受訪者自行填答，無須訪員在場進行訪問，研究者不需要招募與訓練訪員，因此，有關訪員的相關費用，如訪問費、訪員交通費、保險費等，都可以節省下來，而此筆訪員相關費用通常是整個研究調查中的主要支出，所以，對於調查經費的應用，可以提供研究者更大的自由空間。

2.避免發生訪員進行訪問時的相關弊端

一般需要訪員進行訪問的調查中，多多少少都會發生訪員舞弊或行為偏差的情形，郵寄問卷直接省略訪員環節，同時避免因訪員問題而造成的負面影響。

3.較易處理敏感問題

有一些對受訪者較為敏感的問題，如果有訪員在場，將使受訪者覺得不自在，或是對回答內容進行隱瞞。但藉由郵寄問卷的訪問方式，受訪者不需與訪員進行面對面或電話上的即時溝通，回答問卷的壓力也較低，而當受訪者可以較無壓力的填寫問卷時，對問題的回答將較為深思熟慮，其內容的可信度也較高。

4.給予受訪者最大的自由空間回答問題

　　一旦受訪者收到郵寄問卷，其填答的時間、地點全數依受訪者的方便性而定，比較沒有時間與人情的壓力，對於回答內容正確性的提升也有所幫助（陳義彥、許志鴻與盛杏湲 1995, 109）。

5.某些特定對象、內容與主題的調查，只有郵寄問卷適合

　　有一些訪問對象沒有電話、地處偏僻，則郵寄問卷可能是其唯一選擇。另在一般民間商業機構，經常會對其所屬客戶進行郵寄問卷訪問，以瞭解其對該公司服務或產品的滿意程度，此種調查方式，重點不一定在進行全面性的調查或推論，而是著重在方便性與廣泛的資料蒐集，郵寄問卷則提供一個較為經濟的資料蒐集方式。例如透過郵寄問卷的方式，進行有關個人使用毒品與管制類麻醉藥品的調查，這類調查對受訪者有較高的隱私與敏感性，其真實回答的意願也較高（Asher 1998, 79; Bourque and Fielder 1995, 13）。

6.可以容納較多的問卷內容

　　郵寄問卷不像電話訪問一樣，在問卷長度上有很強的時間限制，因此，一份問卷在內容的提供上，遠比電話訪問來得寬裕，而且調查期間不需要訪員的口述與解釋，時間較為節省，所以，研究者可以經由較有系統的問卷設計方式，進行較多內容的調查。

（二）缺點方面

1.樣本代表性問題不易掌握

　　樣本代表性問題為郵寄問卷訪問方式最大的困難，樣本代表性不易掌握，主要來自受訪者的確認問題不易解決，即使研究者可以掌握確切的母體清冊（population frame），並且從中依隨機原理進行抽樣訪問，在執行過程中，仍然會面臨到回收問卷與非回收問卷之間的差異問題，亦即，郵寄問卷中極難確認那些會回覆訪問問卷的受訪者與那些不回覆問卷的受訪者之間是否存在差異，此一問題經常是郵寄問卷訪問的「無頭公案」。在

許多相關的研究當中顯示，一般人面對郵寄問卷訪問時，通常是那些對調查主題比較有興趣、對主題有較為深入的瞭解、甚至是較有時間或是對接受訪問酬勞有興趣的受訪者，有較高的意願填寫並回覆調查問卷。因此，可想而知，那些有回覆的問卷內容所代表的是整個訪問母體中，某些類型受訪者的態度，而非所有類型受訪者的意見，而原先經由抽樣原理抽出的受訪者，當然也會包含那些對此一主題較無資訊與興趣、較沒有時間填寫問卷，或是對訪問酬勞沒有興趣的受訪者，這些類型受訪者很自然地會在訪問調查中缺席或是只有少數的比例會回覆問卷，因此，當整筆問卷回收之後，可以發現回收的問卷可能有系統地傾向某一類型受訪者的意見。除非以回收問卷中受訪者的各項基本特性與母體清冊中的所有受訪者特性進行交叉比對，以瞭解那些沒有寄回問卷的受訪者與有寄回的受訪者之間沒有系統性的差異存在，否則純粹以回收問卷的資料要對整個調查母體進行推論時，將導致以偏概全的錯誤。然而，如何偵測那些不回覆問卷受訪者的基本資料與態度則是一件難度相當高的事情，因為這群人本來就對訪問抱持較為排斥或保留的態度，除非利用其他代價較高的方式（如面訪、電訪或增加接受訪問的誘因）找到這些人，且取得相關資料，否則對於郵寄樣本代表性的問題將難有令人滿意的解決方式。[8]

2.回收率不足問題

有研究者曾提及郵寄問卷的回收率至少要達到五成以上，才算是有效的郵寄問卷調查（Babbie 1998, 407-408）。[9]此一標準其實相當高，在一般情形下，除非有提供受訪者更大的誘因與宣導，否則郵寄問卷的回收率通常很難超過五成，甚至不到兩成。如此低比例的回收，一方面研究者必須進行多次的催收，通常需要在寄出第一次問卷後的一至二週，寄出第一次的催覆通知，再隔一至二週寄出第二次催覆，甚至再隔一至二週後進行第三次催覆，如此考量將問卷寄出後，以及催覆時程時，前後可能需要

---

[8]　可惜的是，利用不同條件與方式以取得更多的受訪者意見，同樣也面臨不同調查方式對受訪者會有不同的態度影響問題，而且如何評估與減低這些不同訪問方式所帶來的問題，有時並不會比原來要解決的問題簡單。

[9]　同註5。

花費三個月左右，才能蒐集到原先預定的樣本數，其間有關問卷的印製與寄發郵資，都是成本的花費，更是時間的延宕，這些額外所需的成本，甚至超出電話訪問的成本（賴世培等 1996, 68）。另一方面，回收率不足問題即直接造成前述樣本代表性問題的最大來源，既使催覆再三，也無法保證可以蒐集到原先預定的樣本數。對此，學者也嘗試提出相對應的解決方式，例如設計受訪者友善的問卷（respondent friendly questionnaire），即以受訪者的立場來考量問卷內容的難易度、問卷結構的排列複雜度等方式，本質上可視為一種人性化的設計、多次的書信接觸與報酬的提供等（Bourque and Fielder 1995, 41-92; Dillman 2000, 150-153），或是提供真正可觸及的（tangible）回報（James and Bolstein 1992）等皆是提升回收率的有效方式。[10]

3.缺乏訪員的協助

　　雖然省略訪員的配置可以使郵寄問卷訪問的成本顯著降低，但其代價卻也相當高。此項代價可從五方面來瞭解：

(1)受訪者對問卷內容的理解程度不足：由於郵寄問卷是由受訪者自行填寫，受訪者在填寫時，對於問卷問題的內容與意義的瞭解程度可能與研究者的預期不同。當受訪者對問卷有疑問，但缺乏訪員在場可供詢問時，則受訪者只能依照其所瞭解的方式進行填答，如果受訪者誤解問卷的意義，則整個訪問調查的效度與信度便受到侵害。

(2)非指定受訪者填答：由於沒有訪員在場，因此，當郵寄問卷送到受訪者手上時，如果因為受訪者不在、太忙、或是沒有興趣而請其他人代為填寫問卷，研究者通常很難得知。雖然研究者可以根據一些既有的事實資料，如預定受訪者的一些基本資料（年齡、教育程度、性別、職業等），來核對該份問卷是否就是原有受訪者所具備的特性，但是即使如此，也無法百分之百保證該份問卷就是預定的受訪者所填寫

---

[10] 回收率的提升需要同時依靠完善的問卷設計與執行過程，詳細內容可分別參閱本書有關問卷設計與執行的章節內容。

（Bourque and Fielder 1995, 19-20）。

(3)受訪者填寫問卷的缺失無法及時更正：受訪者填寫問卷時，不僅可能會誤解問卷題意，更可能因為一時疏忽，或是有意地忽略一部分的問題，尤其是當問卷的題目較多或是題目較為敏感時，受訪者經常會故意漏掉對這些問題的回答，當研究者檢查回收問卷之後，發現受訪者有任何漏答的情形時，要重新向受訪者進行再訪與確認則是一件耗費時日的工作，同時也造成資料分析上的困難。

(4)無法正確使用訪問輔助工具：在面訪的過程當中，經常藉助一些輔助性的訪問工具，如圖表或相關器材，來協助受訪者回答問題，但是，在郵寄問卷的訪問過程中，即使附上相關的輔助工具，缺乏訪員在場的講解與協助，輔助工具的效用將因而打折扣。

(5)無法評估受訪者對訪問問題的瞭解程度：在面訪的過程中，訪員的另一項工作之一便是藉由訪問過程的觀察，瞭解並做初步判斷受訪者對問卷內容的瞭解程度，並且向研究者提出相關的建議，以使研究者在資料的採用上更具參考性，但在郵寄問卷訪問中，受訪者可能草率地填寫問卷，對問卷題意無法充分思考判斷即做出決定。

4.問卷題目不宜過多

郵寄問卷的完成端賴受訪者的合作，如果問卷長度過長，易引起受訪者的不耐，進而草率填寫，一般郵寄問卷調查的篇幅以不超過十頁為原則。

5.問卷內容不宜太過艱深

郵寄問卷調查假定受訪者有相當程度的教育水準可以瞭解問卷涵意，但事實上，在一般性的調查中，受訪者通常包含那些年齡較高、教育程度較低的受訪者。這些受訪者通常即是拒訪的主要來源，如果這些人還要面對內容較為艱深的問卷調查時，將有更高的拒訪比例，造成回收率的低落。開放式的問卷內容同樣也要儘量避免，否則將造成受訪者的壓力，其結果經常不是受訪者不填就是一筆帶過簡單回答，此兩種結果都不是研究者當初的預想情形（鄭貞銘 2001, 290）。

6.受訪者對郵寄問卷調查的重視日益減低

　　在現今的社會型態中，一般人不可避免的經常接收到許多不同的商業廣告，以及許多廣告調查，這些龐雜的資訊對民眾而言，都是某種形式上的負擔，因此，愈來愈多的民眾在一接到這類廣告調查時的反應是將其視為垃圾郵件（junked mails）而隨手丟棄，而較為嚴謹的郵寄問卷調查也可能面臨同樣的命運，受訪者將其視同其他的廣告調查郵件而丟棄，嚴重造成回收率的不足。

四、網路調查

　　如果說 1940 年代採用科學的調查方式，大幅度提升調查品質，而1970 年代電話訪問方式的採用，大幅減少訪問成本，則 1990 年代開始逐漸興起的網路問卷調查，為當前的訪問調查工作打開一個新的視窗。它所帶來的影響，如同其本身所具有的快速演進本質，深遠但難以預料。研究者對網路調查寄予深切的厚望，希望解開傳統觀念中，如果一個民意調查的品質要好，則其相對的成本要很高，或是考量成本壓力而屈就品質不良的困境（Couper 2000, 466）。

　　網路調查在定義上指的是透過網際網路（internet）的傳送，將研究者的調查主題，送到受訪者的手上，受訪者在完成問卷訪問之後，再透過網路將結果傳回給研究者。網路調查本身是目的取向的行動過程，主要特色即在經由網路的相關設施進行調查工作，亦即在「網路環境」之下進行調查。在「網路環境」之下，研究者將其研究主題利用電腦語言與技術，製作成網路問卷格式，並利用電腦傳輸方式寄達受訪者的電腦地址，受訪者也是利用電腦工具完成問卷訪問後再寄回給研究者，整個過程都發生在電腦與網路的環境下，缺乏電腦與網路設施，網路調查即無法進行。

　　在執行上，網路調查通常以兩種最基本的形式來進行：第一種是將問卷直接寄到受訪者的電子信箱當中，整份問卷的定位如同一封信，受訪者打開之後，按照指示填寫，完成後再寄回給受訪者，形式是一種離線式（offline）的調查；第二種是將調查內容直接公布在某些受訪者經常出入

的網頁上（或是入口網站），並以醒目的旗標（banner）引起受訪者的注意，由受訪者自行進入該網址填寫問卷，填寫完後直接就地送出即可，形式則屬於連線式（online）的調查。值得注意的是，此兩種執行方式並非截然劃分，因為當電腦與網路語言設計進步之後，固定網址調查方式的執行可以轉換成填寫電子郵件方式的問卷，或是從使用者的電子信箱中，直接連線到研究者所提供的網路地址進行填寫。兩種方式的簡單區隔如下表 3-1 所示。

表 3-1　「電子郵件離線式」與「入口網站連線旗標式」之差異比較

電子郵件離線式系統	入口網站連線旗標式
問卷發放之主控權操之在問卷發放者本身，所以一般認為較具隨機性，準確度亦較高	由於問卷放在不同入口網站，且由上網問卷之填寫者自己決定是否為樣本，因此樣本數的隨機性及準確性受到質疑
採取離線作業之方式，可使問卷填寫時間的彈性較大，且網路連線成本較為經濟	問卷以連線作業方式來填寫，因此受訪者必須一次填完，使其網站連線成本較高
問卷發放及回收之電腦系統較為複雜	問卷直接放置在入口網站上由有興趣受訪者直接填答，所以電腦系統的技術比較容易克服
受訪者身分唯一性比較容易處理	受訪者身分唯一性比較不容易處理
如果問卷的回收是以純粹電子郵件方式傳送則其隱私權必須受到保障	隱私權容易受到保障

資料來源：胡毓忠與游清鑫（2000, 7）。

再就網路情境的實質面貌來看，其演進過程即代表著當前「資訊及通訊科技」（information and communication technology, ICT）演進的一環，網路調查隨著電腦與網路科技的進步而有不同的形式。早期電腦與網路技術剛萌芽之際，透過電腦而來的人際互動模式主要是以電子郵件方式（electronic mails, e-mail）進行，此時期主要的作用在於聯絡與傳遞訊息，較少用來進行調查訪問工作，或是調查訪問的規模較為原始，研究者與受訪者之間的互動模式，猶如一般透過郵局遞送的書信往返，只是在時間成本上有顯著的減少。其後隨著新網路技術的開發與應用，如 HTML（Hypertext Mark-up Language）的演進以及個人電腦容量與速度的增加，

使得設計較為完整、內容更充實的調查工作可以在網路中進行，整份調查問卷可以在研究者與受訪者的信箱中儲存與寄送。

在電子郵件形式發展的同時，網路的使用日漸普及，使得商業團體得以透過網路上的溝通方式，為其市場調查工作增加許多管道。一方面持續由電子郵件方式進行調查，另一方面則藉由網路設計提供網路使用者無須進入其電子信箱即可在網路上接受調查，或是採用連線方式進行調查，此種直接在網頁上點選內容的方式，比原有透過電子郵件信箱的調查方式在時間上更佳經濟，也逐漸成為商業團體或其他組織獲得相關資訊的主要來源。而近期的網路環境更進一步強調互動式（interactive）的效果，在互動式的情境下，網路使用者在進行任何動作之後，電腦將會導引出另一指引動作來確認、提醒、甚至事先檢查該指令的適當性，同時網路使用者也可以在網路上與其他使用人，包含調查訪問的研究者在內，進行多方的直接對話，更可以進一步藉助影音設備的輔助，增加網路使用者的臨場效果，使得網路調查可以在更加順暢的環境中進行，猶如進行電話訪問、甚至是面對面訪問的形式。

同樣地，透過互動式的溝通模式，也進一步利用電子郵件的調查方式，當受訪者在其信箱中開啟一份調查問卷時，其所目睹與經歷的，不僅是一份包含訪問問題的調查問卷而已，它同時可以藉由相關的色彩設計、動畫模式，以及聲音效果的整套輔助系統，使得訪問過程變得更加活潑與生動，對於受訪者而言，填寫問卷不再是一份枯燥繁瑣的工作，此對於調查訪問的進行提供相當大的助益。

網路情境是網路調查的主要特色，而演進快速則是網路環境本身所具有的特質，因此，網路調查的應用在其中享有相當大的便利之處，但快速變化同樣也帶來較難預期與控制的結果，這些特性同樣也構成網路調查的優缺點。

（一）優點方面

1.即時性

透過電腦與網路設施的傳輸，可以將需要的訊息在極短的時間內送達指定位置，而且其由電腦網路寄出的問卷數量幾乎沒有任何限制可言，只要有地址，研究者可以在很短的時間寄發出數千份、甚至數萬份調查問卷，此一特性在講求溝通時效的現代社會中更具重要性。相較於其他面對面訪問與郵寄問卷訪問的時間效果而言，網路調查具有相當大的優勢。

2.方便性

一旦有基本的電腦與網路設備，則網路調查可以克服地理上的限制，在任何時間與地點皆可以進行，此一特性的附帶影響則是降低許多面對面訪問與郵寄問卷訪問的交通與郵寄成本。

3.低成本

整體而言，網路調查所需成本並不高，此種成本也可以就人力成本與物力成本兩方面來說明：

(1)人力成本：網路調查不需要訪員的設置，因此，許多與訪員相關的費用皆可節省下來。同樣地，助理的人數可以減少，督導的設置可以取消，這些費用的節省給予研究者更大的彈性空間。

(2)物力成本：在一方面，調查問卷內容以電腦文字檔的形式出現，網路調查不需印製大量的書面問卷；在另一方面，受訪者回答完問卷內容並且寄回給研究者時，研究者可以利用事先寫好的電腦程式，將這些受訪的回答內容直接轉換成統計分析所需要的資料格式，因此，以往面對面訪問或郵寄問卷訪問過程中，有關資料的輸入與初步處理將可以在很短的時間完成。

（二）缺點方面

1.樣本代表性

　　不論執行方式是透過電子郵件信箱或是提供網址進行調查，受訪者的來源一直是網路調查最受爭議的部分，其爭議的焦點集中在以下四個方面：

(1)電腦或是網路使用者的母體清冊無法完整：在目前的電腦與網路世界中，根據調查顯示，相當多數的網路使用者具有多重的「身分」（胡毓忠與游清鑫 2000, 23），這些身分可能來自使用者本人有超過一個以上的電腦使用帳號或電子信箱，使得以電子信箱為訪問對象的調查方式，面臨一個無法確認受訪者的困境；同樣地，設置於固定網路地址的調查方式，由於其容許網路使用者自由進出該網頁，或是在實際執行上無法辨認同一網路使用者是否填答問卷兩次以上，使研究者無法事先篩選其所要訪問的對象。

(2)電腦網路使用人口與實際人口的差異：電腦網路世界與實際世界最大的差異在於前者是可以隨時被「創造」出來，只要使用者有需要，可以藉由虛擬的數字創造網路人口。因此，一個真正的使用者在網路世界中可以有許多不同的分身，相較於面對面訪問可以有真正的總人口數與相關的基本人口特性而言，網路世界的人口幾乎無法定型，造成調查結果在推論的過程中最大的限制。

(3)隱藏性網路使用人口的干擾：網路世界不只有虛擬人口，更有幽靈人口的存在，這些隱藏性人口通常來自於一個較大團體當中自行建構的區域網路使用人，例如學校單位的網路使用人以及較大規模的公司團體，會自行設立網站以及獨立的網路伺服器（servers），這些團體成員在所屬的單位中有網路帳號或電子信箱，但是，在外面的網路世界當中，這些人的數量以及網路使用情形通常無法被估計，學校環境的學生網路使用人口的估算即是網路調查研究者的惡夢之一（胡毓忠與游清鑫 2000）。另一方面，目前在市面上有許多網路公司免費提供網路帳號，有時也提供免費或廉價的網路使用時數，以及相當數量的「網

路咖啡廳」的出現，這些發展給予網路調查最直接的影響是使網路使用人口變幻莫測，讓有系統的網路調查更加困難。

(4)電腦網路的普及問題：雖然電腦與網路為人類帶來許多方面的方便，其普及率也愈來愈高，但即使如此，在現有的網路調查中，可以發現一些趨勢顯示電腦與網路的使用情形並非想像中普遍，如經濟社會發展程度會影響電腦與網路的使用，在偏遠地區的電腦與網路使用程度遠遠不及都市地區，又如教育程度較高者與較低者在使用程度上也有所差異（胡毓忠與游清鑫 2000）。雖然目前幾乎所有的國家都積極地使電腦與網路普及化，但截至目前為止，「電腦與網路族群」仍然是社會上特有的另類團體。

2.易遭破壞

前述網路世界的特性即是開放性，任何人皆可以較低廉的成本進入，然而，伴隨著網路發展，另一項值得憂心的事，卻也是網路世界容易遭到有心人士的隨意進入與破壞，所謂的網路駭客（hacker）幾乎無所不在，這些任意侵入他人網路世界的人士，其目的不外乎好奇、窺視他人隱私、從中竊取資料牟利、以及蓄意進行破壞等，但是不論其目的為何，這些行為對於網路調查而言，都是一項極大的傷害，例如經常在報章雜誌所聽聞到的網路病毒傳染，使得網路使用者幾乎「聞毒變色」，當網路使用者有此恐懼心態時，一份陌生的網路問卷調查對其而言，在還沒有決定要不要進行訪問之前就已經先有一道心理障礙，此種情形也是網路調查研究者在讚嘆網路方便性的同時，必須承受的壓力。

3.問卷邏輯與網路邏輯之間的差異

一般書面式的問卷調查，研究者可以根據問題的意義尋找最為適當的方式展現出來，尤其是問卷之間的結構問題，可以利用訪員的操作或說明，以及電話訪問中 CATI 邏輯的設定，因此，受訪者比較容易瞭解問卷設計的邏輯。但是，在網路調查中，問卷本身所具有的邏輯並不是那麼容易便可以反映到網路調查當中，網路調查的設計需要用電腦語言，同時須考量問卷結構的呈現形式，當研究者依照問卷結構完成問卷內容後，所設

定的問卷邏輯結構與受訪者的網路設備能否配合則是一項重大的挑戰。經常發生的情形是研究者在自己的電腦網路上看到一份設計完善的問卷，但是，在受訪者這端則無法有效開啟，或開啟後無法看到研究者設計的原貌（Dillman 2000, 359）。此種問卷邏輯與網路邏輯間的差異，經常使研究者必須特別謹慎考量原有網路問卷設計的普及性，不宜以太複雜、技術層次太高的方式製作問卷，如此才能使其問卷為受訪者使用，但如此做也犧牲掉擁有較先進的網路調查設計技術的優勢。

4.回收率不足

網路調查的回收率經常使得研究者頭痛，因為，前述中一人具有多份網路帳號的問題，使得研究者必須擔心某一些人的過度代表，但在此問題的另一端則是，研究者也會如同執行郵寄問卷一樣，可能面臨回收率不足的問題，此時，有關提升郵寄式問卷回收的方式是有用的參考。

五、焦點團體訪談

焦點團體是指藉由針對少數個人的訪談，對特定的問題進行深入的瞭解，同時，藉由團體討論（group discussion）的互動情境，鼓勵參加焦點團體的成員，盡情發言。藉由這樣的討論過程當中，可以瞭解參與者對討論問題的各個不同面向的認知，以及當參與者聽到不同參與者的意見時的對應方式，研究者在期間所要蒐集的資料除了參加者的論點分析之外，還要對參加者的表情、語氣與動作同時進行觀察，以瞭解參與者對該事件的各種態度與表現。

相較於前述幾種調查方式，焦點團體訪談的調查方式，對調查對象與資料特性有著不同的假定，就焦點團體而言，其所強調的是對某一事件或現象進行深度與廣度的探索，因此，參加者對研究主題的各個面向分別表示其意見，同時經由與他人討論之後，可以再發表自己的意見，因此，對研究者而言，焦點團體可以提供該項研究主題較為全面與深入的瞭解。

焦點團體訪談較常用的場合在於商業性的調查中，例如某廣告公司

藉由焦點團體訪談方式，以瞭解市場對某項新產品的接受程度；另外，也可以用在選舉公關公司中，對某位候選人形象或政策的討論與選戰策略的制訂參考。而在學術研究中，早期以心理學、社會學、廣告學等方面有較廣泛的應用，而近期許多相關的調查研究也逐漸將焦點團體作為主要的資料蒐集途徑之一，或是與其他的方法並用，以提升其解讀資料的正確性。但，不可否認地，儘管焦點團體具有一些優點，其至今仍然沒有像前述幾種調查方式一樣，被廣泛的用在民意調查的工作上，顯示在實際的民意調查過程中，焦點團體的採用有其限制存在。整體而言，焦點團體訪談的優缺點如下：

（一）優點部分

1.深入解析問題所在

　　焦點團體訪談的進行不像面對面訪問或電話訪問等具有整份問卷內容的調查方式，在每次執行焦點團體訪談時，只有一個主題會被拿來進行討論，因此，研究者通常會事先對談話的主題釐出一些不同面向，再由訪談的參與者分別就該主題的各個面向進行討論，因此，研究者通常可以對一個主題得到更為完整的瞭解。此種優點再加上其又比個人訪問方式更具效率性，使得焦點團體訪問法經常被視為具有「快又方便」（quick and easy）的訪問特性（Morgan 1997, 13）。

2.擷取團體討論的互動效果

　　團體討論是焦點團體的另一個特色，通常參與訪談的成員對研討主題開始發表意見之後，其他的參與者有的會表示贊同、有的會表示反對，不同意見的參與者會形成一種討論與對話的互動模式，而且即使在相互同意的參與者當中，其各自同意的原因也可能不盡相同，研究者常常可以發現，在這樣的互動模式進行的過程中，經常出現研究者沒有預期到的論點，而這也是研究者當初採行焦點團體訪談的重要因素之一。

3.瞭解口語之外的意見強度

藉由觀察參與者發言與聆聽他人發言的過程,可以發現有些參與者對某些事情的看法相當堅持,但對某些想法則不表意見,甚至有些參與者會在聆聽他人意見之後,改變自己原有的立場而附和他人,這一些口語意見之外的訊息,對研究者來說,是確認訪談參與者意見與態度分布的重要參考。

4.自然討論環境鼓勵意見表達

焦點團體的進行塑造出一個參與者可以自由發言與討論的自然環境,研究者雖然會將討論主題事先做相當程度的規劃,但是,一旦訪談開始,參與者變成訪談的主角,尤其是討論氣氛熱絡時,參與者自發性的意見表達將成為主要的訊息來源。在多數情形下,參與者想對研究主題的哪一個面向多做發言,都能暢所欲言,研究者基本上不做太多的干預。

5.輔助器材的利用

透過相關儀器與文具的使用,可以使一些較難呈現的概念透過簡單的方式,由參與者表達出來,例如藉由畫圖或排列的方式,使參加者解釋其對某項問題的看法,或是對特定圖片或文字敘述的觀後感想等,都是研究者可以多方面瞭解參與者想法的方式。

6.適用於探索性的問題或較具爭議性問題的探討

對學術研究者而言,未完整探索的部分總是比已經探索的部分來的多,但是,當一個較少觸及的研究主題出現時,焦點團體訪談的採行可以提供研究者初步的資訊,根據這些初步的資訊可以瞭解該主題是否值得進一步開發以及如何開發才較有效果。有時當一個問題無法用面對面訪問或其他調查方式來徹底釐清時,焦點團體訪談便是一個最佳的方式,使得研究者可以一窺許多具爭議性的議題如何被呈現以及較為正確的議題內涵應如何定位。這樣的特性也使得焦點團體經常被用在輔助一些問卷調查過程中,作為有效提升問卷效度(validity)的方法之一。

（二）缺點方面

1.訪談結果難以做較大規模的推論

由於訪談通常只能邀請少數人（適當的訪談人數約為六至八人）參加，因此，訪談結果的外部效用（external validity）經常受到質疑，意即焦點團體訪談的結果，經常無法推論到那些沒有參加訪談的多數人身上，此項限制也是研究者在進行焦點團體訪談時，所必須特別注意的。

2.訪談設備成本高

一項完整的焦點團體訪談通常需要相當先進的環境與周邊設備，這些設備包含全程的錄音、錄影，以及特定需要的放映設施，而這些設施需要額外的成本負擔。

3.訪談時間長

一場訪談通常需要二至三小時，這樣的時間長度對研究者與受訪者而言，都是一種壓力，經常可以看到的情形是參加者在訪談的末期階段，在表情上已經顯得不耐煩，或是不再積極發言。因此，要減輕此種時間壓力，訪談主持人（通常是研究者擔任）需要掌控現場氣氛，同時也需提供會場少量的餐點，可供參加者使用。

4.訪談內容較難掌控

雖然在訪談開始之初，研究者會嘗試對訪談主題的各個面向事先準備，並在訪談過程中逐一提出討論，但是，由於團體討論的效果，經常會使某一項特別引起參加者興趣的主題受到很大的關注，其他主題則否，此時，主持人便須將參與者的熱情導回原訂議題中，繼續原訂的討論議題。

5.訪談情境的處理

訪談情境，如同實驗法過程當中的實驗情境一樣，當參加者得知其他參加者對訪談主題的基本立場後，其可能因社會期待（social desirability）的因素，隱瞞自己原有的立場而附和他人，如有此種「受試者情境」的情形發生，則主持人應儘量鼓勵參加者忠實發言，無須考慮自己發言內容是

否正確的問題，並強調各種不同的意見都是訪談的珍貴資料，以使參加者
可以盡情發表自己的看法。

6.訪談資料處理繁複

　　焦點團體訪談的資料蒐集方式，學者多數歸類成質化的資料（賴世培
等 1996, 69）。雖然研究者會事先規劃訪談的主題，但實際上，研究者也
只能進行綱要式的準備，至於實質的訪談內容則須來自實際的訪談，在訪
談結束後，研究者亟需對資料進行處理分析，只是參加者在訪談過程中的
談話內容，通常超乎研究者的想像，因此，在處理參加者的發言內容時，
是一項極大的工作負荷。

7.調查機構必須有相當的知名度

　　對參加訪談的成員而言，如果執行訪談的單位是一個全然陌生的地
方，或是該單位的社會形象有所爭議，則參加者可能會因而對出席與否感
到猶豫，尤其是有關重大政策或政治性議題的訪談，如果執行訪談的機關
的立場受到參加者的質疑，則訪談的進行將更加困難。

參、結語

　　對民意調查的研究者與執行者而言，究竟要採取哪一種民意調查方式
才能真正對研究主題有更好的瞭解，向來是研究者最為頭痛的問題。事實
上，從上述五種主要的民意調查類型來看，每一個類型都有它的優點與缺
點，而且某一類型的優點經常是另一類型的缺點，彼此間存在相互取捨的
情形。這樣的情形提醒研究者，在民意調查的世界裡，並沒有存在一個普
遍性的最佳方式，這樣的事實或許殘酷，卻是實際的狀況。但是，從另外
一個角度而言，即使沒有放諸四海皆準的民意調查方式，當研究者開始著
手要從民意調查的方法，對某一主題進行研究時，仍然需要決定一個最合
適的民意調查方法，這一個最合適的調查方式，通常是研究者認為可以藉
此對調查主題與特性得到最佳的瞭解方式，其間當然也包含對該類型調查

方式的優點與缺點的衡量在內。因此，學術界的研究者開始推銷一個「量身訂作」的調查方式（tailored design method），強調依照研究主題的特性、研究者對該項調查的期待（如該項調查需要進行嚴謹推論或只是意見呈現）與研究者所擁有的資源（人力、財力、物力與時間）等因素，在最大可能的情況下，決定調查方式的採用。

其次，就研究方法的採用來講，當前對民意調查此項課題的研究，不應將調查方法定於一尊，即沒有任何一種方法是最完美的方式，而且應該更積極的採用多重調查方式，從不同的角度切入，對同一主題進行研究，一方面可以對研究方法進行交叉比對的功能，另一方面則可因此對研究對象發覺出許多不同的真相。同時，一個完整的民意調查方式，尚需其他環節的配合，如問卷的設計、抽樣的執行、訪問的執行、資料的分析與解釋、以及最後的報告撰寫等，這些不同的環節有不同的工作倫理與專業要求，也就是因為這些相關環節的協助，才得以使整個民意調查的結果完整呈現。

最後，瞭解民意調查的訪問類型及其優缺點，其實只是執行民意調查時，提供研究者一個選擇的依據，而民意調查的整體執行，不僅在方法類型的選擇，同時也要配合其他的工作環節，才能共同構成一個可運作的民意調查工作。例如，一個問卷設計完整的面對面訪問調查可能對學術研究提供相當大的助益，但是，如果缺乏正確的抽樣以及妥善的執行，則最後的結果可能落入經常聽到的「垃圾進、垃圾出」（garbage in, garbage out）的窘境；又如強調時效的電話訪問，如果問卷的設計內容處處充滿引導性（leading）與壓迫性（loading），則得到的可能只是一種操縱下的民意；再如以相當微薄的經費預算，要完成較高成本的面對面訪問，將使調查工作寸步難行，而最後的調查結果如果沒有忠於原設計的資料分析與解釋，也形同是對調查資料的浪費。同樣地，在進行民意調查之前，如果可以藉由焦點團體的訪談應用，則在民意調查中，對於受訪者特性的尋找、問卷內容的設計與修訂，以及相關問題的深度瞭解等，都可以得到更為事半功倍與完整的關照。由此觀點來看，民意調查的工作，是一種整體性的運作，唯有各個環節的配合，才能真正符合原先的調查目的。

Chapter 4

網路民意調查的理論與實務

俞振華

壹、前言

社會科學的行為研究相當程度需要靠調查來獲取資料，進行分析。早期的研究往往以面對面訪問為主要的調查方式。但隨著電話普及率增高，電話訪問漸漸取代了面訪。美國自從 1970 年代開始，除了幾項大型的學術調查工作，譬如美國選舉研究（National Election Studies）及一般社會調查（General Social Survey）以外，大多數的學術及實務界（譬如媒體民調）的調查多半以電話訪問的方式執行。台灣的情形也相當類似，電話訪問業已成為調查的主要方式。[1]

然而過去數年來，網路在台灣的普及率快速增加，特別是寬頻及無線網路的建制，使得網路成為許多人日常生活的溝通媒介及取得資訊的主要來源。根據財團法人台灣網路資訊中心（Taiwan Network Information Center, TWNIC）在 2015 年中所公布的調查結果顯示：我國民眾上網率已達到 80.3%，並據此推估我國上網人數超過 1,800 萬人。其中，18 歲至 30 歲民眾的上網率達 100.0%，成為我國網路主要使用族群。另外，已近九成家庭有網路連線，上網家庭戶數已近 750 萬戶。[2]總之，對台灣民眾而言，上網已不再僅是少數人的專利。和其他先進國家譬如美國相比，台灣的網路普及率不但不遑多讓，甚至更高。[3]

數十年前由於電話普及率增加，電話訪問於是取代了面對面訪問，成為市場及民意調查最主要的工具。現在既然網路普及率增加了，網路是否能一躍成為新的調查利器，全面取代電話成為市場或民意調查的主要工具及媒介？就目前為止，這個問題的答案顯然是否定的。儘管網路普及已成趨勢，但使用者急遽地增加不代表所謂的「數位落差」（digital divide）

---

[1] 台灣現階段大多數的調查（特別是民意調查）皆採用電話訪問的方式。然而幾個大型的學術調查工作（譬如台灣社會變遷調查及台灣選舉與民主化調查等），因為問題較多，仍然採用面對面訪問。

[2] Vista Cheng，〈臺灣寬頻網路使用調查：我國上網人數高達 1,883 萬人〉，TeSA，https://tesa.today/article/358（檢索日期：2016 年 6 月 30 日）。

[3] 根據 2009 年美國的 Current Population Survey（CPS），美國家庭約有 69% 具備網路連結，另外約有 77% 的美國民眾會在家裡或其他地點（譬如辦公室）上網。

問題（Norris 2001）已被解決。不論在台灣還是在美國，網路的使用者仍然以特定地區（譬如經濟發展程度較高的都會區）的民眾，或是特定族群（譬如年輕、教育程度較高者）為主要對象（Nie and Erbring 2000; 游清鑫等 2007）。另外，即使網路普及率增加，但民眾使用網路的方式及頻率可能較過去有更大的區隔，譬如，較年輕的族群已將網路視為生活的一部分，非常熟悉利用網路與他人溝通並蒐集各類資訊；而較年長的族群雖然或多或少亦開始利用網路收發電子郵件、瀏覽網站，但和前者相比，往往還是無法融入網路的環境當中。於是網路雖然普及了，但使用者之間對網路環境的熟悉度顯然存有更大的差異（Dillman 2000）。不過，亦有研究顯示，網路逐漸普及後，終究會增加網路使用人口的異質性，使得網路使用者與非網路使用者之間的差異逐漸模糊（Buchanan and Smith 1999; Hewson et al. 2003; Smith and Leigh 1997）。

　　雖然現階段網路調查還不是主流，但隨著數位時代的來臨，其未來性仍不可小覷。美國民意研究學會的網路調查研究報告（Baker et al. 2010）曾引述一家調查公司的分析資料顯示，光是 2009 年美國調查相關產業投資在發展網路調查的金額即超過 20 億美金。各公司願意投資在網路調查的主要原因，還是看重於網路調查和傳統調查方式相比（包括電話訪問、面對面訪問，及郵寄問卷等），其成本更低（或更確切地說，是邊際成本降低），效益更高，且調查時程（turnaround time）更短（Bachmann, Elfrink, and Vazzana 1996; Dommeyer and Moriarty 2000; Pitkow and Recker 1994; Tse 1998; Witte, Amoroso, and Howard 2000）。但相對而言，由於現階段網路調查在技術面上仍有很多面向需要克服，因此仍然需要蠻大量的研發資金投入，以期能克服許多網路調查的潛在問題，全面提升網路調查的品質。

　　台灣在解嚴後的二十多年來，包括市場及民意調查的發展皆相當迅速。除了許多學術機構紛紛成立調查研究中心以利相關實證研究之外，實務界的調查機構（譬如媒體、民調及市調公司等）更有如雨後春筍般成立。雖然調查實務上我們仍未見確切的規範性、標準化調查機制，但大致來說，各主要（或已具有相當聲譽）的調查機構在面對面訪問或電

話訪問的技術上已漸趨成熟及標準化，或至少認可某些標準化程序。在調查計畫執行的各個環節上，包括抽樣、調查執行、乃至於報告撰寫等，各主要調查機構基本上皆會採取某些標準化程序，以提高調查結果的效度（validity）及信度（reliability）。舉例來說，電話訪問輔助系統（computer assisted telephone interviewing, CATI）現已成為各主要調查機構進行電話訪問必備的工具。總之，我們雖不諱言台灣整體的調查實務界仍存有很多面向需要改進並建立標準，但當相關專家學者在面對利用傳統調查工具所進行的調查研究時，至少還能判斷出甚麼樣的調查程序是妥當的，甚至評估何種調查程序會造成何種估計偏誤。[4]

　　然而相對而言，我們對於新興的網路調查方式所知顯然仍相當有限。特別是網路新科技的發展日新月異，網路普及化亦同時帶動網路調查方式不斷推陳出新。但不論過去數年發展如何，學術界及實務界對於網路調查方式爭論的焦點還是在於：參與網路調查的對象究竟是誰？我們是否能夠利用網路調查所獲得的結果正確地推估母體特徵？畢竟大多數調查的目的是利用樣本資料推論母體特徵為何，倘若我們對樣本的估計值存有疑慮，或是樣本資料代表性失真，則我們勢必無法確切掌握母體的特質。正因為網路調查的樣本代表性難以掌握，目前台灣網路調查絕大多數是應用在針對特定消費族群的市場調查上，即調查的目的不在於利用樣本結果推估母體特徵。

　　本章旨在從理論與實務兩個層面探討發展網路民調所可能遭遇的問題及可能因應的途徑。第貳節將介紹目前廣為施行的網路調查類型，並從理論面探討樣本代表性的問題；第參節初步分析網路訪問及電話訪問所得資料的差異，並從實務面的角度提出校正估計偏誤時可採取的步驟及方式；第肆節則為結語與建議。

4　關於各種傳統調查方式的比較整理表，請參見洪永泰（2009, 101）。

貳、網路調查類型及樣本代表性問題

隨著網路普及化，各式各樣的網路調查也隨之興起。學者依樣本建立是否採隨機的方式，將不同的網路調查方式大致歸類為以下兩種類型（Couper 2000）：

一、非機率樣本（Non-Probability Sample）

非機率的樣本強調受訪者的來源不具有代表性。這類型的調查大致包涵三種類型：（一）以娛樂為導向的網路調查（web surveys as entertainment）。這類型的調查其實更像一個論壇，我們常見在媒體或入口網站有這樣類型的網路投票，其結果不是用來推論母體特徵，而只是讓參與者有個抒發己見的管道；（二）自我選擇的網路調查（self-selected web surveys），調查的執行不限制受訪者的行為，只要受訪者有興趣，就可以上網多次填寫問卷。這類型的調查常常以旗標（banner）或彈出視窗（pop-up）的形式在各網站出現，瀏覽者自行點入連結並填寫問卷；（三）網路使用者的自願參與名單（volunteer panels of internet users），透過邀請的方式尋找網路使用者進入調查系統，並且透過電子郵件給予參與者密碼參與調查。許多網站（譬如媒體或求職網站）透過其所建立的資料庫名單來邀請其會員參與調查，但因為名單的建立並非透過隨機抽樣的程序，因此仍舊很難利用其調查結果推估母體特徵。

二、機率樣本（Probability Sample）

以機率為基礎的網路調查透過各種機率抽樣的型式進行，主要的類型有五種：（一）間距式調查（intercept survey，或稱作截距式調查），此種調查強調受訪者的選擇依照一定的機率方式，類似出口民調（exit poll）的概念，設定每一個受訪者的間隔，只要進入網站者，在一定的間隔下成為合格的受訪者，同時，調查系統也設計防止同一個人被多重

訪問的機制；（二）高涵蓋率母體名單樣本（list-based samples of high-coverage populations）調查，即將網路人口視為一般調查人口，當母體較小而名單幾乎涵蓋母體時，我們可以利用名單進行隨機抽樣，並透過電子郵件邀請參與，同樣也設計避免重複填答的機制。譬如在大學校園中針對學生態度的調查即屬此類；（三）可選擇調查方式的混合模式設計（mixed-mode designs with choice of completion method），此種模式是將網路調查視為各種資料蒐集方式之一（例如將網路調查與郵寄問卷、傳真方式並用），甚至可以讓參與者自行選擇參與調查的方式。特別是針對需要對同一批團體成員進行多次調查時，提供各種填答問卷的方式無疑地可減少參與者的成本；（四）事前招募的網路使用者名單（pre-recruited panels of internet users），此一方式與前述非機率網路調查最大的不同點在於，受訪者並非是完全自願參與網路調查，而是事先經過機率抽樣後得出樣本並邀請其進入名單（例如透過電話訪問的方式邀請），隨後並以電子郵件方式聯繫。在此情況下，網路受訪者名單的建立是透過機率抽樣的方式得出，並非完全任由受訪者自願參與；（五）完整母體下的機率抽樣（probability samples of full populations），此一方式與第四類型相似，都是針對母體進行機率抽樣選擇受訪者，並使用非網路方式接觸受訪者之後再進行網路調查。但第四類型只能邀請那些具有網路資源者進入名單，而此類型是進一步提供所選出的成員所需的網路器材及設備，如同部分的電視收視率調查公司提供參與調查的受訪者記錄器一般。但也由於透過這樣的模式進行調查所費不貲，因此往往不能採用大樣本的方式執行。

　　不論是非機率樣本或是機率樣本，網路調查最為人詬病之處仍在於以下兩點和樣本代表性有關的議題——即涵蓋率的問題與非回應的問題（Baker et al. 2010; Couper 2000; Couper et al. 2007; Dillman 2000; Hewson et al. 2003）。前者是指部分的目標母體不論如何就是無法訪問得到；後者是指就算我們有機會訪問得到目標母體中的每個人，但有些人就是因為某種因素不願意回應。簡單來說，當某些人我們總是無法訪問得到時，這兩大問題將造成「非源於觀察此一動作所產生的誤差」（error of nonobservation）：

一、涵蓋率的問題（Noncoverage）

即使現今網路的普及率增高，但畢竟非人人都有網路連接。和電話普及率相比，網路普及率仍然相去甚遠。此外，網路的使用者仍集中在年輕、教育程度較高、或都會族群，前述「數位落差」的問題依然存在。另外，當我們在計算所謂涵蓋率時，網路調查的抽樣架構（sampling frame）究竟為何也是一個問題。譬如，在進行電訪抽樣時，我們通常是以家用電話號碼為抽樣架構，並假設一個家庭內的每個人都會接這支電話；同理，面訪抽樣的邏輯亦相同，意即有門牌號碼的住宅是我們的抽樣架構，且住宅內的每個人都有機會被抽到。但網路的抽樣架構卻有顯著的不同：有些人可能家中根本沒有網路，而都是在辦公室上網，或家中即便有網路連接，也並非所有家中成員都會上網，可能只有家中某些成員固定使用網路。最後，就算我們要以個人為單位，譬如以個人的電子郵件帳號進行抽樣，我們也不可能找到一個完整的電子郵件帳號資料庫當作抽樣架構。總之，網路調查的涵蓋率問題並非只是單純計算有多少家庭已具備網路連線，事實上如何定義網路調查的涵蓋率本身已是一大問題。而缺乏有效的抽樣架構更使得我們無從評估抽樣架構與目標母體之間的差異及涵蓋誤差的強度為何（李政忠 2004）。

二、無回應的問題（Nonresponse）

傳統上我們認知的「無回應」是指樣本中的受訪者沒有回應調查者的問題，也就是不願意接受訪問。就傳統的定義，這些不願意接受訪問者是我們抽到他（她）之後，他（她）再表態不願意接受訪問。如果接受訪問的人與拒絕訪問的人存在某些特質上的差異，則利用樣本結果推論母體特徵時會產生相當程度的偏誤（Groves and Couper 1998）。相對於傳統調查方式如面訪或電訪，網路調查缺乏有效抽樣架構將使得我們無法取得估計無回應比率（或拒答率）的分母（李政忠 2004）。譬如，非機率樣本網路民調根本無從計算拒答率，因為來參與的人都是自願性樣本，並非是

我們抽到他（她）但他（她）選擇不回應的。換言之，當我們缺乏一份網路人口抽樣架構可供參照時，我們無法評估受訪者與拒訪者是否在某些特質上存有差異性（DeLeeuw and Hox 1994）。此外，就算是採用網路使用者的自願參與名單或事前招募的網路使用者名單來邀請網路使用者填答問卷，並以這些名單作為抽樣架構時，過去的研究亦發現，受邀者的回覆率依舊偏低（Alvarez, Sherman, and VanBeselaere 2003; Callegaro and DiSogra 2008）。

但我們仔細思考，是否僅有網路調查才會存有以上樣本代表性的問題？難道電話訪問沒有這樣的問題嗎？其實差別僅是情節輕重罷了。儘管一般電話訪問已經被視為一種「科學」的調查方式，但其所面臨的問題其實和網路民調非常相似。首先，並非人人都使用家用電話（雖然使用的比例或許較網路高，但已有愈來愈多人僅使用行動電話）；其次，拒訪率偏高，近年來更有節節高昇的趨勢（Krosnick 1999）。我們之所以往往不將非隨機抽樣與拒訪問題混為一談，在於現在電訪的樣本皆取自於隨機電話撥號（random digit dialing, RDD）。也正因為隨機取得樣本的基礎，加上我們總是接受一個非常強的假設：即拒訪者的隨機性（所謂 missing at random or ignorable non-response），所以我們常常認為電訪樣本才具有代表性，而認為利用網路民調所做的推論將受限於抽樣的非隨機性。然事實上，美國的研究即發現，電訪或面訪樣本中，低教育者、年老者、較不富裕者、或男性的拒訪或無反應的比例較高（Dillman 1978; Suchman and McCandless 1940; Wardle, Robb, and Johnson 2002）。台灣長期以來亦有諸多研究探討面訪或電訪樣本失真的現象（吳統雄 1984; 林彩玉、洪永泰與鄭宇庭 2004; 洪永泰 1989; 1996; 2005; 陳肇男 2001; 隋杜卿 1986; 黃毅志 1997; 蘇建州 1998; 蘇蘅 1986）。換言之，就算是電訪或面訪的無反應也並非全然隨機。

總之，即使電訪有隨機抽樣的基礎，但實務上我們也不否認存在樣本選擇偏差的可能性。於是當我們用電訪資料做推論時，我們總利用各式模型途徑（modeling approach）或事後加權（weighting）的方法來修正樣本

的代表性。只是，面對電訪資料時我們將偏差視為測量誤差（bias caused by measurement error），而面對網路民調資料時我們將偏差歸因於樣本選擇機制（bias caused by selection mechanism）。但邏輯上，我們處理電訪拒訪者的假設基礎和處理網路民調所產生的非隨機抽樣偏差的假設基礎並沒有甚麼不同（Rivers 2007）。

　　從實務面出發，網路調查的樣本選擇偏差還是較其他調查方法大一些，因此實務界針對這個問題，提出數種解決方式，雖然許多方式仍無法完全解決樣本偏差的問題，但有的方法已廣為實務界接受。

一、利用 RDD 獲得樣本

　　最直接的方法，就是如同電訪一般，透過 RDD 獲得樣本，然後據此樣本透過網路做調查。倘若選取的樣本沒有電腦網路設備，許多商業調查機構（譬如 NetRatings 和 Knowledge Networks）甚至免費提供之。

　　由於樣本取得方法和傳統電訪相同，所以依此進行網路民調當然最不具爭議性。過去研究亦顯示，以此方式所獲得的調查結果推論目標母體沒有樣本代表性失真的問題（Berrens et al. 2003）。然而，這種做法最大的缺點就是所費不貲，有很多人就算給了他（她）免費的工具他也不願意回答問卷。總之，美國各機構採用此方法的經驗是，回答率依舊偏低，而且成本太高。此外，當研究者提供設備給受訪者時，某種程度就已改變了受訪者接受訪問的態度，而受訪者參與的程度亦因年齡及收入狀況有所不同（Hoogendoorn and Daalmans 2009）。

二、利用配額抽樣

　　一般我們最常見的網路民調通常是採用配額抽樣的方式，也就是依一些總體人口特徵如年齡、性別、教育程度、地區等做樣本的配額管制。許多大型的入口網站常利用這種方式，先依人口特徵建立各個 cell 的樣本配額（如依年齡五分類，性別二分類，教育程度五分類，就可建立 $5 \times 2 \times 5$

= 50 個 cells），然後從本身的資料庫隨機選取樣本以填充各個 cell 的樣本需求數。

　　雖然統計學者證明了許多配額抽樣存有的問題，但實務上其所產生的偏差往往沒有想像得大。利用這種方法最大的問題在於：（一）網站本身是否夠大而能產生足夠的樣本數來填充每個 cell 的配額？通常網站本身的資料庫對於某些 cell 沒有足夠的樣本數，則這些「無法補足」的 cell 將造成樣本代表性嚴重失真；（二）我們無法證實利用網站資料庫填到某個 cell 的樣本特徵能否充分代表母體。

三、利用樣本比對方式

　　這個方法在執行面上複雜很多，但基本的道理卻很容易理解。首先，我們先抽取隨機樣本。然後我們並不訪談這些樣本，而是根據這個樣本，從既有的資料庫中，找出最接近個別樣本特徵的人來做訪談，這就是配對樣本的概念（matched sample）。舉例而言，我們隨機抽樣了 1,000 人，編號從 1 到 1,000，然後從我們的資料庫中找出另 1,000 個樣本，編號從 1a 到 1000a，並且每個配對（1~1a, 2~2a, ...）的特徵大致相同。至於如何決定特徵是否相同則需要選取變數並採用各式 matching 的技術如 propensity score（Rivers 2007）。

　　這項方法能成功的關鍵在於是否有消費者或選民資料庫。美國使用的做法是利用這些資料庫做隨機抽樣，而這些幾近普查的資料庫（通常有超過數千萬筆的資料）所提供的資料讓抽樣者能夠較精準地據此從自身的資料庫找到配對者進行調查。譬如，研究者從消費者資料庫中抽出 1,000 個樣本，然後在從自身所建的會員資料找出 1,000 個來 match 抽出的樣本。當然，消費者資料庫所提供的變數愈多，就愈有助於配對的準確性。

四、利用事後加權的方式

　　不論採用的調查方式是透過網路或是傳統的電話訪問或面對面訪問，

當調查資料代表性失真時，為了避免對母體推估偏誤，研究者通常會將調查結果加權處理。常見的加權方法包括多變項反覆加權（raking）、事後分層（post-stratification）、或是延伸這兩種方法的加權法。然而，這些加權方法往往只讓加權後的某些人口特徵變數接近母體參數，而忽略了其他包括認知、態度、或行為變數的分布，因此不見得能完全解決調查推估的偏誤（杜素豪、羅婉云與洪永泰 2009）。近來學者利用入選機率調整法（propensity scores adjustment, PSA），同時考慮人口特徵及與推估變項相關的非人口變項對網路調查結果進行調整，發現確實較傳統加權方式更能消除網路調查的涵蓋誤差（Lee and Valliant 2009; Loosveldt and Sonck 2008; Schonlau et al. 2004; Schonlau, Soest, and Kapteyn 2007）。[5]

李政忠（2004, 8-9）歸納多位西方學者的觀點提出以下四點網路調查的原則：（一）為了避免涵蓋誤差及過度推論，調查內容與目標母體必須具有一致性；（二）儘量計算調查回覆率，或至少儘量增加樣本數量；（三）在調查內容與目標母體一致的前提下，儘量提高樣本的異質性與代表性；（四）基於樣本代表性的考量，應利用其他數據資料作為對比基準，並利用統計加權方式，同時考量人口變數及態度變數，對網路調查資料進行調整。

總之，如同 Lee（2006）所言，網路調查的樣本問題就是樣本選擇的問題，而並非只是如 Groves（1989）所指涉的 total survey error。Lee（2004）在該文中引述其博士論文所提的網路調查抽樣及回答架構顯示，網路調查從樣本招募、抽樣、到回答問卷等過程皆存在選擇機制的問題（參見圖 4-1），而這些問題使得最後網路調查結果和母體產生了偏誤。

[5] 關於 PSA 的介紹及應用，請參閱杜素豪、羅婉云與洪永泰（2009）。

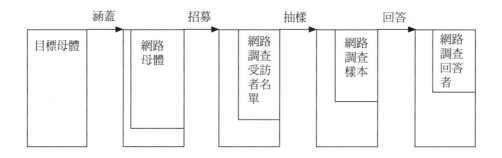

圖 4-1　**自願性參與網路調查程序**（volunteer panel web survey protocol）
資料來源：Lee（2004）。

　　如圖 4-1 所示，由於不是所有人都有網路，因此網路母體就已經和目標母體有所差距。在樣本招募的過程當中，又只有那些自願參與的人才會加入網路調查受訪者名單。而當我們利用受訪者名單抽樣時，代表性又離目標母體遠了些。而在最後一階段，顯然不是抽到的樣本都會回覆問卷，只有自願回答的人才會回答。於是，對於目標母體而言，最後回覆網路問卷者的代表性又更差了。

　　以上文獻探討大致點出了現階段網路調查在理論與實務面所面臨的困境與挑戰。簡單來說，如何讓樣本具有一定的代表性，或者至少能和賴以權充「黃金標準」的「對照組」（reference group）差不多，遂成為網路調查是否能夠進一步突破的關鍵點。Lee（2006）及 Lee 與 Valliant（2009）即指出，網路調查結果的修正機制需要某一「對照組」來輔助。這個對照組的涵蓋率及回答率都要比網路調查來的高才行，譬如利用 RDD 的電話訪問或是大型面訪樣本所得的調查結果。近來諸多學者採用入選機率調整法來調整網路調查的結果，即是將網路調查和「對照組」資料合併處理，透過估計參與網路調查可能性的參數來調整網路調查結果。

參、網路調查結果的偏誤及校正

　　既然解決樣本代表性問題是發展網路民調的關鍵，則我們應該採取何種途徑來解決此項問題，以使得我們能夠確切地利用網路調查結果推論母體？以下我們以政治大學選舉研究中心（簡稱選研中心）近期內發展網路民調的經驗為例，說明網路調查如何建置，並探討調查結果可能的偏誤為何。

　　選研中心於 2006～2007 年度，透過執行政府委託計畫（行政院研考會）的機會，首次建立實驗性網路民意調查系統。系統建置後（包括網站設置），該計畫進行四波網路民意調查，並與電話訪問的結果進行平行測試。其樣本建立的方式是透過電話簿隨機抽出樣本檔，以電話訪問的方式徵詢民眾加入網路調查名單（panel）的意願，並邀請其加入受訪者名單。換言之，該計畫的網路調查受訪者名單屬於機率樣本，共計有 994 位表示願意參加，然而實際在四波調查中填答問卷的僅有 476 位受訪者。[6]為了鼓勵受訪者上網填答問卷，該計畫並提供些許報酬（每次新台幣 50 元）作為填答問卷的獎勵。

　　四次平行測試都有相當一致的人口特徵：即網路的受訪者樣本中，20 歲至 40 歲的人口比例偏高，60 歲及以上的人口偏低。另外就教育程度來看，網路調查的受訪者大學以上比例偏高，四次都超過五成，而初中及以下的比例極低。地區方面則沒有顯著差異。這些初步和人口特徵相關的發現與美國的研究成果沒有太顯著的差別，即實際參與網路調查的人口多半集中在年輕族群及高教育程度者（Chang and Krosnick 2009; Couper 2000; Dever, Rafferty, and Valliant 2008; Malhotra and Krosnick 2007; 李政忠 2003）。

　　以該計畫的網路調查受訪者名單為基礎，選研中心於 2009 年 12 月開始繼續透過電話訪問樣本累續網路調查受訪者名單，並持續進行網路調

6　電話簿樣本檔共 15,753 位，結果成功訪問 2,903 位，其中 994 位表示願意參與計畫，粗招募率（crude recruit rate）如果以總樣本數計算是 6.31%，如果以成功徵詢意願者計算為 34.24%。

查。調查的方式是以寄發 e-mail 的方式，通知名單中的成員透過信件連接到特定網頁填寫問卷。一旦受訪者完成問卷，他（她）即可參與當波訪問結束後的抽獎活動，每波抽出數位受訪者贈予禮券。2011 年 8 月起選研中心建置網站「線上調查實驗室」（PollcracyLab: http://plab.nccu.edu.tw），透過網站執行網路調查。除了繼續利用電話訪問樣本累積受訪者名單外，該網站也接受自願參與網路調查平台的受訪者。此外，獎勵的方式也有變更，採取會員積點的方式，累積到一定數額即贈予禮卷。

除了系統維護及硬體更新的時程外，「線上調查實驗室」儘量保持每二至三週進行一次調查的頻率，以維持會員參與的熱度。另外，為了擴大吸引異質性高的網路使用者參與，「線上調查實驗室」儘量將調查的主題多樣化，除了政治相關的主題外，並嘗試加入其他類別題組包括社會時事、消費資訊、甚至廣告效應等題組。目前「線上調查實驗室」超過萬筆的會員當中（即網路調查的受訪者名單），約 92% 的會員是透過電訪樣本召募而來。另外約 8% 的會員是藉由網站或臉書招募而來的自填樣本。目前我們仍舊透過政大選舉研究中心所執行的各電訪計畫持續從電訪樣本中招募「線上調查實驗室」的會員，並同步透過與其他網站合作的方式，以非機率樣本的方式招募名單成員。

雖然「線上調查實驗室」的網路受訪者名單絕大多數是透過電訪樣本而來，屬於機率樣本，但顯然願不願意加入名單仍然出於其個人意願，因此選擇性偏誤（selection bias）的情況勢必存在。我們檢視選研中心從 2009 年 12 月所累積的網路調查受訪者名單，圖 4-2 是網路調查名單（panel）、實際參與網路調查的受訪者（surveyed）的人口特徵變數（包括性別、年齡、教育程度、及地區）[7]分別和「中華民國台閩地區人口統計（民國 100 年）」比較，左邊的量表為百分點差距。

圖 4-2 顯示，性別雖有差距，但差別不大，惟不論在網路調查名單或是實際受訪者中，男性的比例都比人口統計數據高一些，女性則低一些，

---

[7]　人口變數的分類包括，性別：男、女；年齡：20-29、30-39、40-49、50-59、60 以上；教育程度：小學或不識字、中學、高中、專科、大學以上；居住地區：1.大台北都會區、2.新北市基隆、3.桃竹苗、4.中彰投、5.雲嘉南、6.高屏澎、7.宜花東。

但差距有限，皆在 1 個百分點左右；年齡的差別則符合我們預期，20 歲
至 29 歲的階層在網路調查名單及實際受訪者中的比例明顯較人口統計數

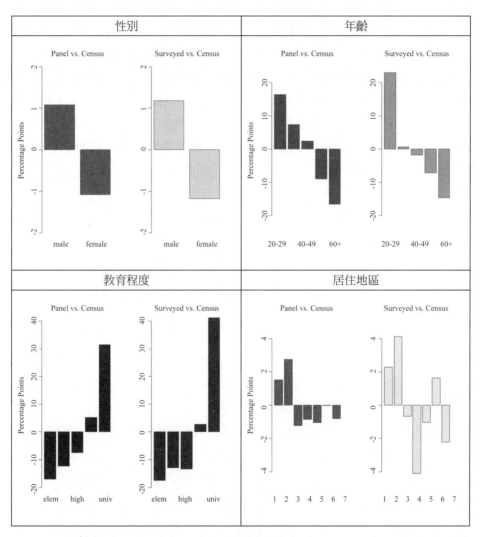

圖 4-2　網路調查名單（panel）、網路受訪者（surveyed）與人口統計資
料（census）之比較（人口特徵）

說明：已剔除遺漏值及無反應者；居住地區的編碼為：1.大台北、2.新北基隆、3.桃竹苗、
4.中彰投、5.雲嘉南、6.高屏澎、7.宜花東。

據高很多，差距甚至可達 20 個百分點；50 歲至 59 歲及 60 歲以上者明顯較少。30 歲至 39 歲及 40 歲至 49 歲這兩個階層在網路調查名單中明顯比例偏高，但實際受訪者中，這兩個階層和人口統計數據卻沒有很顯著的差別。另外，教育程度也符合預期，網路調查名單及實際受訪者中受高等教育的比例明顯較高，其中實際受訪者中具大學以上學歷者和人口統計數據相比甚至高出 40 個百分點以上。而不論是網路調查名單或是實際受訪者中，高中以下學歷者的比例皆偏低許多。最後，地域差別雖存在，但在網路調查名單中並不是特別顯著，來自大台北都會區及新北市基隆的比例稍高，其他地區則稍低。不過，當我們以實際受訪者和人口統計數據相比時，上述的差別擴大許多，受訪者來自都會區域，包括 1.大台北、2.新北基隆、6.高屏澎（主要是高雄）的比例明顯偏高；相對地，來自鄉村地區，特別是 4.中彰投、7.宜花東的比例則較人口統計數據低很多，5.雲嘉南及3.桃竹苗則略低。總之，和母體特徵（人口統計數據）相比，網路調查的樣本特徵的確反應出所謂的「數位落差」，即會接受網路調查的民眾主要還是以年紀輕、受過高等教育，及居住在都會區的族群為主。

其次，我們來檢視網路調查名單及實際受訪者的主要政治態度是否和電訪樣本有顯著不同。這裡所採用的電訪樣本是政大選舉研究中心從 2010 年 1 月到 2011 年 9 月所累積的電訪樣本，共計 38,308 筆。圖 4-3 顯示了網路調查名單、實際參與網路調查的受訪者與電訪樣本在政黨認同、統獨偏好、及台灣人／中國人認同的差異。

以電訪樣本為基準，圖 4-3 顯示，網路調查名單及實際受訪者中，政黨認同者皆多於電訪樣本，而中立者的比例則較低，其中實際受訪者的偏差又比網路調查名單的偏差來得大許多。就統獨偏好而言，網路調查名單中永遠維持現狀者的比例明顯偏低；而實際受訪者中，除了支持永遠維持現狀者的比例明顯偏低外，維持現狀以後走向獨立的比例則明顯偏高。最後就台灣人／中國人認同而言，網路調查名單及實際受訪者中的台灣人認同者及中國人認同者比例偏低，但雙重認同者則偏高。大體而言，網路樣本中政治態度的偏差程度並未特別嚴重。直觀上，我們看不太出來究竟網路調查是偏「藍」還是偏「綠」。

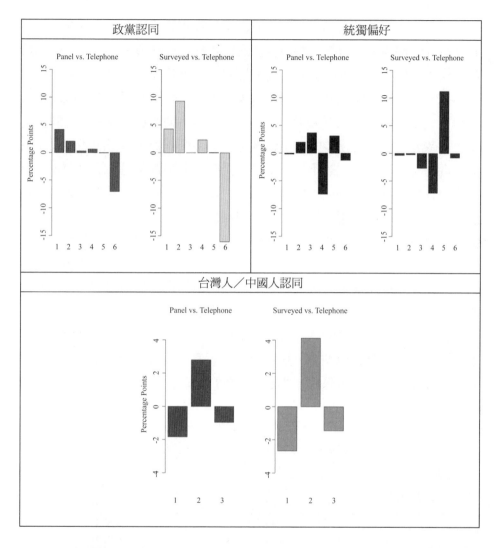

圖 4-3　網路調查名單（panel）、網路受訪者（surveyed）與電訪樣本（telephone）之比較（重要政治態度）

說明：已剔除遺漏值及無反應者；三項政治態度的編碼分別為：政黨認同（Party ID）-
　　　1.國民黨、2.民進黨、3.新黨、4.親民黨、5、台灣團結聯盟、6.中立者。統獨偏好
　　　（Tondu）- 1.儘快統一、2.維持現狀，以後走向統一、3.維持現狀，看情形決定統一
　　　或獨立、4.永遠維持現狀、5.維持現狀，以後走向獨立、6.儘快獨立。台灣人／中國
　　　人認同（Taiwanese/Chinese Identity）-1.台灣人、2.兩者都是、3.中國人。

　　透過上述母體及電訪樣本的比較顯示，我們的確發現網路調查樣本存在系統性的偏誤。換言之，即使我們透過隨機抽樣的電訪樣本來累積網路調查樣本，但其中願意提供 e-mail 及願意回答網路問卷的民眾特徵仍然和母體或電訪樣本有所差異。不過，這些自人口及政治態度變數所觀察到的差異，是否會反應在資料分析上？當我們將網路調查資料及電話訪問資料平行比較分析時，所獲致的初步結論是：網路調查資料所得出的結果和電話訪問的結果事實上相去不遠。不過，受制於樣本數不足，網路調查結果的穩定性較差，即估計值的變異數較大。譬如，我們以民眾討論政治的頻率作為研究標的，利用一個很簡單的迴歸模型，來分析是否公民意識愈高的民眾（自變數——即認為民眾應該主動對政治發表意見），會愈常與人討論政治（依變數——政治討論的頻率），並將受訪者的教育及年齡兩項人口特徵作為控制變數。表 4-1 顯示，利用電訪資料和網路調查資料所得的結果相仿，至少主要自變數（應主動發表意見）的係數方向是相同的。兩項控制變數當中，年齡的係數也近乎相同，雖然教育程度的係數有很大的差別。在網路調查模型中，教育程度不顯著的很大原因可能是樣本中教育程度的變異量太小的緣故（即絕大多數的填答者為高教育者）。

表 4-1　電訪與網路調查的平行比較[8]

	依變數：政治討論（時常＝1、有時＝2、很少＝3、從不＝4）	
	電訪（N=2,261）	網路調查（N=388）
應該主動發表意見	−0.196*** (0.031)	−0.277*** (0.080)
教育	−0.212*** (0.021)	0.036 (0.069)
年齡	−0.176*** (0.021)	−0.180*** (0.051)

說明：已加權的電訪及未加權的網路調查資料的 Ordered Probit 模型估計。括號內為標準誤。*: $p<0.05$, **: $p<0.01$, ***: $p<0.001$。

8　作者感謝蔡佳泓教授提供此部分的分析資料。電訪資料來自張福建與陳陸輝教授所主持之「公民意識與社會政治（二）」電訪（2012 年 4 月）；網路調查資料來自俞振華與蔡佳泓教授所主持之國科會計畫「網路民意調查偏誤的評估及修正機制」。

　　當然，上述的分析只是一個例子，我們不應以偏概全，依此就認定分析時使用電訪資料或網路調查資料沒有差別。但該例至少顯示，如果我們為了節省調查成本，想利用網路調查獲知一個初步的概況，則即使在不加權的情況下，網路調查資料仍然具有一定的效度，且依此獲得的分析結果「雖不中，亦不遠矣」。不過，研究者仍然應該努力嘗試各種樣本修正機制，使得網路調查的樣本接近隨機樣本，才能更有信心分析資料，進行統計推論。

　　近期一項較務實地做法，是將網路調查資料與電訪資料合併起來，利用類似事後加權的方式修正網路調查結果的偏誤（Lee 2006; Lee and Valliant 2009）。具體的做法是以網路調查樣本結合另外一個「對照組」樣本，建立一個合併的新樣本後，再以入選機率調整法（propensity score matching）的方式，調整網路調查樣本之估計值。杜素豪、羅婉云與洪永泰（2009）即曾利用該方式，以大型面訪調查資料（台灣地區社會變遷基本調查）修正電話訪問的調查結果。

　　至於「對照組」應如何選定？上述 Lee 和杜素豪、羅婉云與洪永泰的研究皆以面訪資料作為對照組。許多人認為，由於電話調查的涵蓋率亦大有問題，實不應拿來作為對照之用。不過，網路調查機構 Harris Interactive 即是以網路調查樣本與電訪樣本結合來修正網路調查結果（Terhanian and Bremer 2000）。Schonlau、Soest 與 Kapteyn（2007）也採用類似的方式，將所謂「webographic」或「attitudinal」的問題，同時置於網路調查及電話調查當中，用以辨識網路使用者與非使用者的不同，並藉入選機率調整法調整網路調查結果。這些問題往往和調查研究的主旨無關，而是一些態度（譬如是否喜歡學習新事物）、事實（譬如上個月是否旅行、是否有房子）、或隱私權（譬如是否應調查公司員工有無愛滋病）等問題。由於網路調查時受訪者不需面對訪員，在回答敏感或個人問題時較不會顧慮「社會期許」（social desirability）的壓力，使得這些問題較能區辨網路受訪者和電訪受訪者的不同處。具體的做法包括兩個步驟：第一，合併電訪及網路調查樣本，並建立一個 Logit 模型，依變數為接受訪問的方式（即受訪者是電訪樣本還是網路調查樣本），自變數則包含 webographic 的變數，

而評斷該模型優劣的標準取決於模型是否能正確預測某一樣本是來自於電訪還是網路調查。第二，透過模型來預測樣本來自於電訪或網路調查的機率，並依此機率當作權重，調整合併後的資料。

以下舉一個實例，來說明如何使用 webographic 的變數將電訪與網路調查資料相結合。分析的對象為馬英九總統的施政滿意度，採用的資料來自於台灣選舉與民主化調查（Taiwan's Election and Democratization Studies, TEDS）「總統滿意度電訪及網路調查案──第一季」（TEDS2012_PA09），[9]樣本數分別為 1,084 及 337。表 4-2 比較經反覆加權過（raking）後的電訪資料與未加權的網路調查資料。就百分比來看，電訪結果和網路調查結果間的差距並不是很大，除了「不太滿意」這個類別外，其他不論有無剔除電訪樣本中無反應者，兩者差距約在 3 個百分點以內。

表 4-2　馬英九總統施政滿意度（2012.09）

滿意度	次數		百分比		
	電訪樣本	網路樣本	電訪樣本		網路樣本
非常滿意	19	6	1.75	1.96	1.78
有點滿意	170	46	15.68	17.60	13.65
不太滿意	318	135	29.31	32.89	40.06
非常不滿意	460	150	42.44	47.63	44.51
無反應	118		10.82		
總計	1,084	337	100.00		

說明：無反應包括拒答、很難說、無意見、不知道。網路調查由於強迫受訪者在四個選項中選擇一項才能換頁，因此沒有無反應選項。電訪樣本的百分比計算分為兩種，一種是包括無反應的受訪者，另一種則是把無反應者剔除。

9　本章使用的資料部分係採自〈2012 年至 2016 年「選舉與民主化調查」四年期研究規劃（1/4）：總統滿意度電訪及網路調查案－第一季〉（TEDS2012_PA09）（NSC101-2420-H004-034-MY4）。「台灣選舉與民主化調查」（TEDS）多年期計畫總召集人為國立政治大學黃紀教授，TEDS2012_PA09 為針對總統滿意度執行之計畫，計畫主持人為黃紀教授；詳細資料請參閱 TEDS 網頁：http://www.tedsnet.org。作者感謝上述機構及人員提供資料協助，惟本章之內容概由作者自行負責。

表 4-3　馬英九總統施政滿意度（2012.09）

滿意度	次數	百分比
非常滿意	12	1.75
有點滿意	102	14.96
不太滿意	266	39.13
非常不滿意	300	44.17
總計	680	100.00

　　研究者進一步從電訪樣本中隨機抽取 350 個樣本，[10]和網路調查資料合併成為一個新的樣本，並以起床時間、就寢時間、及是否去投票等三項變數作為主要區辨電訪樣本及網路樣本的變數，加上控制變數包括人口變數（性別、年齡、教育程度、居住地區）及政治態度（政黨認同、統獨態度、台灣人／中國人認同），透過模型來預測受訪者來自於電訪樣本或網路樣本的機率。接著，我們利用入選機率調整法修正網路調查的結果，並將電訪與網路調查結果合併後計算總統滿意度。表 4-3 顯示，透過這樣方式所得出的結果約略介於電訪及網路調查結果之間，其最大的好處是只使用了不到 700 個樣本就可以得出相當近似的結果。其中電訪樣本只使用了350 個，可大幅降低調查成本。

肆、結語

　　台灣隨著民主政治發展日益成熟，各項民意的表達已成為政府施政時考量的主要憑藉。舉凡各主要政黨初選機制，或是政府制定重大政策時，我們都可以看到民調數據在政治決策程序中扮演一定的角色。畢竟民主機制下，民意的走向本來就是政府施政的主要依歸。然利用電話訪問探求民意，每波所需經費仍舊相當可觀，因此不可能常態性地利用民意調查來探

---

[10] 抽取 350 個電訪樣本的主要原因是為了讓兩個樣本數目約略相等，由於網路調查沒有無反應的選項，因此抽取電訪樣本後，將 7 個無反應者（包括拒答、很難說、無意見、不知道）剔除，所以合併樣本為 680 個。

究民意走向。但在網路發達後，由於網路環境所具有的快速、低成本、高效率的特性，使得民眾不僅取得資訊的成本降低，表達意見的成本也跟著降低許多。因此，網路環境發達意謂著民眾參與公共事務的成本降低（Morris and Ogan 1996），也代表網路民意調查的時代即將來臨。透過準確及便捷的網路調查，政府公部門將更容易探求民意的走向及政策偏好，使得政策更貼近民意。這也是我們期許網路調查日後能廣泛應用在公共事務治理上，對於政策制訂發揮具體成效。

　　另外在學術研究方面，近年來社會科學界強調探討因果關係，因此實驗法的應用愈來愈普及，而網路平台非常適合開展包含實驗設計的調查研究。不論是將受訪者隨機分派為實驗組或對照組、或呈現各種數位化內容等，網路平台都可配合實驗設計輕易調整。目前已有不少學術研究使用實驗法的網路調查資料，畢竟傳統採用實體實驗設計的成本過高，未來利用網路平台的實驗法研究勢必只會增加，不會減少。

　　雖然網路孕含了無限的可能，但目前台灣網路民調的發展歷程當中，仍然面臨兩項重要挑戰：首先，網路調查所造成的偏誤究竟有多嚴重？通常對網路調查最直接的批評即為，網路調查的樣本非來自隨機抽樣，因此網路調查的結果無法用來推論母體特徵。然而，過去台灣並沒有系統性地探討，究竟網路調查因樣本代表性不足所造成的偏誤為何。其次，在方法上，當我們確認因樣本代表性不足所造成的偏誤之後，我們可以透過何種方式來校正網路調查結果？矯正此類偏誤的方式不外乎是在事前抽樣時即進行校正，或是事後採用各式加權處理。但不論是何種方式，台灣目前相關的經驗證據都很少，顯然還需要更多的實證研究，才能找出較佳的模式。

Chapter 5

抽樣

洪永泰

壹、前言

　　抽樣的意思顧名思義，就是從全體之中抽取一部分個體作為樣本，藉著對樣本的觀察，再對全體做出推論。譬如說，我們想知道台灣地區 7 歲至 12 歲的小孩在除夕夜平均每人收了多少壓歲錢，這些錢又跑到哪裡去了，或是說：我們的商品檢驗單位想要知道有一批貨櫃的棒球是不是每一個都符合使用標準，或是石門水庫管理當局想要知道到底水庫裡有多少魚等。在理論上，我們當然可以不厭其煩地針對母體所有成員一個一個的觀察以取得資料，但在實際上我們知道這很不容易做到。事實上，在有些情況下，我們還非得做抽樣調查不可。

一、為什麼要抽樣？

（一）因為要節省經費。

（二）因為要節省時間。這兩個理由很容易瞭解。如果要訪問全體，則所耗費的時間和經費是相當可觀的，而且有許多調查性質具有時間性，如果拖得太長就會失去時效。

（三）因為要提高資料的準確性。這是由於全體調查牽涉到相當大量而又繁雜的作業，動員不少人力、物力和行政管道，增加許多犯錯的機會，導致取得的資料品質不佳，而抽樣調查工作涉及的作業負擔相對地輕鬆許多，參與人員因為較少，好控制，使得資料的品質也較好。事實上，聯合國的專家們也發現，在一些行政效率較差的地區，戶口普查的資料就不如抽樣調查來得好。

（四）因為要取得較詳盡的資料。譬如我們想要知道 7 歲至 12 歲小孩的壓歲錢流到哪裡去，如果進行全體調查的話，由於人力和物力的限制，我們只能針對每一個小孩取得一點點資料，但是如果是抽樣調查，則因為調查對象不多，反而可以很從容的取得細節資料，提供分析之用。每十年一次的戶口普查，除了全體都查之外，總是還要再抽取少數樣本做更詳盡的訪問，就是這個道理。

（五）因為要減輕損失。例如汽車車身的耐撞試驗，罐頭食品的安全檢查，或是電燈泡壽命的品質管制檢驗。這些調查本身就具有破壞性，總不能每部汽車都撞一撞，或是每個罐頭都打開檢查。這種情形非得進行抽樣檢驗不可，而且樣本數目還要控制到愈少愈好。

二、機率抽樣與非機率抽樣

在談抽樣設計之前，讓我們先釐清一下這裡所談的抽樣是指機率抽樣，也就是說：「在完整定義的母體中，每一個個體都有一個不為零的中選機會」。凡不屬於這個定義範圍的都是非機率抽樣。常見的非機率抽樣方法，綜合 Cochran（1977）、Kish（1965）、韋端（1990）的說法，有下列幾種：

（一）偶遇樣本（haphazard sample）或便利抽樣（convenient sample）：是碰到誰就選誰的抽樣，做研究的人並不在乎調查對象是否有代表性，例如生物學家解剖青蛙，心理學家觀察人們對聲光刺激的反應，醫生徵求自願者做藥物反應的實驗等。

（二）立意選樣（purposive sampling）或判斷選樣（judgment sampling）：這是經由專家主觀判斷，立意選定他們認為「有代表性」的樣本來觀察。例如人類學家或社會學家會選定一個或幾個村莊來代表鄉村地區，交通專家選定幾個路口來計算交通流量，教育專家選定幾個學校班級的學生來代表所有的學生等。

（三）自願樣本（volunteer subjects）：聽任自動送上門來的人組成樣本群，例如電視節目裡的 call-in 意見，報章雜誌上的讀者投書等都是。

（四）配額選樣（quota sampling）：依照母體的人口特徵按比例分配樣本數，在配額之內進行非機率抽樣，也就是把調查對象依照特徵分類後，根據各類別的百分比每類立意選樣至額滿為止。例如台灣地區 7 歲至 12 歲的小孩之中，約有一半是男的，另一半是女的，有

四分之一住在都市，四分之三住在鄉鎮。如果樣本數是 1,000，則根據上述各類別的比例先算出它們的配額，在配額內立意選出符合該類別的人即可。這樣做可以節省時間和資源，而又維持了樣本的「代表性」。

（五）雪球抽樣（snowballed sample）：先找到原始受訪者，然後再從受訪者所提供的資訊找到其他受訪者。

以上這些非機率抽樣方法由於沒有機率做推論基礎，大多只能做描述性的用途，而不能對全體做科學的估計或驗證理論的假設檢定，因為它們提不出確切的誤差資料，無法計算樣本數據的準確程度。

貳、抽樣的基本原理

全台灣地區 7 歲至 12 歲的小孩大約有100多萬人，如果我們要抽取 1,000 個人來調查有關他們的壓歲錢收入和支出情形，怎麼抽才會「準」呢？用常識來判斷，總要有一些都市人，一些鄉下人；要男生，也要女生；要富豪子弟，也要清寒子弟等。這些顧慮都是擔心萬一抽得不好，變成瞎子摸象，整個推論就失效了。在談抽樣原理之前，首先讓我們先熟悉幾個名詞和符號。

一、資料的中心點和離散程度：平均數和標準差

大家都知道平均數是什麼，它是所有個案觀察值的總和除以累加的個案數，也就是我們通常說的一組資料的中心點。我們把全體的平均數寫成 μ（唸成 mu）。它的定義是：

$$\mu = (x_1 + x_2 + \cdots + x_N)/N \qquad (5\text{-}1)$$

式中 N 是全體的總個案數。

其次一個名詞是標準差 σ（唸成 sigma），是衡量一組資料中各個點

和中心點之間的「標準距離」。也就是衡量一組資料中各點的集中或離散程度。它的定義是：

$$\sigma = \sqrt{[(x_1 - \mu)^2 + (x_2 - \mu)^2 + \cdots + (x_N - \mu)^2]/N} \qquad (5\text{-}2)$$

從定義上來看，它是每一個點和中心點 μ 的差，平方後累加起來取平均數，再開根號還原。平方的原因是要避免各點和中心點之差正負相抵。

二、常態分布和中央極限定理

假設全台灣地區 100 多萬個 7 歲至 12 歲小孩的壓歲錢平均數是 μ，標準差是 σ。現在我們要抽取 1,000 個樣本，從樣本觀察值來估計 μ，一個很自然的選擇是用樣本的平均數來估計，讓我們把樣本的平均數寫成 $\overline{X}$（唸成 X Bar，Bar 是橫槓的意思），它的定義是：

$$\overline{X} = (x_1 + x_2 + \cdots + x_n) / n \qquad (5\text{-}3)$$

式中 n 是樣本數。

如果我們使用一套機率抽樣的作業程序抽出 1,000 人，取得他們的觀察值後會得到一個平均數，把它寫成 $\overline{x_1}$，表示是第一次抽樣得到的結果。現在把整個作業重做一遍，我們可能得到不同的 1,000 個人，因為在機率抽樣之下每個人都有中選的機會。重新做一遍就可能抽到不同的人。我們把第二次抽樣的結果寫成 $\overline{x_2}$。當然這個 $\overline{x_2}$ 不一定會和 $\overline{x_1}$ 相同，就像兩顆子彈不會射中相同的一點一樣。如此一直做下去。如果我們做 K 次的話，會有 $\overline{x_1}$，$\overline{x_2}$，……，$\overline{x_k}$ 一共有 K 個樣本平均數。在數學上有個中央極限定理，它的內容是：在樣本數足夠大的情況下，如果把這 K 個樣本平均數排起來，它們會形成常態分布，而這些樣本平均數的平均數會等於 μ，這些樣本平均數的標準差會等於 $\sigma / \sqrt{n}$。

什麼是常態分布呢？它是一個以平均數為中心，左右對稱的鐘形分布。譬如說，全校同學的身高由低而高排列起來，會有少數人很矮或很高，大部分人集中在中間，而愈靠近平均身高的人會愈多，形成像鐘形的

樣子。事實上，我們可以利用常態分布的特性計算出身高在某一高度之間者到底有多少人。這是因為根據常態分布，有 68% 的人會落在平均數左右一個標準差距離之內，有 95% 的人會落在平均數左右兩個標準差之內，而有 99.7% 的人會落在平均數左右三個標準差範圍之內的緣故。

三、點估計、區間估計、和信賴係數

根據中央極限定理，我們知道如果做很多次抽樣的話會得到很多個 $\bar{X}$，而這些 $\bar{X}$ 排起來會形成常態分布，它們的平均數是 μ，標準差是 $\sigma / \sqrt{n}$。換句話說，有 68% 的 $\bar{X}$ 會落在 $\mu \pm \sigma / \sqrt{n}$ 之間，有 95% 的 $\bar{X}$ 會落在 $\mu \pm 2\sigma / \sqrt{n}$ 之間，有 99.7% 的 $\bar{X}$ 會落在 $\mu \pm 3\sigma / \sqrt{n}$ 之間。

把上述的說法稍為轉換一下就變成：有 68% 的 $\bar{X} \pm \sigma / \sqrt{n}$ 會包含著 μ，有 95% 的 $\bar{X} \pm 2\sigma / \sqrt{n}$ 會包含著 μ，有 99.7% 的 $\bar{X} \pm 3\sigma / \sqrt{n}$ 會包含著 μ，而這就是抽樣和估計最根本的道理。我們從全體之中以機率抽樣方式抽取 n 個樣本，取得樣本觀察值，計算它們的平均數 $\bar{X}$，然後加減 2 倍的 $\sigma / \sqrt{n}$ 得到一組上下區間，然後說：我們有 95% 的信心，這個上下區間一定會包含著全體的平均數 μ。如果我們仍不放心的話，可以用加減 3 倍的 $\sigma / \sqrt{n}$，那麼這組區間包含著 μ 的信賴度就有 99.7%。

用樣本平均數 $\bar{X}$ 來估計全體的平均數 μ 稱作點估計。點估計命中目標的機會是很低的，因為只憑著少數樣本觀察值得到的結果要和全體的平均數吻合幾乎是不可能的事，所以我們最好不要用點估計，而要用區間估計。根據中央極限定理和常態分布的特性，我們知道 $\bar{X} \pm \sigma / \sqrt{n}$ 這個區間包含著全體平均數 μ 的機會有 68%，$\bar{X} \pm 2\sigma / \sqrt{n}$ 的機會有 95%，而 $\bar{X} \pm 3\sigma / \sqrt{n}$ 的機會有 99.7%！真正可靠的估計勢必要用區間估計，只有這樣做我們才可以知道估計準確的程度，而這 68%、95%、99.7% 就稱做是信賴係數。說得更確切一點，以 95% 信賴係數為例，它的意思是：如果我們進行 100 次獨立的抽樣估計，會有 100 個樣本平均數，也會有 100 個區間估計，而這 100 個區間估計裡會有 95 個正確地包含著全體平均數 μ。實際上我們不會做 100 次抽樣，而是只做一次，所以說這一次抽樣而來的區

間估計會包含著 μ 的機會是 95%，信賴係數愈高，估計的區間也就愈寬，這是高信賴係數所必須付出的代價。譬如我們估計全國 7 歲至 12 歲小孩的壓歲錢平均數是在 200 元到 2,000 元之間。這個估計即使有 99.7% 的信賴度也沒有什麼用，因為這段區間實在太寬了，如果是 980 元到 990 元之間，而且信賴係數是 99.7%，這就是個非常好的估計。我們學習抽樣方法就是要使這個信賴區間儘可能的縮小。

剛剛提到過一個好的估計必須既準又穩，我們用 $\bar{x}$ 來估計 μ，如果做很多次的話，會有很多個 $\bar{x}$。中央極限定理已經給我們保證，這些 $\bar{x}$ 平均數會等於 μ，所以是「準」的估計已無問題，但是這些 $\bar{x}$ 是否都靠近在一起，稱得上是「穩」呢？這就要看這些 $\bar{x}$ 的標準差了。我們已經知道 $\bar{x}$ 的標準差是 $\sigma/\sqrt{n}$，其中 σ 是全體的標準差，n 是樣本數，把樣本數加大會使得標準差變小，所以我們馬上領悟到樣本數愈大，估計也就愈穩。其次，σ 是全體資料的標準差，我們並不知道它到底是多少，在區間估計裡我們也需要用到它，因此為了要知道估計的準確程度，連全體資料的 σ 也要一起估計才行。

至少有兩種方法來估計 σ，一是用樣本觀察值的標準差，它的定義是：

$$S = \sqrt{[(x_1 - \overline{x})^2 + (x_2 - \overline{x})^2 + \cdots + (x_n - \overline{x})^2]/(n-1)} \qquad （5\text{-}4）$$

在數學上可以證明用 S^2 來估計 σ^2 是合乎「準」的要求的，但是這個方法必須做完抽樣，取得樣本資料後才能派上用場，有時很不方便事前的規劃和設計。二是用速簡方式，我們知道通常的資料若以平均數為中心，左右各三個標準差的距離大概可以網羅絕大部分的資料。所以我們可以用常識判斷，找出這組資料可能的最大數和最小數的差，再除以六，即是我們對 σ 的速簡估計，因為從最小數到最大數之間大概有六個標準差的距離。舉例來說：壓歲錢最少的大概是 0，最大的大概有 1 萬元，差距是 1 萬，除以六得 1,667 元，這就是我們對 σ 的估計。先不論我們抽樣得到的 $\bar{x}$ 是多少，在規劃作業時我們就可以知道，如果樣本數是 1,000，那麼 95% 信賴度的區間寬度是 $\pm 2\sigma/\sqrt{n}$，估計是 $\pm 2 \times 1667/\sqrt{1000}$ 或是 ± 105 元。

四、抽樣誤差和樣本數的決定

習慣上我們都以 95% 的信賴係數作為一般抽樣設計的常模，因此公式 $\pm 2\sigma / \sqrt{n}$ 就成為我們決定樣本數和誤差大小的依據。上述的例子說明了如果樣本數是 1,000，則抽樣誤差是 ±105 元。若希望把誤差控制在 ±50 元之內，那麼至少需要多少樣本呢？我們可以代入公式，計算得到 n 應該是 4,446 人。

另外一個比較快速的估計方式是使用百分比。假設我們想調查的是全體選民之中有多少百分比的人會投票給某候選人，則以前的平均數現在變成百分比，亦即從 0 到 1 之間的一個數字。樣本百分比的標準差則跟著這個百分比變化，但是絕對不會超過 $0.5 / \sqrt{n}$，為了保險起見，我們就用 $0.5 / \sqrt{n}$ 來代入，換句話說，原來的公式 $2\sigma / \sqrt{n}$ 現在變成 $2 \times 0.5 / \sqrt{n}$ $= 1 / \sqrt{n}$。這是估計的最大抽樣誤差。例如樣本數為 400 時，抽樣誤差為 ±1 / 20 = ±0.05。樣本數為 900 時，抽樣誤差是 ±0.033。同理，樣本數為 1,600 時，抽樣誤差是 ±0.025，樣本數為 2,500 時抽樣誤差是 ±0.02。我們可以看到樣本數在 1,000 到 1,200 時最划得來。若再往上加，經費會增加很多，但抽樣誤差卻減少得很有限，並不經濟。所以 1,000 到 1,200 是最常見到的樣本數。

還有一件值得注意的事情是：樣本數的大小和母體總數的大小並沒有什麼關係。這似乎出乎一般人的意料之外。在理論上，如果樣本數和母體數的比例，也就是抽取率，在 5% 以下的話，樣本數的決定幾乎不受母體數的影響。美國有 2 億多人，蓋洛普民意調查經常把樣本數定在 1,200 左右，台灣地區有 2,300 萬人，要達到相同的準確度也需要相同的樣本數。台北市有 250 萬人，同樣地也需要一樣多的樣本數。

參、抽樣方法

在介紹抽樣方法之前，讓我們先認識一下亂數表（如本章附錄一）。

這個表是根據以下的原則做出來的：一、從 0 到 9 任何一個數字在任何位置出現的機會都是一樣的。二、每一個數字出現在任何一個位置並不影響其他數字出現在其他的位置。換句話說，每一個數字的出現都是獨立的，從這兩個特性我們可以引申到：三、從 00，01，02，……到 98，99 任何兩位數出現在一起的機會都是相等的。四、從 000，001，……到 998，999 任何三位數出現在一起的機會都是相等的。五、以此類推到更多位數。

我們將透過以下抽樣方法的介紹來熟悉亂數表的使用。

一、單純隨機抽樣（Simple Random Sampling, SRS）

單純隨機抽樣的定義是：任何樣本數為 n 的樣本組合中選的機率都是相等的。這個方法有理論上的用途，但實際上使用的並不多。它的做法是把全體所有成員從 1 到 N 編號，然後依亂數表抽取 n 個號碼。例如從 4,000 人中抽五個人，把所有人自 1 到 4000 編號，然後用亂數表隨便選一橫列開始，假設我們選第三橫列，由於 4000 是四位數，所以我們一次要用四個數字以使得從 0001 到 4000 之間的每一個號碼都有相同的中選機會。自上至下第三橫列起自左向右，所有的數字都依次算入，它們是 4546，7717，0977，5580，0095，3286，3294，8582，2269，0056，5271，……等。把超過 4000 的號碼捨去，我們有 0977，0095，3286，3294，2269 五個號碼中選，代表這五個號碼的人就是我們的樣本。

值得一提的是，幾乎所有的統計方法都是假設資料是來自 SRS 抽樣而來的。也就是說，每一筆資料都是獨立的來自相同分布的母體（independently, identically, distributed, iid）。由於 SRS 在實務上用到較少，許多抽樣調查資料都是來自其他方式的抽樣方法，所以在後續的統計分析就違反了 iid 的前提。假設資料是來自抽樣方法 A，其抽樣誤差是 $Var(\bar{x}_A)$，定義設計效果（design effect）為：

$$\text{Design Effect} = \frac{Var(\bar{x}_A)}{Var(\bar{x}_{SRS})} = \frac{Var(\bar{x}_A)}{\sigma^2/n}$$

如果設計出的結果接近或等於 1，則抽樣設計接近 SRS；如果結果小於 1，則表示誤差比 SRS 還小。

二、等距抽樣（Systematic Sampling）

等距抽樣也有人稱它為系統抽樣。它是先把全體總數 N 除以樣本數 n，得到 K，也就是每間隔 K 個抽一個的抽樣方法。做法是用亂數表自 1 到 K 選一個亂數 R，則 R，R＋K，R＋2K，……，R＋（n－1）K 等號碼中選。例如 4,000 人抽五人，K = 4000/5 = 800，每隔 800 個抽一個，自 1 到 800 選一個亂數。假設我們自亂數表第五橫列開始，800 是三位數，所以我們要用三位數，自上至下第五橫列，自左向右，第一個是 955 太大捨去，第二個是 929，也太大捨去，第三個是 400，所以編號 400，1200，2000，2800，3600，這五個人中選。

如果 K 不是整數，我們可以四捨五入取整數，也可以借一位小數較為精確。例如 N = 50，n = 6，K = 8.33，借 1 位小數，取 K = 83，由 1 到 83 取一個隨機亂數 53，則得到 53、136、219、302、385、468 等六個樣本，將個位數無條件刪去，則中選的樣本是第 5，13，21，30，38，46 等六個。

等距抽樣的效果和據以抽樣的母體清冊（frame）的排列次序有很大的關係。理論上，等距抽樣的樣本平均數變異數是

$$V(\bar{y}_{sy}) = [1 + (n-1)\,\rho]\,\sigma^2 / n \qquad （5\text{-}5）$$

式中 ρ 是「群內相關係數」（intracluster correlation）

$$\rho = E(y_{ij} - \mu)(y_{ij'} - \mu) / E(y_{ij} - \mu)^2 \qquad （5\text{-}6）$$

當母體清冊呈無次序狀態完全隨機方式排列時，ρ = 0，樣本平均數的變異數完全等於單純隨機抽樣下樣本平均數的變異數，估計公式可以直接引用單純隨機抽樣的式子。當母體清冊呈有次序排列時，ρ 是負值，樣本平均數的變異數比單純隨機抽樣下樣本平均數的變異數還要小，引用單純隨機

抽樣公式形成高估。當母體清冊呈週期性排列時，ρ 是正值，樣本平均數的變異數比單純隨機抽樣下樣本平均數的變異數還要大，引用單純隨機抽樣公式形成低估。

等距抽樣的好處是快速方便，所以用得很多。有時候不知道 N 和 n，只知道 K 也可以用。譬如以洽公的民眾、百貨公司顧客、汽車乘客、劇院或博物館的參觀民眾、或球場觀眾為對象，若決定每 30 人抽人一則馬上即可進行而不必事先知道全體有多少人，樣本要多少等。它的缺點是最怕遇到具有週期性的資料，萬一這一個週期和 K 成比例，則樣本死守一個規則，完全失去代表性。例如每七天查一次帳，結果永遠查到一週內的同一天，後果必然不堪設想。

三、分層隨機抽樣（Stratified Random Sampling）

分層隨機抽樣是先把母群體的所有個體依某些特徵分類，也就是分層，然後在各層之內再進行獨立的隨機抽樣。譬如台灣地區 7 歲至 12 歲的小孩，我們可以先區分為院轄市、省轄市、縣轄市和鄉鎮等四大層，然後各自以各層為新的母體進行抽樣。這個方法的好處很多，不但可以減化工作量，而且可以提高估計的精確度，只要分層時守著「同層之內同質性愈大愈好，不同層之間平均數差異愈大愈好」的原則即可。如此可使得層內的資料一致而集中，標準差愈小，則抽樣誤差也愈小。

分層之後各層視同一個獨立的母體，分別進行各層的抽樣設計。第一件要決定的事是如何分配各層的樣本數。如果我們希望有一個等機率抽樣的設計，則採用等比例方式，依照各層母體人數占母體總人數的百分比來分配樣本數，亦即 $n_i = n(N_i/N)$，i 是層別。其次是立意分配，以主觀判斷給予各層樣本數，常見的做法是各層樣本數相等。第三種方式是依照各層內部的同質程度來分配樣本數，同質性愈高者，分配樣本數愈少，如此可使樣本數做最有效率的運用，亦稱最適分配或紐曼分配（Neyman's optimum allocation）。如果不考慮各層的抽樣調查費用或是各層的費用沒有差別，則

$$n_i = n \left(N_i \sigma_i / \sum_{i=1}^{k} N_i \sigma_i \right) \qquad (5\text{-}7)$$

可導致最小的抽樣誤差。

分層抽樣雖然有許多好處，尤其在估計方面可以將抽樣誤差降低到非常小的境界。可是它也有一個理論上很大的缺點，就是在事後進行統計分析時違反了「資料來自獨立、相同的母體（iid）」的假設，因為各層獨立進行抽樣，就表示各層的樣本資料來自各層內部的分布。所有的資料合起來做分析時就不是來自相同的母體。

四、集群抽樣（Cluster Sampling）

集群抽樣是先把母群體分割成許多小集群，把這些集群編上號碼，然後隨機抽取這些號碼，凡是被抽中的，則整個集群的所有成員全部調查。譬如學校的班級和戶政單位中的鄰都是常用的集群。

這個方法的冒險性非常大。主要的功能是節省時間、人力和經費，是很不得已的做法，非萬不得已不要採用。即使要用，也要守著「集群內部異質性愈大愈好」的原則來做。此外，它還有一個在實務上非常不利的缺點，就是資料蒐集完成之後，所有的樣本集體各自產生一個集體數據後再對母體參數進行推估，個體數據不具意義，因此不利於個體資料的分析。譬如說，全台灣只抽兩家大學要估計學生打工情形，中選的大學全校全查，假設抽到台灣大學和陽明大學，兩個學校各自得到一個學生打工的百分比，可以據此推估全台灣所有大學生的母體打工百分比，但是兩校全查得到的樣本個案數卻不能拿來分析，因為這 3 萬 4,000 樣本（台大約 3 萬名學生，陽明約 4,000 名學生）之中台大占了將近九成，如果進行以個案為單位的資料分析幾乎就是要以台大學生為全台灣的代表了。萬一抽中的不是台大和陽明，而是政大和台師大兩校，整個分析很可能得到完全不一樣的結果。

五、多階段集群抽樣

（一）兩段集群抽樣（Two-Stage Cluster Sampling）

兩段或多段集群抽樣其實並沒有「抽中的集群全查」的意思，它是指在第一個階段先抽出一部分集群（primary sampling unit, PSU），譬如說大學或鄉鎮市區，然後在下一個階段自中選的集群之中抽出第二階段的集群（secondary sampling unit, SSU），譬如說系所或村里，其次在最後階段抽出樣本個體，譬如說學生或 20 歲以上的成人。

（二）抽取率與單位大小成比例的多階段抽樣（Probability Proportional to Size, PPS）

這個方法大多用在規模比較大的抽樣工作。譬如調查對象是台灣地區 7 歲至 12 歲的小孩，我們在第一階段先抽取一部分鄉鎮市區，第二階段再自中選的鄉鎮市區抽出村里，第三階段再自中選的村里抽戶或直接抽人。在抽樣過程中每一階段各單位的中選機率和那個單位的大小成比例，也就是單位愈大的中選機率愈高。但是到最後結算下來，所有母群體的每一個成員都有相等的機會被抽中。讓我們看一個多階段抽樣的例子（如表 5-1），要從全體七個區總共 16,000 人中第一階段先抽取兩個區，然後再自中選區中每區各抽 50 人，也就是自全部 16,000 人中抽取 100 人。

第一階段要抽兩個區，意思是每隔 16000/2 = 8000 人抽一個區，自 1 至 8000 選一個亂數，假設自亂數表第八橫列開始，我們需要四位數，結果 6094 中選，其次 6094 + 8000 = 14094 中選。這兩個號碼一個落在第四區，另一個在第七區，所以兩個區中選。這個階段各區中選的機率要看各區的大小而定。其次，我們再分別自第四區和第七區各抽 50 人，方法可以自行決定，單純隨機方式或等距方式均可。為什麼說全體之中的每一個人中選機會都相等呢？譬如李先生位在第三區，他中選的機率是：

$$\frac{2 \times 2000}{16000} \times \frac{50}{2000} = \frac{100}{16000}$$

（把第一階段的中選率看做是 2000/8000 可能較容易瞭解），而王先生位在第六區，他中選的機率是：

表 5-1　PPS 抽樣

區	個案數	累積個案數
1	1,000	1,000
2	2,000	3,000
3	2,000	5,000
4	1,500	6,500※
5	3,000	9,500
6	4,000	13,500
7	2,500	16,000※

$$\frac{2 \times 4000}{16000} \times \frac{50}{4000} = \frac{100}{16000}$$

很顯然地，到最後每一個人中選的機率都是 100/16000，也就是早先決定的抽取率。

六、其他抽樣方法

（一）雙重抽樣（Double Sampling, or Two-Phase Sampling）

這是先以低廉的代價先自全體之中抽取大量的樣本，然後再自這群樣本中抽取第二次樣本。在流行病學的研究裡比較常見到這種方法。通常是先用很快的方法初步選取大量的樣本驗血，然後再自有反應的血液中追溯抽樣，選取少數的樣本進行詳細的查驗工作。

在設計流程中，有時會遇到定義母體困難或抽樣清冊無從建立的情況，譬如機車使用者的意見調查，或專科學校畢業生的成就調查，最常見

到的則是某項服務或某項產品的消費者意見調查。這些調查的共同困難是建立抽樣清冊極不可能或代價極高。在實務上就可以使用雙重抽樣來解決，先以較快速低廉的代價進行抽樣調查，如電話訪問或明信片回郵，只詢問受訪者資格方面的問題，其次再自合格的樣本中第二次抽樣，進行訪問。

（二）「捉放捉」式的野生動物抽樣（Capture-Recapture Method）

這種方法主要用來估計野生動物的數目。通常是選定某些地區在一定的時間內捕捉動物。在動物身上記上標誌後放走，隔了一陣時間後再於同一地區捕捉動物，打上標記後再放走，如此一再重複進行。統計專家們可以用重複被捉的機率來推算該區動物的總數。

（三）敏感性問題的隨機反應估計（Randomized Response）

有時候研究者必須對敏感性的問題做出合理的估計，譬如同性戀傾向，考試舞弊，或是墮胎等議題。一個可行的方式是準備一疊卡片，其中有 θ 百分比的卡片是正面陳述，例如「我考試作弊」，其餘卡片則是反面陳述，例如「我考試沒有作弊」。訪員可以請受訪者過目所有卡片後洗牌抽出一張，然後問受訪者「是不是同意抽中卡片上所說的事」，假設所有回答「是」的受訪者人數為 n_1，則母體考試作弊的百分比估計為：

$$\hat{P} = \frac{1}{2\theta - 1} \frac{n_1}{n} \frac{1-\theta}{2\theta-1} \tag{5-8}$$

$$\hat{V}(\hat{P}) = \frac{1}{(2\theta-1)^2} \frac{1}{n} \frac{n_1}{n} \left[1 - \frac{n_1}{n} \right] \tag{5-9}$$

通常 θ 值不等於 0.5 以免分母為零。這種設計通常都放在問卷最後一題，只能做總體百分比的估計，不能進行交叉或相關分析，因為這個回答並不是受訪者真正的行為。

肆、抽樣設計與執行步驟

在我們面臨一個抽樣調查或研究案時，通常會依照下列步驟進行：

一、決定資料的蒐集方式：面訪、郵寄問卷、電話訪問、網路調查、其他
方式或混合使用。

二、定義母體。

三、決定操作性定義及據以抽樣的母體清冊，如會員名單、戶籍資料或電
話簿。

四、決定樣本數。

五、分層。

六、決定各層樣本數。

七、各層獨立進行抽樣設計。

八、分段。

九、決定各段抽出單位數。

十、執行。

十一、列出母體參數的推估公式及其變異數的估計式；如有必要加權，列
出權值依據。

一、資料蒐集方式

（一）面訪

優點是問卷可容納的題目多且深入，訪員可和受訪者面對面溝通；
缺點是花費太大，行政管理不易，用人太多，資料品質難以控制，執行期
間較長，訪問失敗問題嚴重等。一般說來，面訪的抽樣設計著重在如何有
效率地運用有限資源，使得訪員順利接近受訪者。因此在初步對調查對象
的操作性定義上，通常先把困難度高、耗費大、工作負荷重的地區排除在
外，或單獨列為另一個次母體。當然，政府機構所進行的抽樣調查，原則
上不能排除任何地區，以免造成政治風波，不過由於各鄉鎮均有政府聘僱
的調查員，所以並無因為地區偏遠而造成的工作負荷量問題。

（二）電話訪問

優點是花費較低，易於監控使得資料品質較好，快速簡便，無遠弗屆。電腦輔助電話訪問調查（computer assisted telephone interviewing, CATI）可以處理題序隨機、選項隨機和跳題設定等工作，有助於調查品質的提升。缺點是母體的涵蓋性較差，愈來愈嚴重的訪問失敗問題，樣本代表性不佳，問卷題目少且不能深入。

（三）郵寄問卷

費用低，但訪問失敗問題最嚴重，資料品質差，樣本代表性堪慮，除非是特定團體有接近百分之百的回收率，否則這種方式應極力避免。

（四）面訪留置問卷或自填問卷

可以節省大量的訪問費用，但抽樣工作一定要確實執行，排除自願樣本，搭配良好的問卷設計和高回收率，可以是成本效益和效率極高的抽樣調查，缺點是問卷由受訪者自行填答，資料品質不易控制。

（五）網路調查

如果是由研究者以機率抽樣方式抽取研究對象的電腦帳號發出問卷，則形同郵寄問卷，除了高成本效益和高效率的資料處理優點之外，這種方式也有所有郵寄問卷調查的缺點。如果是將問卷放在網路上讓人填答，則根本不是合格的機率抽樣。網路調查通常都有嚴重的「母體定義」問題。

（六）電話錄音訪問（又稱語音調查）

使用電腦自動撥號，以事先儲備的各種錄音問卷裝置由受訪者按鍵選擇答案。這種調查方式在台灣已經有人使用，不過其母體涵蓋性、樣本代表性及資料品質無從驗證，也無法評估。

二、樣本數的決定

資料蒐集方式和調查對象確定之後，第一件要做的事就是決定樣本數。一般要考慮的因素有：

（一）抽樣誤差

假設非抽樣誤差（譬如問卷設計不當、訪員作假、資料鍵入錯誤）不存在，只計算因抽樣而來的估計和母體參數 θ 的差異量，通常用平均差方（mean squared error, MSE）表示，$MSE = E(\hat{\theta} - \theta)^2$，E 表示期待值或平均數，則 $MSE = var(\hat{\theta}) + bias^2$，第一項是 θ 的變異數，表示每次抽樣都會得到不同的 θ，如果做很多次，這些 θ 就會有集中或分散的現象，用 $var(\hat{\theta})$ 表示，是對母體參數估計的穩定程度或可靠度的意思；$bias$ 表示偏差，如果做許多次抽樣的話，會有許多個 θ，這些 θ 的平均數和被估計的母體參數 θ 的差即是偏差。一般情況下，偏差可以透過統計方法控制為零，所以抽樣誤差一般也指估計的穩定程度。不同的抽樣設計和估計方法會有不同的抽樣誤差，直接影響到對母體推估的精確程度。樣本數愈大，得到的估計值愈穩定，抽樣誤差也愈小，但它們之間並不成簡單的比例，所以必須諮詢專家，決定最有效率的樣本數和可以容忍的推論誤差。常見到的抽樣誤差表達方式，是換算成對母體參數區間估計的上下限，例如我們常會見到「以 95% 信賴度估計，對母體的各項推論最大抽樣誤差不會超過正負 3%」即是。

（二）經費、工作量和時效

在現實世界裡資源有限，樣本數的大小通常由可運用資源的多寡來決定，必須和前一項抽樣誤差妥協。

（三）次母體推論的精確度

抽樣調查的目的有時也包括對次母體的推論，譬如以台灣地區民眾為

對象的抽樣調查，會以各縣市為推論次母體，若每一縣市的推論都要達到相當程度的精確度，則每一縣市就需要相當於那個精確度的樣本數，如此一來，全台灣地區的樣本數勢必要膨脹。同樣的道理，這些次母體有時候可以是地區、城鄉、行業、公私立別等。

（四）深入研究的必要性

有時候整個調查計畫的目的在做深入的比較分析，例如選民的投票意向會和教育程度、省籍、性別、行業、地區、收入、年齡等有密切的關係。欲深入研究其間之交互作用，則這些因素交叉之後每個組合交集必須要有起碼的樣本數，以此最低要求反向推估所需的樣本總數。這種性質的調查比起單純的母體百分比推估所需的樣本數顯然較大。

（五）抽取率

從理論上來看，樣本數的決定和抽取率並無太大關係，實際上，每100 人抽 1 人和每 500 人抽 1 人，如果樣本數相同，雖然母體大小相差很大，但兩者的抽樣精確度是可認定為完全相同的。例如在美國抽樣 1,000人和在台灣抽樣 1,000 人，各自推論母體時抽樣誤差是相同的，雖然兩個母體總數差異極大。

（六）樣本的累積

有些按月、季、年調查的抽樣設計，每次調查的樣本數是可以累積的，譬如國民營養狀況調查、健康衛生和疾病調查、傳播媒體閱聽調查等。可以累積的理由是：這些性質的調查對象生活習慣不會在短期內有重大的改變。不過要注意的是每次調查的母體定義必須相同，以免每次推論都是以偏概全，造成嚴重的偏差。

（七）抽出樣本數與有效樣本數

　　由於實務作業上必然會有訪問失敗的現象，郵寄問卷時這種情況尤其嚴重，使得有效樣本數只能成為抽出樣本數的一個比例而已。如果僅以有效樣本來對母體進行推論的話，則會產生偏差，其幅度等於失敗率乘上有效樣本和失敗樣本的差異。最好的做法是依照預估的成功率擴大抽出樣本數，使得最後完成的有效樣本數接近原先的規劃數，並對失敗樣本進行抽樣追蹤訪問，得到有效樣本和失敗樣本之間差異的估計，藉以修正以有效樣本來做推論所造成的偏差。

三、分層與分段

（一）分層

　　母體定義清楚，樣本數決定後，接下來便是蒐集有關資料進行分層的工作；這是因為從抽樣理論來看，分層抽樣可以很有效地降低推論的誤差。另外一個重要的原因是行政上的考量，以推論次母體來分層（如各縣市或公私立學校）可使抽樣調查的目的易於達成。有關工商業界或各行業的抽樣調查尤其需要分層。有些調查不但要依次母體分層，而且還不能合併做統一推論，例如對各行業實施勞基法狀況的抽樣調查就是一個典型的例子，由於絕大部分的企業單位規模極小，而少數企業單位規模極大，不論以人或以企業單位作為推論的個案基礎都有缺點，最合理的做法是以行業和企業單位規模交叉分層，然後以各層為次母體獨立進行推論。

　　如果分層後各層抽取率不相等，對母體的推論就必須加權處理。我們可以先分別計算各層平均數後再合併推論母體，則各層之權值為 $W_i = N_i/N$，亦即各層人數占母體總數的比重，而母體平均數的估計則為

$$\overline{Y} = \sum_{i=1}^{k} W_i \overline{Y}_i \qquad (5\text{-}10)$$

如果在電腦上操作，以個案為基礎直接對母體做推論，則各層的個案加權

值是：

$$W_i^* = nN_i / n_i N \qquad (5\text{-}11)$$

加權處理是很重要的步驟，尤其在不等機率抽樣或因樣本代表性失真而採用事後分層方式補救時更是必要，遺憾的是有許多調查應該使用而未使用，造成推論上嚴重的失誤。

雖然分層抽樣有許多優點，但卻有一個理論上的缺點，就是後續的統計分析違反了「資料來自相同分布的母體（identical distribution）」的前提。關於這一點有一些學術性論文審查會要求資料分析者必須做補救措施，一般大多以「設計效果」來做修正。

（二）分段

並不是每一個抽樣設計都要分段，但是當母體的規模夠大時，以單純隨機抽樣或等距抽樣在實際上無法執行或即使執行了，蒐集資料的代價太高時就必須考慮分段。分段的用意是把樣本聚集在少數幾個第一抽出單位（PSU）裡以減輕工作量。譬如台灣地區國小學童的抽樣設計，以全體國小學生名冊為對象進行隨機或等距抽樣事實上不可行，即使可行，訪問工作遍及全島，執行代價亦太高；通常主持人會考慮以多階段集群抽樣方式，第一階段先抽出 a 所學校，第二階段再自中選的學校每校抽出 b 班，第三階段再自中選的班中每班抽出 c 人（亦即 a×b×c＝n）來蒐集資料。

分段抽樣會導致抽樣誤差的增加，因每一個階段的資料都有組間差和組內差，但代價是值得的。它的理論要求是每一階段抽出的單位數一定要大於或等於 2，否則抽樣誤差會因分母是零而無法計算。

在實務上，決定各階段抽出的單位數，最主要的因素是經費和工作負荷量的分配，其次才是組間差和組內差的考慮。例如台北市要抽出 400 個樣本，分兩段執行，第一階段抽里，第二階段抽人。我們可以抽出 40 里，每里 10 人；也可以抽出 20 里，每里 20 人；或是抽出 10 里，每里 40 人；前者第一段抽出單位數太多，里的代表性顧慮到了，但每里 10 人，工作分配不易，且 40 里會使訪員到處奔波，里間差異有了，里內差

異可能顯現不出來；後者經費和工作量容易分配，但前段太少，怕代表性不夠，也無法顯現出里間差異來，取捨之間沒有標準，只能用妥協的方式解決。

　　總的說來，抽樣工作的執行方式不外乎隨機、等距和 PPS 三種。一般情況下，以等距抽樣方式為最好，因為它可透過清冊的排序作業控制樣本的代表性，進而降低抽樣誤差；另外，它又有易於執行的優點。在多段抽樣時，PPS 則是較合理的方式，尤其在第一抽出單位大小不一時更具優越性。例如台灣 22 縣市要抽五個縣市，不論隨機或等距抽樣，都將 22 縣市一視同仁，極不合理；但 PPS 配合等距方式執行，可以同時考慮到縣市的代表性和各縣市大小不等的實際狀況，使得大縣市中選機會大，小縣市中選機會小，而抽出的五個縣市又可享有抽樣設計者想要的代表性，這是其他抽樣方式做不到的。

四、時間序列的抽樣設計

　　我們經常會有機會針對同樣的主題做時間序列方式的抽樣調查，藉以瞭解時代的脈動和民意的走向。由於在兩個時間點所進行的兩個獨立調查，只能觀察到整體差異，無法偵測出個體差異。例如五年前抽煙人口有 22%，目前則有 20%，整體差異下降了 2 個百分點，但我們無法知道有多少人在這段期間戒了煙，而又有多少人新加入抽煙的行列，這五年也許人口結構有了變化，也許人們改變了認知、態度與行為。想要弄清楚其中緣故，Duncan 與 Kalton（1987）介紹了幾種可行的抽樣設計和它們可達成的目標，這些方法有：
（一）重複進行獨立的抽樣設計。
（二）固定樣本連續訪問（panel study）。
（三）樣本輪換，按每月、季、年，依序更換一部分樣本，重疊一部分樣本。
（四）混合設計，某一部分設定為固定樣本，某一部分設定為輪換樣本。
　　上述這些方法可視為樣本重疊設計，重疊的百分比從百分之百（固定

樣本連續訪問）到零（獨立抽樣）。至於如何決定重疊的百分比，則要看調查目的、資源和容許的抽誤差而定。

伍、電話訪問調查

嚴格一點地說，以電話訪問為工具要推論「台灣地區 20 歲以上民眾」是有語病的，比較謹慎一點的說法至少應該像是「台灣地區、20 歲以上、非例假日晚上 6 時到 10 時之間、可以被中華電信公司（或其他固網公司）的電話號碼接觸到的民眾」。最後一個名詞「民眾」還要看是不是有特別的資格限制，譬如是否包含外國人、是否設籍或住在某個地區之類的。從另一個角度來看，台灣地區有許多電話調查其實並不知道他們要推論的母體是什麼，有些甚至連定義都寫不出來。

一般而言，電話訪問調查的優點有：

一、成本較低。

二、滲透力強，無遠弗屆。

三、具有高度時效。

四、資料品質佳，中央監控所有工作流程與細節。

五、效率高，尤其使用電腦輔助電話訪問系統（computer assisted telephone interview, CATI）可以在問卷設計和資料蒐集流程管控方面發揮極大的功效。

不過電話訪問調查也有不少缺點，其中比較引人注意的有：

一、涵蓋率不足。

二、訪問失敗問題嚴重。

三、樣本代表性不佳。

四、問卷題目的性質和數量受限，不能深入。

一、涵蓋率問題之一：電話訪問接觸不到的人

從「以母體為基礎」（population-based）的抽樣思考方式來看，電話調查的推論母體當然是所有可以用電話接觸到的人，但是這和一般調查研究者所定義、或是企圖推論的母體「台灣地區 20 歲以上民眾」、或甚至是「某個選區的合格選民」還是不一致的。我們先不管主其事者採用什麼抽樣底冊或是抽樣方法，下列一些人士是先被電話調查排除在外的：

（一）合乎母體定義但是調查期間不在國內的人。

（二）在大陸、港澳地區的人，這一部分應該是被包含在上一個類別，不　　　過數量極大，至少以百萬為單位計算。

（三）在監獄、看守所、撫育院或類似性質機構裡的人。

（四）在醫療院所、療養院、安養院的人及其照護者。

（五）軍、警、或晚間公務值勤者。

（六）私部門晚間值勤者。

（七）晚上住在宿舍、工寮、工廠、職訓中心、機構、公司內的人。

（八）住在旅館的人。

（九）住在寺廟、車、船的人。

（十）　因為生活作息時間而不可能在一般電話訪問進行時間內被接觸到　　　的人。

以筆者根據歷年來的調查數據估計，如果以 20 歲以上、具有戶籍的人口為母體，台灣地區電話調查的涵蓋率大概是在 65% 到 70% 之間。

二、涵蓋率問題之二：抽樣底冊與抽樣方法

電話調查的涵蓋率因為抽樣和執行方式而有許多差異，討論起來比較複雜。一般說來，電話調查的抽樣方法基本上可以分為兩大類，一是以電話簿為主所衍生出來的各種方式（directory and list-based），例如以住宅用戶電話簿為抽樣底冊的隨機或等距抽樣、抽出號碼後加一或減一、或將尾數號碼隨機處理等方法都是。第二類是以隨機方式產生號碼為主

（random digit dialing, RDD）。在美國這兩種基本模式及其混合使用的方法都被廣泛的採用，不過在台灣地區卻大多見到第一類型的抽樣模式，主要是成本考量和因為有關電話用戶的數據不足或無法取得以致 RDD 規劃作業無從下手的緣故。

　　理論上，以電話簿為抽樣底冊的抽樣方法忽略了有電話但卻未登錄印出的人。常見的電話抽樣方法有：

（一）依據住宅用戶電話簿等距或隨機抽樣。

（二）依據商業公司提供的電話號碼資料庫抽樣，通常這些資料庫都有其蒐集電話號碼的方法，涵蓋率各有優缺點。

（三）方法 1 再將尾數加一或減一。

（四）方法 1 再將尾數一碼、兩碼、三碼或四碼代以隨機亂數。

（五）RDD 方法 1，以隨機方式自台灣地區所有的區域碼局碼組合中產生若干個樣本區域碼局碼，再加上後四碼隨機。

（六）RDD 方法 2，根據機率估計各區域碼局碼組合占母體比例，抽出樣本局碼，再加上後四碼隨機。

（七）RDD 方法 3，採用方法 5 或 6，但估計和抽樣部分延伸至後四碼的前一碼或前兩碼以降低空號率。

三、涵蓋率問題之三：戶中選樣

　　除了抽樣之外，電話調查也比別的調查方式多遭遇到一個「戶中選樣」的困難，雖然有些調查方式也有這個問題，但是比較少，也比較容易克服。從理論上或甚至從常識上來說，凡是等機率抽戶而戶中合格受訪者不只一位時，必須進行戶中選樣才算是完成抽樣程序，而整個抽樣設計也成了不等機率抽樣，對母體的推論必須考慮戶中合格人數的加權處理。電話調查這個問題比較嚴重是因為大多數的執行機構並不處理它而造成了樣本代表性受到扭曲的後果。

　　常見的戶中選樣方法有：

（一）任意成人：可能沒有隨機性而影響樣本代表性。

（二）上（下）一位過生日者。

（三）配額：破壞隨機性，但在台灣常用。

（四）Kish 戶中選樣表：自 1949 年迄今仍在使用，因為必須詢問受訪戶中每一位成員的性別年齡與稱呼，較有侵犯性（表5-2）。

（五）依電話號碼尾數與戶中人口結構決定受訪者（表5-3）。

　　Kish Table 的優點是在理論上堅持了機率抽樣的原則，使得每一位合格者都有一個不為零的中選機會，其次，透過如此精巧的設計可以使每人中選機率雖不相等，但近乎相等，不必有加權處理的困擾。缺點是：（一）表格複雜，除了表 5-2 之外，仍需戶中成員登錄表，這對訪員是一個不小的負擔；（二）訪員素質與訓練關係重大，影響整個抽樣與資料蒐集工作的成敗，通常的調查計畫主持人並不樂意見到訪員有如此大的自主空間；（三）由於訪問的第一件事即是詢問戶中每一位合格人士的名字、性別與年齡，造成對受訪者相當程度的冒犯，影響訪問品質甚至造成拒訪；（四）整個戶中選樣過程繁瑣，加長訪問時間與困難度，尤其在電話訪問方面所產生的困擾更大。

表 5-2　Kish 戶中選樣表

表序	使用機率	戶中合格人數					
		1	2	3	4	5	6 或以上
		選擇合格受訪者之年齡大小序位					
1	1/6	1	1	1	1	1	1
2	1/12	1	1	1	1	2	2
3	1/12	1	1	1	2	2	2
4	1/6	1	1	2	2	3	3
5	1/6	1	2	2	3	4	4
6	1/12	1	2	3	3	3	5
7	1/12	1	2	3	4	5	5
8	1/6	1	2	3	4	5	6

資料來源：Kish（1965）。

表 5-3　以電話號碼尾數為隨機機制的戶中選樣表

戶中合格人數	其中男性人數	電話號碼尾數	選擇受訪者
1	0		唯一女性
	1		唯一男性
2	0	01-50	較年輕女性
		51-00	較年長女性
	1	01-50	唯一女性
		51-00	唯一男性
	2	01-50	較年輕男性
		51-00	較年長男性
3	0	01-33	最年輕女性
		34-66	中間女性
		67-00	最年長女性
	1	01-33	唯一男性
		34-66	較年輕女性
		67-00	較年長女性
	2	01-33	較年輕男性
		34-66	較年長男性
		67-00	唯一女性
	3	01-33	最年輕男性
		34-66	中間男性
		67-00	最年長男性
4	0	01-25	最年輕女性
		26-50	次年輕女性
		51-75	次年長女性
		76-00	最年長女性
	1	01-25	唯一男性
		26-50	最年輕女性
		51-75	中間女性
		76-00	最年長女性
	2	01-25	較年輕男性
		26-50	較年長男性
		51-75	較年輕女性
		76-00	較年長女性

表 5-3 以電話號碼尾數為隨機機制的戶中選樣表（續）

戶中合格人數	其中男性人數	電話號碼尾數	選擇受訪者
4	3	01-25	最年輕男性
		26-50	中間男性
		51-75	最年長男性
		76-00	唯一女性
	4	01-25	最年輕男性
		26-50	次年輕男性
		51-75	次年長男性
		76-00	最年長男性
5	0	01-20	最年輕女性
		21-40	次年輕女性
		41-60	中間女性
		61-80	次年長女性
		81-00	最年長女性
	1	01-20	唯一男性
		21-40	最年輕女性
		41-60	次年輕女性
		61-80	次年長女性
		81-00	最年長女性
	2	01-20	較年輕男性
		21-40	較年長男性
		41-60	最年輕女性
		61-80	中間女性
		81-00	最年長女性
	3	01-20	最年輕男性
		21-40	中間男性
		41-60	最年長男性
		61-80	較年輕女性
		81-00	較年長女性
	4	01-20	最年輕男性
		21-40	次年輕男性
		41-60	次年長男性
		61-80	最年長男性
		81-00	唯一女性

表 5-3　以電話號碼尾數為隨機機制的戶中選樣表（續）

戶中合格人數	其中男性人數	電話號碼尾數	選擇受訪者
5	5	01-20	最年輕男性
		21-40	次年輕男性
		41-60	中間男性
		61-80	次年長男性
		81-00	最年長男性
6 人及以上	0	01-16	最年輕女性
		17-33	次年輕女性
		34-50	第三年輕女性
		51-66	第三年長女性
		67-83	次年長女性
		84-00	最年長女性
	1	01-16	唯一男性
		17-33	最年輕女性
		34-50	次年輕女性
		51-66	中間女性
		67-83	次年長女性
		84-00	最年長女性
	2	01-16	較年輕男性
		17-33	較年長男性
		34-50	最年輕女性
		51-66	次年輕女性
		67-83	次年長女性
		84-00	最年長女性
	3	01-16	最年輕男性
		17-33	中間男性
		34-50	最年長男性
		51-66	最年輕女性
		67-83	中間女性
		84-00	最年長女性

表 5-3　以電話號碼尾數為隨機機制的戶中選樣表（續）

戶中合格人數	其中男性人數	電話號碼尾數	選擇受訪者
6 人及以上	男 > 3 女 = 3	01-16	最年輕男性
		17-33	中間男性
		34-50	最年長男性
		51-66	最年輕女性
		67-83	中間女性
		84-00	最年長女性
	男 > 4 女 = 2	01-16	最年輕男性
		17-33	次年輕男性
		34-50	次年長男性
		51-66	最年長男性
		67-83	較年輕女性
		84-00	較年長女性
	男 > 5 女 = 1	01-16	最年輕男性
		17-33	次年輕男性
		34-50	中間男性
		51-66	次年長男性
		67-83	最年長男性
		84-00	唯一女性
	全是男性	01-16	最年輕男性
		17-33	次年輕男性
		34-50	第三年輕男性
		51-66	第三年長男性
		67-83	次年長男性
		84-00	最年長男性

資料來源：作者自行整理。

說明：表格最右欄的中選者次序應經常輪換。

四、涵蓋率問題之四：訪問日期與時段

　　由常理判斷，電話訪問因為是在晚間進行，其成功率必然和受訪者的生活作息習慣有關。通常是從晚上 6 時開始逐漸加溫，一直到 10 時收工時達到成功率的最高峰，這個現象幾乎每一天都是如此。星期日晚上 8 時到 9 時成功率高達五成（這個成功率還是沒有排除無效電話的粗成功率），是電話調查產能的「黃金時間」。

五、涵蓋率問題之五：戶中電話線數、手機使用者及其他

　　我們可以想像一個畫面：訪員透過對電話線的抽樣要抓到線另一端的受訪者，但是首先遭遇到的是這些線有許多根本就是空的虛線，有些是接到電腦或是傳真機上，有些線接到公司機關行號，即使那邊有人接了也是不合格或無效的訪問，有些接通了但是那邊卻變成手機通話，一聽是訪問調查就掛斷電話。從另外一端來看，有人家裡有好幾線電話，有人家裡只有一線，兼做電腦網路和傳真機，有人完全沒電話卻有好幾個手機門號，有人在好幾個地方都有電話可以自動聯絡到他，有人雖然家裡有電話但是晚上 6 時到 10 時根本就不可能在家，只能用手機聯絡，……。種種類似上述「一戶多線」和「一人多戶」的現象都給電話抽樣涵蓋率和每個目標個體抽取機率的評估帶來理論上和實務上相當頭痛的問題。要解決這些問題必須在問卷中增加一些受訪者個人或家庭有關電話線路和戶中人數的問題以便反推抽取率和涵蓋率。洪永泰（2021）針對國人手機使用習慣的研究估計「唯手機族」（cell phone only）占了台灣地區 20 歲以上民眾的 30% 以上。

陸、抽樣實務與相關議題

一、樣本代表性的問題

台灣地區由政府、民間及學術機構所進行的各種抽樣調查相當多，這些調查在對母體進行推論時大都建立在「有效問卷」的基礎上。在統計理論上，以單純隨機抽樣選出的樣本數據在對母體做推論時，受到中央極限定理的保護，並沒有樣本代表性的顧慮，但是在資料分析時，通常會針對不同的人口特徵群做進一步的比較分析，諸如性別、年齡、教育程度、地區等，這些人口特徵的代表性是否和母體的分布一致馬上就受到考驗。

（一）影響樣本代表性的因素

影響樣本代表性的因素大體而言有兩個主要部分：一是抽樣的設計，其次是資料蒐集的過程。以下是一些典型的因素：

1. 母體定義：研究對象通常會有時間、空間和資格的定義，這些定義給樣本的代表性設定了標準。
2. 抽樣清冊（frame）的涵蓋性：在實務上抽樣清冊決定了樣本代表性的最佳狀況。戶籍資料、選舉人名冊、電話簿等最常使用的清冊都有它們結構上的樣本代表性缺失。
3. 分層與各層樣本數的決定：等機率抽樣與不等機率抽樣的設計會使樣本代表性因人為的干預而受到扭曲。
4. 抽樣的執行方式，如隨機抽樣、系統抽樣、集群抽樣、電話簿系統加一、隨機撥號等不同的技巧都可能造成不同性質的樣本代表性。
5. 戶中選樣：在等機率抽戶而戶中有不同數目的合格受訪者時，是否執行戶中選樣以及執行的程序都會影響到樣本的代表性。

（二）補救辦法

對於上述情形一般的補救辦法有三：

1. 在時間和經費都許可的情況下繼續進行追蹤訪問，這是最好的方法，可惜通常都不被採行。
2. 以插補（imputation）方法補足缺失的樣本數據。
3. 加權處理。

二、訪問失敗的問題

　　一般說來，訪問失敗有兩種情形：一是沒有取得中選樣本的全部資料，稱為個案無反應（unit nonresponse），二是沒有取得中選樣本的一部分資料，例如每月收入等，稱為項目無反應（item nonresponse）。後者因為已有部分資料，還可以藉大部分已知的情形來推估少部分未知項目的期待值。前者則幾乎毫無頭緒可循，尤其以台灣地區居民為對象的抽樣調查往往使用戶籍資料作為抽樣的依據，由於戶籍人口和常住人口有很大的差距，使得訪問過程中個案無反應的情形相當普遍，30% 到 40% 的失敗率是很平常的事情。

　　即使用常識判斷都可以知道如果僅用訪問成功者的資料來對母體做推論一定會有偏差。不幸的是，多數調查者在沒有更好的辦法之下，往往只能依據訪問成功者的資料，或者使用預備樣本或替代樣本來湊足預定的樣本數進行推論，這些做法所造成的偏差因調查性質而異。如果我們把整個抽樣設計看做是分層抽樣，一層是有反應者，或訪問成功者，母體數是 N_1，樣本數是 n_1，另一層是無反應者，或訪問失敗者，母體數是 N_2，樣本數是 n_2，所以母體總數 $N = N_1 + N_2$，樣本總數 $n = n_1 + n_2$。令反應率 $W_1 = n_1 / n$，無反應率 $W_2 = n_2 / n$。假設母體某項特徵的百分比是 $\underline{P}$，而所有樣本中具有該項特徵的個案數是 X，則 $\hat{P} = X / n$，是對 $\underline{P}$ 母體的無偏估計，$E(\hat{P}) = \underline{P}$。

　　事實上，因為訪問失敗的情形使我們僅有 $x_1 = x - x_2$ 個具有該項特徵的樣本，x_2 是無反應樣本中具有該項特徵的個案數，因訪問失敗而未知。令 $\hat{P}_1 = x_1 / n_1$，$\hat{P}_2 = x_2 / n_2$，而

$$\hat{P} = x/n = (x_1 + x_2)/n = \frac{n_1}{n} \times \frac{x_1}{n_1} + \frac{n_2}{n} \times \frac{x_2}{n_2} = W_1\hat{P}_1 + W_2\hat{P}_2 \qquad （5\text{-}12）$$

我們知道 $\hat{P}$ 是對母體百分比 P 的無偏估計。如果僅用成功樣本的百分比 $\hat{P}_1$ 來代替 $\hat{P}$，則其差距是

$$\hat{P}_1 - \hat{P} = \hat{P}_1 - (W_1\hat{P}_1 + W_2\hat{P}_2) = (1 - W_1)\,\hat{P}_1 - W_2\hat{P}_2 = W_2\,(\hat{P}_1 - \hat{P}_2) \quad （5\text{-}13）$$

公式（5-13）的數值可以很容易的推論到母體參數的差距上。換句話說，如果僅用成功樣本的百分比 $\hat{P}_1$ 來推論母體百分比，則其偏差 $E\,(\hat{P}_1) - P$ 可以證明是等於母體的無反應層比例乘上有反應層中具有該特徵的百分比和無反應層中該項百分比的差距 $W_2\,(P_1 - P_2)$。用日常生活語言來看，公式（5-13）可以看做是訪問失敗的代價。如果只用成功樣本來做推論，則所造成的偏差等於失敗率乘上有反應者和無反應者之間的差異。

　　關於訪問失敗的補救辦法大體上可分為三大類：一是加權處理（weighting），二是插補（imputation），三是建立模型（model building）。這三類方法當中有許多處理原則在實際運用上變成相同的程序和結果。

三、加權

　　加權議題在抽樣調查方法論的領域裡早已存在，先進國家有關這方面的理論研究與實務操作已有相當規模，且因研究設計和資料蒐集方式日新月異而不斷推陳出新，其間比較具有里程碑意義的文獻有：

（一）Deming 與 Stephan（1940）：事後分層重複多個變數逐一加權。

（二）Hansen 與 Hurwitz（1943）：以抽取率的倒數加權。

（三）Horvitz 與 Thompson（1952）：以單位中選率的倒數加權。

（四）Kish（1965）：加權的理論與實務，偏向應用層面。

（五）Madow、Olkin 與 Rubin（1983）：階段性總整理的論文集。

（六）Survey Methodology 第 13 卷第 2 期（1987）：個人與家戶加權議題特刊。

（七）Kasprzyk、Duncan、Kalton 與 Singh（1989）：時間序列下的加權。

（八）Survey Methodology 第 21 卷第 1 期（1995）：時間序列下個人與家戶加權的議題。

如果先不考慮複雜的研究設計，只論大家熟悉的獨立抽樣調查個案，則一般情況之下所涉及的加權處理方式大略可歸類為以下幾種：

（一）如果是不等機率的抽樣設計，則以每個個體中選機率的倒數加權；這個權值也有人稱為「放大係數」或「膨脹係數」。例如某校有 30 個系，1 萬名學生，現在要抽樣調查全校學生抽煙的比例，決定以隨機方式抽出 10 個系，每個系抽出 10 個學生，總計樣本數 100 人。這個抽樣設計使得每個系中選機率都是 10/30，但因每個系學生人數並不相等，造成每個學生的中選機率到最後變成（10/30）×（10/A_i），A_i 是每系的學生數，所以是個不等機率的抽樣；表 5-4 是個假設性的說明。

（二）如果是等機率抽戶，再以戶中選樣程序每戶抽出一位受訪者，則因每戶的合格人數不相等而造成不等機率抽樣，應依上一項原則處

表 5-4 一個不等機率抽樣設計下不加權與加權的比較

學系編號	學生數	樣本數	抽煙	抽取率	權值	推估
1	250	10	3	(10/30)*(10/250)	75	225
2	120	10	2	(10/30)*(10/120)	36	72
3	560	10	5	(10/30)*(10/560)	168	810
4	420	10	4	(10/30)*(10/420)	126	504
5	180	10	1	(10/30)*(10/180)	54	54
6	220	10	4	(10/30)*(10/220)	66	264
7	480	10	3	(10/30)*(10/480)	144	432
8	360	10	1	(10/30)*(10/360)	108	108
9	240	10	2	(10/30)*(10/240)	72	144
10	520	10	6	(10/30)*(10/520)	156	936
合　計		100	31			3,579
估計母群體抽煙比率		31%				35.79%

理。這個加權程序在美國一向被忽略，因為美國的家戶結構差異性
較小，加權雖有其正當性，但影響估計成效極微，傳統上被認為不
值得而遭忽略。

（三）分層抽樣在合併全體資料對母體進行推估時，通常需要考慮使用比
較適用的估計方法，例如最基本的形式是以各層樣本平均數乘上各
層母體比重（亦即各層權值），也有引用輔助變數成為比率估計
（ratio estimate）的做法，此一輔助變數即成為權值，例如 r = Σy /
Σx，屆時可以考慮的選擇就多了，可以先在各層內先得到各層的 r
值再依各層比重合併，也可以先分別加權合併各層的 y 和 x 然後再
計算最後的 r。

（四）以事後分層（post-stratification）方式加權，這是完全不顧資料的蒐
集過程，只考慮將現有的資料依照已知的母體分布結構給予每一個
案一個權值使得加權後的資料在加權變數的分布上和母體一致，是
標準的「鋸箭」做法。這種做法的好處是可以提高估計的準確度，
也可以補救因為抽樣清冊涵蓋性不完整以及訪問失敗和樣本代表性
方面的缺失；只是在使用時必須具備兩個條件：一是必須知道母體
中各層的比重，二是各層樣本數必須夠大，Scheaffer、Mendenhall
與 Ott（1996）認為各層樣本數至少應有 20 人。事後分層對母體參
數的估計和各層權值的計算公式是：

$$\bar{y} = \sum_{i=1}^{k} Wi \,\bar{y}i = \sum_{i=1}^{k} \frac{N_i}{N} \sum_{j=1}^{n_i} y_{ij} \frac{1}{n_i} = \frac{1}{n} \sum_{i=1}^{k} \frac{N_i}{N} \frac{n}{n_i} \sum_{j=1}^{n_i} y_{ij}$$
$$= \frac{1}{n} \sum_{i=1}^{k} \sum_{j=1}^{n_i} W_i^* \, y_{ij} \qquad\qquad (5\text{-}14)$$

式中 $W_i^* = (N_i / N) \times (n / n_i)$ 即是以個案為計算單位的權值，我們
也可以看出第 i 層之內每個個案權值都是相同的。至於母體平均數
估計的變異量估計則是：

$$var\,(\hat{\bar{y}}_{st}) = (N-n) / Nn \sum_{i=1}^{k} W_i S_i^2 + (1 / n^2) \sum_{i=1}^{k} (1 - W_i) S_i^2 \qquad (5\text{-}15)$$

這個公式的第一項和一般分層抽樣的結果完全相同，第二項是事後

分層的代價，但是數量極小，因為在正常的樣本數情況下 $1 / n^2$ 幾乎可以忽略。

（五）涵蓋性不足（non-coverage）及訪問失敗（non-response）的補救加權，這幾乎是文獻上討論最多的議題，理論和實務的建議處理方式極多，可是絕對居優勢或適用條件最好的方法仍未產生。

（六）多個變數逐一加權反覆操作至收斂為止（raking），這是在實務上通常研究者會有某些變數的母體分布數據，或相當好的母體分布估計數據，但是不會有變數間的交叉分布母體數據，例如研究者當然會有台灣地區各縣市的人口分布數據，也可能有不錯的族群（閩南、客家、大陸、原住民）分布數據，還有教育程度的分布數據，但卻沒有各縣市內各族群的各種教育程度分布數據，加權的做法是先把樣本資料分組，然後挑選一個變數如縣市，以事後分層的方式加權將全體樣本的縣市分布調整到和母體分布一致，再以這時後的樣本族群分布為基礎，進行族群變數的加權，結果會使族群分布「正確」但縣市分布又「歪」了，接下來以此時的教育程度分布為基礎加權調整樣本的教育程度分布，當然此時其他兩個變數的分布又「歪」了，此時再回來重複先前的步驟，每個步驟都繼之以樣本與母體分布是否一致的統計檢定，一直到整個樣本資料「看誰像誰」時為止。

（七）時間序列的抽樣設計或固定樣本連續訪問（panel survey）之下的加權處理都不在本章的討論範圍之內，不過這裡面有一些相當好的工具可以應用到一般抽樣調查研究的估計上，譬如在長期時間序列的研究下，某一個月份或季節的數據可以引用該月份或該季節的全年組合權值直接估計全年數據，我們也許可以運用這個方法發展出一套加權系統用來估計選舉投票率或政黨、候選人的得票率。

四、插補

首先簡單介紹一些主要的插補程序如下：

（一）以成功樣本的平均值作為每一個失敗樣本的值（mean imputation）。

（二）根據一個或數個與訪問失敗無關的變數分層，以各層層內成功樣本
之平均值作為該層內每一個失敗樣本之值（mean imputation within
cells）。

（三）自成功樣本中抽樣，以中選的樣本觀察值作為失敗樣本之值，此即
所謂的 hot deck imputation。

（四）先分層，然後在各層之內做上述之 hot deck imputation。

（五）自其他來源抽樣取得樣本觀察值作為失敗樣本之值。此即所謂的
cold deck imputation。

（六）自母體中再取樣替代失敗樣本。

（七）自失敗樣本中再取樣，進行追蹤訪問。

（八）使用成功樣本的資料，以迴歸方法預測失敗樣本之數值後代入
（regression imputation）。

（九）對每一個失敗樣本給予 M 個數值代入，每一個數值代入後併入成
功樣本資料分析，得到一個結果，如此總共可以得到 M 個分析結
果，再以隨機方式抽取一個結果，或採用這 M 個分析結果的平均
值，此即多重插補法（multiple imputation）。

　　上述這些方法，有的已經有完整的理論根據，但也有的只有步驟而無
理論。無論如何，大部分方法都建立在一些假設條件之上，有的假設失敗
情形的隨機性，有的假設失敗樣本遵守某一特定機率分布，而且所有的假
設都針對一個觀察變數而言。在現實世界裡，也許某一個變數的分布可以
掌握得住，但幾十個變數的分布都要符合這些假設條件頗為困難。也就是
因為如此，使得各種補救辦法的優劣成效很難區分開來。

五、抽樣誤差的估計

　　一般而言，研究者並無法確知測量變項的真實統計量及其變異數是
多少，因此只能透過抽樣調查所得的資料來加以估算。傳統上，針對複雜

抽樣調查的變異數估計，隨機分群變異數估計法（random groups method of variance estimation）是首先被發展出來的簡化估計式（Wolter 1985）。這種方法也有另外的稱呼，例如 Mahalanobis（1939; 1946）將這些樣本稱為交叉切割樣本（interpenetrating samples）；Deming（1956）則另外將此樣本稱為重複樣本（replicate samples）；Hansen、Hurwitz 與 Madow（1953）則稱此種方法是在多段抽樣調查時的一種最終群聚法（ultimate cluster）。基本上隨機分群變異數估計法主要就是將原全體樣本按照相同的抽樣設計，切割成兩組或多組次樣本，每一組次樣本都可以得到特定變項的統計量，然後從這兩組或多組次樣本的統計量，就可以計算出一個全體次樣本統計量的變異數估計值。其次，以這個全體次樣本統計量的變異數估計值與假設為單純隨機抽樣設計下的全體樣本統計量的變異數估計值相比較，就可以瞭解到抽樣設計的設計效果（design effect）。

　　隨機分群變異數估計法有兩種基本的型態。第一種是隨機分群得到的各組次樣本彼此都是相互獨立的。另外一種則是各組次樣本並非完全獨立，彼此之間是有關聯的。

（一）兩組獨立的半樣本（Half-Samples）

　　配合原有的抽樣設計，將原始各層樣本依照第一抽出單位（如鄉鎮市區）切割成單、雙號兩套次樣本，然後再將各層的單、雙號次樣本分別合併成為一組樣本，由於各層的單、雙號次樣本在合併過程中是彼此分開，因此最後得到的是二組獨立的半樣本。透過這二組獨立的半樣本，可以得到特定變項統計量的標準差 A；而原始的全體樣本也可以求出特定變項統計量在單純隨機抽樣下的標準差 B；最後將兩者相比較（A^2/B^2），就能得出抽樣的設計效果，用來校正抽樣誤差統計推論的參考值。

（二）不獨立的若干組平衡半樣本（Balanced Half-Samples）

　　配合原有的抽樣設計，將原始各層樣本依照第一抽出單位（如鄉鎮市

區）切割成單、雙號兩套次樣本，然後依照 Wolter（1985）提供的抽樣方型階序表（matrix of order），抽取各層的單號或雙號次樣本並合併成為一組樣本，依此反覆抽取。這樣的方型階序表是經過特殊設計的一個矩陣，能夠使產生的各組隨機次樣本最趨向於彼此獨立。其次再如先前所敘述的方法及步驟，最後得出抽樣的設計效果。

　　當設計效果大於 1 時，表示該調查案所採用的抽樣設計並未能更有效的降低隨機抽樣所可能產生的誤差。當設計效果等於 1 時，表示該調查案所採用的抽樣設計與採用隨機抽樣所可能產生的誤差相同。當設計效果小於 1 時，表示該調查案所採用的抽樣設計可以有效地減低一般隨機抽樣所產生的誤差，因此使得整個抽樣調查更有效率。

附錄一：亂數表

橫列								
1	19223	95034	05756	28713	96409	12531	42544	82853
2	73676	47150	99400	01927	27754	42648	82425	36290
3	45467	71709	77558	00095	32863	29485	82226	90056
4	52711	38889	93074	60227	40011	85848	48767	52573
5	95592	94007	69971	91481	60779	53791	17297	59335
6	68417	35013	15529	72765	85089	57067	50211	47487
7	82739	57890	20807	47511	81676	55300	94383	14893
8	60940	72024	17868	24943	61790	90656	87964	18883
9	36009	19365	15412	39638	85453	46816	83485	41979
10	38448	48789	18338	24697	39364	42006	76688	08708
11	81486	69487	60513	09297	00412	71238	27649	39950
12	59636	88804	04634	71197	19352	73089	84898	45785
13	62568	70206	40325	03699	71080	22553	11486	11776
14	45149	32992	75730	66280	03819	56202	02938	70915
15	61041	77684	94322	24709	73698	14526	31893	32592
16	14459	26056	31424	80371	65103	62253	50490	61181
17	38167	98532	62183	70632	23417	26185	41448	75532
18	73190	32533	04470	29669	84407	90785	65956	86382
19	95857	07118	87664	92099	58806	66979	98624	84826
20	35476	55972	39421	65850	04266	35435	43742	11937
21	71487	09984	29077	14863	61683	47052	62224	51025
22	13873	81598	95052	90908	73592	75186	87136	95761
23	54580	81507	27102	56027	55892	33063	41842	81868
24	71035	09001	43367	49497	72719	96758	27611	91596
25	96746	12149	37823	71868	18442	35119	62103	39244
26	96927	19931	36089	74192	77567	88741	48409	41903
27	43909	99477	25330	64359	40085	16925	85117	36071
28	15689	14227	06565	14374	13352	49367	81982	87209
29	36759	58984	68288	22913	18638	54303	00795	08727
30	69051	64817	87174	09517	84534	06489	87201	97245
31	05007	16632	81194	14873	04197	85576	45195	96565
32	68732	55259	84292	08796	43165	93739	31685	97150

33	45740	41807	65561	33302	07051	93623	18132	09547
34	27816	78416	18329	21337	35213	37741	04312	68508
35	66925	55658	39100	78458	11206	19876	87151	31260
36	08421	44753	77377	28744	75592	08563	79140	92454
37	53645	66812	61421	47836	12609	15373	98481	14592
38	66831	68908	40772	21558	47781	33586	79177	06928
39	55588	99404	70708	41098	43563	56934	48394	51719
40	12975	13258	13048	45144	72321	81940	00360	02428
41	96767	35964	23822	96012	94591	65194	50842	53372
42	72829	50232	97892	63408	77919	44575	24870	04178
43	88565	42628	17797	49376	61762	16953	88604	12724
44	62964	88145	83083	69453	46109	59505	69680	00900
45	19687	12633	57857	95806	09931	02150	43163	58636
46	37609	59057	66967	83401	60705	02384	90597	93600
47	54973	86278	88737	74351	47500	84552	19909	67181
48	00694	05977	19664	65441	20903	62371	22725	53340
49	71546	05233	53946	68743	72460	27601	45403	88692
50	07511	88915	41267	16853	84569	79367	32337	03316

附錄二

抽樣設計實例一：台灣地區抽樣設計

　　本研究之抽樣設計採分層三段 PPS 等機率抽樣原則，首先將台灣地區依照地理位置分成六層，各層第一階段抽出鄉鎮市區，第二階段自中選鄉鎮市區抽出鄰，第三階段自中選鄰抽出人。

層別	鄉鎮市區數	20 歲以上人數	人數百分比	等比例分配樣本數	第一階段抽出鄉鎮市區數	第二階段抽出鄰數	第三階段抽出樣本人數	調整後之樣本數
(一) 北北基宜	56	6,056,112	32.45	649	8	10	8	640
(二) 桃竹苗	47	2,817,429	15.10	302	6	6	9	324
(三) 中彰投	68	3,576,603	19.17	383	8	6	8	384
(四) 雲嘉南	77	2,736,096	14.66	293	6	6	8	288
(五) 高屏澎	77	3,027,716	16.22	324	6	6	9	324
(六) 花東	33	447,409	2.40	48	4	4	3	48
合　計	358	18,661,365	100.00	2,000	38	252	2,008	2,008

抽樣設計實例二：某大學大學部學生抽樣設計

母體定義為某學年度第一學期已註冊之某大學日間部學生。抽樣設計採用分層兩段 PPS 等機率抽樣，以學院為分層依據，第一階段抽出系級，第二階段自中選的系級抽出學生。

分層（院）	系數	系級數	學生數	百分比	分配樣本數	調整後樣本數	系級*人數
1 文學院	8	32	1,863	11.8%	152	152	8*19
2 理學院	7	28	1,515	9.6%	123	120	6*20
3 社科＋法律學院	5	36	2,315	14.7%	188	190	10*19
4 醫學＋公衛學院	8	37	1,998	12.7%	163	160	8*20
5 工學院	5	20	1,793	11.4%	146	144	8*18
6 生農學院	12	49	2,263	14.4%	184	180	10*18
7 管理學院	5	20	2,111	13.4%	172	168	8*21
8 電資+生命科學院	4	16	1,871	11.9%	152	150	6*25
大學部合計	54	222	15,729	100.0%	1,280	1,264	64 系級

Chapter 6

問卷設計

盛杏湲

壹、問卷設計與測量

在進行民意調查時，研究者運用問卷作為蒐集資料的工具，這些資料可能是受訪者對一個事件、政策或人物的認知或看法；可能是受訪者一個潛藏的態度；可能是受訪者過去、現在或未來的行為；或者可能是受訪者的實際狀況，如省籍、性別、年齡、教育程度、所得等。這些資料有的很容易獲得，譬如受訪者的性別；有的很不容易獲得，譬如受訪者的一個潛藏態度。

問卷是測量工具，就像是一把尺，一個秤，只不過尺與秤是用來測量物體的長度與重量，而問卷是用來測量受訪者的意見、態度、認知、行為與事實資料。用尺與秤測量物體的長度與重量可能會有誤差，而用問卷來測量人的時候，誤差可能更大，這是因為：第一，問卷所要測量的除了少數之外，大多數是抽象而非實體的，而且有的非常複雜，不像用尺與秤量物面對的是實體；第二，問卷所要訪問的對象是人，人有情緒，人也會自我合理化，因此有時受訪者可能有意或無意隱瞞真實的答案，譬如當問受訪者的所得時，他可能報多或報少；或者當問受訪者是否投票時，他可能明明沒有投票，卻說他有投票；問受訪者對於某一個事件的看法，他可能明明對該事件一無所知，但為免於被認為無知，因此胡亂表示一個看法；第三，問卷內容僅僅是小小的差異，譬如不同的措辭、不同的問題順序、問題提供不同的選項（如三分類或六分類）、開放式或封閉式問題等，看起來只是很小的差異，卻可能造成很大的不同調查結果。[1]也因此，問卷設計看似簡單，因為只要有問卷與受訪者，研究者就可以得到答案，但是，研究者要的不只是隨隨便便的答案，而是「真實」的答案，這就不簡單，涉及到測量的理論、技術與經驗。

在進行民意調查時，研究者面臨的一個重要問題是如何將抽象的概念，轉化為一個可以實際進行觀察，進而加以測量的實體。例如，有一個

---

[1] 可參考 Schuman 與 Presser（1981; 1996）提供的許多問卷設計的實驗，當問卷設計僅僅只是小小的差異，譬如用字遣詞、題序、題目的開放或封閉等，就得到截然不同的調查結果。

研究者認為個人的社會經濟地位會影響他的政治參與程度，當一個人的社會經濟地位愈高時，將會使其愈有能力，並且愈有動機去從事政治參與。接著研究者要實際去蒐集資料，去驗證這一個理論究竟是不是正確。可是，什麼是社會經濟地位？什麼是政治參與？卻是相當抽象而無法實際觀察的，因此研究者首先必須把社會經濟地位與政治參與轉化成在實際世界裡可以觀察的變數，例如以個人的教育程度來測量其社會經濟地位，以個人參與政治活動項目的多寡來測量其政治參與，而將所要檢證的理論運作化（operationalize）成為一個可以實際觀察並加以檢證的假設：個人的教育程度愈高，其參與政治活動的項目愈多，請參考圖 6-1 的說明。

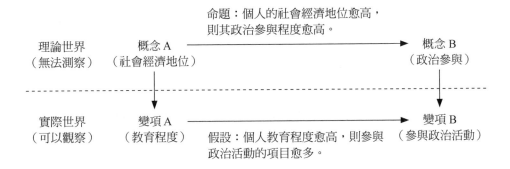

圖 6-1　理論的運作化

在民意調查裡，研究者以問卷（題目措辭如下）來詢問受訪者教育程度與參與政治活動項目的多寡，然後根據受訪者的回答來檢證是否如假設所預期。研究者所使用的題目如下例：

例：請問您的最高學歷是什麼？

　1.未進過學校

　2.小學

　3.初中、初職、國中

　4.高中、高職

　5.專科

　　6.大學

　　7.研究所

例：請問您是否曾經參與過下列活動？（複選）

　　1.在選舉期間投注相當時間接觸政治訊息

　　2.勸說其他人投票給某一個政黨或候選人

　　3.參與有關公共事務的演講會或討論會

　　4.捐款給政黨或候選人（含購買餐券、紀念券、候選人各種義賣品）

　　5.接觸民意代表表達自己的觀點或尋求幫助

　　6.張貼候選人或政黨的貼紙或懸掛旗幟

　　7.擔任政黨或候選人的競選工作人員

　　8.擔任公職候選人

　　然而，上述對於個人社會經濟地位與政治參與的測量，讀者心裡也許馬上有一些問號：為什麼用教育程度來測量社會經濟地位？其他的方法可以嗎？例如用個人所得。為什麼用那些政治活動項目？這些項目已經涵蓋了所有的政治參與活動嗎？再多加一些項目可以嗎？讀者之所以有這些問號，是因為上述對於個人社會經濟地位與政治參與的測量只是許多可能方法中的一種，在做測量時，免不了對概念做一些簡化（simplification），研究者用一個他認為最恰當的方法，但總免不了一些取捨。舉社會經濟地位的測量來說，測量社會經濟地位的方法有許多種，譬如個人的所得或職業是測量方法之一，或者將教育程度、所得、職業三者合起來測量社會經濟地位也是一個方法，那麼，哪一種測量方法最恰當呢？判斷一個測量是不是恰當，信度與效度是取決的標準，信度與效度我們將在第玖節加以介紹。以下我們來思考一個測量必須要注意的問題：測量誤差。

　　在做測量時，研究者幾乎無法避免測量誤差的存在，儘管測量誤差無法完全避免，但是研究者可以努力去盡可能減小誤差。我們可以用一個公式來表示測量誤差的意義：

$$觀察分數（測量所得分數）＝真實分數＋誤差$$

　　在這裡研究者所感興趣的是真實分數，但是真正測量得到的是觀察分數，在民意調查裡，也就是研究者根據受訪者對問題的回答而得到的分數，例如在上述的例子裡，某一個受訪者的觀察分數教育程度是大學，參與政治活動分數是 5 分。在真實分數與觀察分數之間，有誤差存在。誤差很難完全避免，有的誤差對研究結果的影響不大，但有的誤差對研究的結果影響很大，甚至使研究毫無價值，因此，研究者必須要瞭解誤差的可能來源，並盡可能避免。在民意調查中，測量的誤差不完全與問卷設計有關，也與整體民意調查的設計執行與資料分析有關，以下我們列出測量誤差的可能來源，以期研究者注意與避免。

一、測量反映了其他的概念：例如要測量受訪者的政治知識，卻測量到受訪者的教育程度；要測量受訪者的統獨立場，卻測量到受訪者的政黨認同。

二、測量反映了受訪者對於問卷題目的詮釋：例如問卷用字模稜兩可，語意不清，或者一個題目卻問兩件事情，造成受訪者回答的困難。

三、測量反映了受訪者對於問卷題目的反應：例如受訪者對於回答個人所得問題敏感，因此高所得的人可能低報，而低所得的人可能高報。

四、測量反映了當時社會上所認可的行為規範或模式：例如問受訪者是否去投票，即使他沒有去投票，受訪者也會傾向回答有去投票。

五、測量反映了題目的措辭與排序：例如受訪者對於抽象而不熟悉的問題，傾向於回答正面的答案；或者研究者題序設計不當，以至於受訪者對前面問題的回答，嚴重地影響了受訪者後面的答案。

六、測量反映了受訪者對於測量工具形式的反映：例如某些受訪者教育程度較低，當問卷的措辭較為深奧時，便會傾向回答不知道或拒答，其實受訪者也許對事物本身不是真的不知道，而是對措辭的方式無法理解。或者使用郵寄問卷時，受訪者必須自己填答，對於教育程度較低者可能傾向回答不知道，或者乾脆不將問卷寄回。

七、測量反映了受訪者當時的狀況：例如受訪者當時身體狀況不佳，或者心情特別好或特別差，都可能對答題造成影響，譬如心情不好的時候可能傾向回答較負面的答案，但心情好的時候可能傾向回答較正面的答案。

八、測量反映了訪問情境：例如在訪問時環境很吵雜，受訪者無法聽清楚
　　訪員的問題，或者受訪者思緒被吵雜的環境所影響而無法好好作答，
　　或者因為當時受訪者的親人在場，受訪者的回答受到他人影響，或者
　　因為訪員效應，譬如受訪者感受到訪員的政治傾向，而傾向討好訪
　　員，或者是對政治問題敏感而隱藏自己真正的政治傾向。

九、測量反映了測量工具的執行：例如訪員唸錯題目，或者訪員在記錄受
　　訪者的答案時記錯了，或者當訪員在記錄受訪者的開放式答案時，將
　　之簡化為幾個字，結果曲解了受訪者的原意。

十、測量反映了資料的處理與分析：例如在資料過錄或鍵入時，發生了錯
　　誤。

　　　前面一至六的測量誤差都與問卷設計有關。測量誤差可能是隨機性的
（random），或是系統性的（systematic），前者所造成的結果使受訪者
的觀察分數低於或高於真實分數，當作整體推估時，正負可能抵銷，因此
隨機性的誤差對整體民意調查結果的影響可能較小，而系統性的誤差所造
成的影響會使受訪者的觀察分數都一致地偏向較高或較低，所以當作整體
推估時，便會產生系統性的偏誤，其影響可能較隨機性的誤差來得嚴重。

貳、問卷設計的步驟

　　　問卷設計並不是一件簡單的事情，因為研究者要的不只是受訪者的答
案，而且還要受訪者「真實」的答案。僅僅是問題的措辭不當、問題的排
列順序不妥，都可能造成受訪者誤答或拒答，更何況有的時候研究者要得
到的是受訪者潛藏在內心的態度，那更不是簡單的幾個問題就能夠解決，
而是必須經過研究者仔細思考該態度的概念意涵，以及所涉及的面向，然
後針對每一個面向設計出最適當的問題，以得到受訪者真實的答案。因
此，問卷設計的每一個問題、每一個措辭、每一個選項、問題的順序，以
及每一個小細節都必須經由所有研究者的深思熟慮與集思廣益，如此才能
得到一份好的問卷。基本上問卷設計要經由下列的步驟。

一、確定研究主題、研究目的與研究對象

　　問卷設計的第一個步驟是要確定研究的主題、研究的目的，然後決定蒐集資料的範圍。同一個研究主題可能有不同的研究對象，也有不同的研究目的；對於一般大眾，訪問他們不熟悉或大多沒有意見的問題是沒有多大意義的。例如假設研究的主題是有關於核四廠的興建問題，研究的對象可能是一般大眾、居住在貢寮地區的居民、或者學者專家，針對不同的研究對象可能有不同的研究目的，例如對於一般大眾，訪問的主題可能在於是否贊成興建核四、贊成或反對的理由、政府應該如何因應反核或擁核的意見等；針對貢寮地區的居民除了問贊成反對的意見外，可能還要問他們對於各種補償措施的意見、他們可能進行的抗爭活動；對於學者專家，可能要訪問的是他們對於施建方式的建議，對生態環境造成的影響等。總而言之，針對不同的研究目的，要找適當的研究對象，問適當的問題。

二、決定分析架構

　　確定了研究主題與研究目的之後，接著就要確定分析架構，然後根據分析架構來設計問卷。這一個步驟相當重要，必須仔細思考，因為該有的題目不能少，否則造成最後無法做研究分析，而不該有的題目也不能多，因為問卷的長度往往有限，因此造成訪問的題數有限，如果題目太多，可能遭到中途拒訪，或者受訪者即使勉強作答，但是訪問品質很差，這都不是研究者所樂見的。那麼，怎麼樣來決定分析架構呢？分析架構有的時候很複雜，有的時候較簡單，端視研究者要去解答的問題而定。如果研究者只是要做一個描述性的分析，則分析架構可以較簡單，但是如果研究者想做的是一個解釋性的研究，則分析架構就要複雜的多。例如研究者想要描述一般選民的投票意向，那麼，他可能只需要問受訪者是否投票，投票給誰，政黨認同，然後簡單的分析這些變數之間的關係。但是假如研究者想要做的不只是描述一般選民的投票對象，而是要進一步解釋為什麼選民做如此的投票抉擇，則研究者就必須去思考所有可能影響受訪者投票意向的

原因，然後將之納入問卷之中，以作為研究者分析之用。亦即根據研究主題與目的，找出研究變數，並且建立各變數之間的關聯性，然後建立一個有系統的分析架構。例如，如果有個研究者要做有關投票行為的研究，他先思考投票行為可能受到哪些因素的影響，結果決定了下列分析架構，箭號所指的方向是指「影響」，亦即個人的背景如性別、省籍、教育程度、社會關係以及年齡等因素影響選民的政黨認同、候選人評價、議題偏好以及政府施政滿意度，然後這四個因素再進一步影響選民投票與否和投票對象。則圖 6-2 裡面所有的因素在做問卷設計時都要考慮進去，缺一不可。

那麼，研究者如何思考哪些變數應該納入，以及變數之間的關係應如何建構呢？首先必須要廣泛地去蒐集相關資訊。蒐集資訊的方式包括：（一）檢閱相關的文獻：這些文獻可能包括其他人所做的民意調查、學術性的書籍或論文、研究報告、報章雜誌的報導等；（二）深入訪談相關的人士、或者對問題有研究的學者專家：以瞭解問題的核心與相關問題；（三）舉辦焦點團體座談會：以蒐集相關資訊，包括研究主題的相關細節、問卷題目與可能有的選項等。除了蒐集相關資訊之外，創發性的思考（creative thinking）也很重要，亦即研究者對研究主題的獨到見解，這可能是研究者看到別人所看不到的地方，也是研究的重要貢獻所在。而創發性的思考源於研究者對研究主題的熟悉與深入，及對相關事物觀察與連結的功力。

圖 6-2　選民投票行為分析架構圖

三、構思題目的內容

一般問卷的內容大致包括事實問題、態度或意見問題、認知問題、與行為有關問題，有關這一部分我們將在第參節說明。一般構思題目的內容，可參考下列原則：

（一）參考其他人所做過的題目：首先你必須看看其他人所做過的問卷題目，然後判斷該題目是否可以用在你的研究裡，當然在決定是否使用其他人做過的題目時，必須先判斷該題目恰當與否，諸如：是否符合你的研究目的、是否符合你對測量概念的看法，以及該問題是否符合問卷設計的一般原則，如果該題目不完全恰當，那麼你可以斟酌修改，或者如果完全不適當，則可以另行設計題目。使用前人所使用過的題目可以累積研究的成果，也可以做比較之用，因此除非認為題目不恰當，或另有考量，否則最好採用前人所用過，且他人一再沿用的題目。若刻意使用不同的問卷題目，必須特別加以說明，若不加以說明，故意誘導人產生誤會的，也有刻意扭曲之嫌。

（二）根據分析架構擬定題目：如此可以掌握所有應該要問的題目，也可以去除不相干的題目。

（三）有些問題受訪者無法回答或難以回答，則要設法除去：例如受訪者明明沒有去過美國，你卻硬要他思考如果他去美國所可能遭遇的生活困難，這並不是一個適當的題目。同時一定要注意所有的題目都不需要受訪者去蒐集額外的資訊才能回答，如果需要受訪者去蒐集額外的資訊才能回答的話，一定不是適當的民意調查題目。

（四）敏感性問題儘量避免：但如果實在無法避免，則要儘量放在問卷較後面，以避免影響受訪者作答情緒，同時要注意措辭，讓受訪者去除戒心，例如事先聲明這種行為很平常，以消除受訪者的不安感，同時將敏感的問題與不敏感的問題交相穿插，使敏感性問題不致過於突出。有關於敏感性問題的設計原則，請參閱第伍節的說明。

四、決定題目的順序

　　題目擬定了之後要決定題目的順序，受訪者對於前面問題的回答，往往會影響到他對於後面問題的回答，因此研究者要留意題目的順序，大致上題目的順序安排原則如下：

（一）由淺而深、由易而難：通常題目一開始的時候會有一個暖身題目，這個暖身題目一定是受訪者很容易回答的問題，如此可以建立受訪者的信心，建立訪員與受訪者的良好關係，然後題目由淺而深、由易而難，如此受訪者比較容易去回答民意調查的題目，也比較會思考問題，可以逐漸回答較困難的題目。

（二）題目的順序要使受訪者容易去思考問題：譬如要做選舉的民意調查，也許可以先問較簡單的問題：如受訪者對於選舉的興趣、媒介的接觸情況，然後問主要的問題，如候選人、政黨、議題等問題，然後問受訪者的投票與否和投票方向，然後是受訪者的基本資料，這些題目可能都是一個區塊一個區塊、一組一組的題目，例如問受訪者的媒體接觸可能包括報紙、電視、雜誌，問候選人的問題可能涉及到受訪者對於候選人能力、表現、道德、操守的評價等諸面向，問政黨的問題可能涉及到受訪者對政黨的認同、偏好、對政黨表現的評價等諸面向，並且問有關議題的問題，也要問幾個可能影響選舉的重要議題，最好將同一類題目放在一起，不要東一題、西一題，如此可讓受訪者思緒清晰，有利其作答。

（三）避免結構式的誘導：題目的順序可能會造成誘導，要盡可能避免。例如在問卷前面問了許多不利於某一個立委候選人的問題，然後接著問受訪者對此一候選人的評價，當然得到對此候選人偏低的評價分數；或者先問對台北市長的整體施政滿意度，然後接著問對於治安的看法、對交通問題的看法，受訪者如果前面傾向對台北市長施政非常滿意，他在後面就不太好意思回答太差的選項。如果研究者一定要問這些問題，則最好將整體與個別的評價題目隔開，或者考慮將整體評價放在最後，雖然前面的評價會影響整體的評價，但是

選民對施政的整體評價本就是考慮所有面向之後的綜合評價，所以此一影響比較可以接受。

（四）如果有過濾性問題（filter question），注意要放在相關題目的前面。例如研究者想要瞭解某某事件發生之後，民眾對於中共態度的變遷情況，但是如果受訪者根本不知道某某事件，則態度不會因之而產生改變，所以應該在問受訪者對於中共態度的變遷情況之前，先詢問受訪者是否知道某某事件。

（五）個人背景資料應儘量放在較後面，以免像身家調查，給受訪者不舒服的感覺。

五、邀請專家學者檢視問卷並修訂問卷

在設計問卷時，集思廣益是很重要的，因為研究者常常免不了有盲點，因此根據前面的問卷設計原則，編擬問卷初稿之後，最好邀請專家學者提出批評意見，檢視概念是否掌握的恰當、遣詞用句是否適當，是否真的測量出研究者想要測量的面向，也可以請不同背景的人看看問題的措辭意思是否讓人容易瞭解。

六、預試問卷

個人被問到問題之後的思考邏輯，有時候可能不是研究者在設計問卷時所能完全掌握的，因此在正式施測之前，有必要對問卷先進行預試，看看問卷是否合適？是否有需要修改的地方？例如問卷的遣詞用句是否適當？是否易懂？題目的順序是否恰當？問卷的長度是否過長等，如此得以做最後的調整。預試問卷時，應該事先訓練好訪員，使他們瞭解研究的主要目的，與提問問題的主要目的，使他們可以在做訪談時，看看題目是否如研究者的預期。

訪員可以詢問預試受訪者，他們所體會的題目意思是什麼？他們想到什麼？經驗到什麼回答的困難？有沒有什麼是問卷沒有涵蓋的？有沒有

需要做進一步解釋的？他們所說的「不知道」是真的不知道，還是因為不清楚題意？訪員應該要記下受訪者所有的問題、困難、建議、批評，並且注意有沒有使訪員覺得困窘或反感的題目。在問卷長度方面，訪問完成大約需時多少，考慮問卷長度是否太長，是否必須做刪改。對於測量較複雜的態度問題，常常需要問不只一個問題，而是問許多個問題，對於這些問題，可以採用項目分析、信度效度檢定以及因素分析等統計技巧來刪除不適當的題目。

必須注意的是預試問卷的受訪者特徵應該與正式訪問時的受訪者特徵一致，同時應避免只是找尋單一團體做預試，否則得不到預試的效果。如果預試的結果發現問卷須做大幅度的修改，則可能需要做第二次的預試，甚至第三次或更多次的預試，總之要將問卷完全修改妥當了之後才正式施測，對一個研究而言，這絕對是值得的努力。

七、問卷定稿

問卷預試完成之後，要做最後的審視，看看是不是該有的每一個問題都問了？該修改的部分都修改了？所有的指示是不是都清楚？問卷的內容、形式、題序、題號、空間安排等是否妥適？一切妥適了之後，最後就加以定稿。

參、問卷題目的類型

問卷題目的形式有開放式、封閉式、與半封閉式。需注意的是對同一個問題，問題的類型不同，則得到的答案可能會不一樣，因此必須慎重考量問題的類型。

一、封閉式問題

封閉式問題是研究者提供一定的選項，請受訪者就這些選項中勾選，如下面範例。封閉式問題的好處是節省受訪者思考和訪員記錄的時間，易於做量化分析，節省資料處理所花費的時間。但缺點是硬要受訪者在提供的選項裡作答，可能會犧牲掉受訪者的一些特性，或忽略掉一些細節，同時也會限制受訪者的思考範圍。例如問受訪者我國目前面臨的最大問題是什麼，並且提供給受訪者選項，則受訪者會從研究者所提供的選項裡挑答案。但如果問同一個問題，可是不提供任何選項，則受訪者會天馬行空，想到一些研究者不曾想到的答案，也是在封閉式問卷上不會出現的選項。

例：今年總統選舉期間，報紙上的選舉新聞，有些人花很多的時間去看，有些人沒有時間看，請問您那時平均每天花多少時間看報紙上的選舉新聞？

1. 30 分鐘以下
2. 31-59 分鐘
3. 一小時到一小時半
4. 一小時半到兩小時
5. 兩小時以上
6. 完全不看
9. 拒答

例：請問您是否會去看有關民意調查的報導？

1. 一定會看
2. 經常會看
3. 偶爾會看
4. 很少看
5. 從來不看
9. 拒答

例：請問您認為我國目前面臨的最大問題是什麼？

　　01. 經濟衰退

　　02. 暴力與犯罪問題

　　03. 通貨膨脹問題

　　04. 失業率問題

　　05. 對政府的信任感滑落

　　06. 外交困境

　　07. 黑金問題

　　08. 環境污染

　　98. 不知道

　　99. 拒答

二、開放式問題

　　開放式問題是研究者並沒有提供選項，受訪者必須自己用言語創造答案，如下面範例。顯然如此得到的答案可能更為深入、完全，但是卻可能會花費較多的訪問時間，甚至可能造成受訪者的不耐或拒答的結果，並且增加資料處理作業的困難。因為針對開放式問題的資料處理，研究者必須先看看受訪者的答案之後，然後再一一歸類，如此會花費許多時間。

例：請問您認為我國目前面臨的最大問題是什麼？

例：當我們提到「中國」的時候，請問您的第一印象是什麼？

例：當我們提到國民黨的時候，請問您的第一印象是什麼？

例：在您心目中理想的總統候選人，需要什麼條件？

三、半封閉式問題

　　雖然研究者提供了一些選項，但是恐怕這些答案並不完全，因此也讓受訪者自己提供答案，如下面範例。這一方式既考慮了大致上應該有的選

項，也提供受訪者在所提供的答案之外另外構思答案，得到的答案可能較為周全，但是研究者仍須留意，因為受訪者仍然會先從研究者已提供的答案中挑選，故多多少少限制了受訪者的思考空間。但好處也提供了受訪者一個另外的思考空間，同時可以減少如果完全使用開放式問題在資料處理上所花費的時間。

例：當您說「我國的人民」的時候，您所指的是下列哪一種？

1. 大陸的人加上台灣的人

2. 台灣的人民

3. 大陸的人民

4. 其他_____（請說明）

例：請問您認為我國目前面臨的最大問題是什麼？

01. 經濟衰退

02. 暴力與犯罪問題

03. 通貨膨脹問題

04. 失業率問題

05. 對政府的信任感滑落

06. 外交困境

07. 黑金問題

08. 環境污染

09. 其他_____

98. 不知道

99. 拒答

使用開封式、封閉式、或半封閉式問題得到的調查結果通常會有很大的差別，所以需要很謹慎地選擇，而且在分析資料時也要記住問題使用的是哪一種形式。

那麼，如何決定採行何種類型的問卷呢？以下是一些參考原則。

一、問題的特性：有一些問題有固定的答案，例如對於政府的某一項政策

是贊成或反對，對於某一事件是否發生知道或不知道，對於某一個意見同意或不同意等；但是有一些問題本身答案可能非常多元分歧，例如什麼是選民心目中理想候選人的條件，對政黨的第一印象是什麼，答案本身可能是各式各樣，因此開放式問題較適宜，但為了節省訪問與資料處理時間，半封閉式的問題也可以。

二、訪問方式：封閉式與半封閉式問題，由於選項清楚簡單，容易作答，因此無論哪一種訪問方式都適合。至於開放式問題由於需要花費較多的受訪者思考與訪員做記錄的時間，因此較不適用於電話訪問，以免遭致拒訪，郵寄問卷也最好儘量避免使用開放式問題，否則受訪者可能會覺得不耐煩，懶得填寫問卷，則回收率會低，不利於做統計推論。

三、研究時間的長短：由於開放式問卷所需花費的資料處理時間較長，因此如果研究所容許的時間非常有限，譬如必須在一、兩天之內做出研究結果，則開放式問題並不適合。

四、研究目的與階段：假如研究目的是探索性的，或是正在研究的初階，欲再更深入研究之前做一個探索的研究，或是研究者對研究主題較缺乏瞭解，或欲得到更廣泛多元的答案時，可以採用開放式的問題，等到對研究問題較能掌握時，再做封閉式的問題。

肆、問卷內容的類別

研究者在做民意調查時必須考量要從受訪者得到什麼資訊，是認知嗎？態度或意見嗎？事實資料嗎？行為資料嗎？不同的資訊採用的問題方式並不完全相同。以下我們加以說明。

一、認知

認知的題目是想瞭解受訪者是否知道某一件訊息，或者受訪者對這

件訊息瞭解的程度如何，何時知道此一訊息，知道此一訊息的傳遞管道為
何。但是在詢問此種問題時必須要小心，避免受訪者明明不知道，卻回答
知道。此種認知問題在做研究分析時非常重要，譬如要評估「某某事件」
對於受訪者兩岸關係的態度是否有影響，要在問卷的一開始就問受訪者是
否知道「某某事件」，然後再問有關的問題，以過濾掉不知道的受訪者。
又譬如一般常做的政府首長施政滿意度調查，詢問受訪者對現任的某部部
長是否滿意，但是許多受訪者根本不知道某部部長是誰，也不知道某部部
長做了什麼事，就隨意的給一個分數，這些分數與真正知道某部部長是
誰，與知道某部部長的建樹與缺失的受訪者應該分開來看，因此首先訪問
受訪者某部部長是誰，接著問他這些日子以來某部部長做了什麼事，將可
以過濾掉那些對某部部長不知道的人。認知類問題的範例如下：

例：請問您，交通部長是誰？
　　＿＿＿＿＿＿＿＿＿＿98. 不知道　99. 拒答

例：請問您，根據現行的立法委員選舉制度，政黨需要得到百分之多少的
　　政黨票，才能分配不分區的席次？
　　＿＿＿＿＿＿＿＿＿＿91. 沒有限制　98. 不知道　99. 拒答

例：請問您有沒有聽說過「公民監督國會聯盟」這個團體？
　　1. 聽過
　　2. 沒聽過

例：請問您有沒有聽過最近立法院通過了「政黨法」的這個事情？

　　注意前兩個例子都沒有用「知不知道」的字眼，而是直接問交通部長
是誰？政黨需要得到百分之多少的政黨票，才能分配不分區的席次？如此
使得受訪者比較不會因為不知道而覺得困窘，同時也使受訪者不會因為懶
得思考而直接回答不知道。
　　而在後面兩個例子也並沒有直接問「知不知道」「公民監督聯盟」

這個團體,而問「有沒有聽說過」「公民監督聯盟」這個團體,也沒有直接問「知不知道」最近立法院通過「政黨法」這件事,而是問有沒有聽說過這個事情,如此一方面不會使得受訪者因為不知道而覺得困窘,同時也不會使受訪者明明不知道卻說知道。此外,如果研究的重點是要瞭解並分析受訪者對某一訊息是否知道,那麼可以試著問受訪者對該事件的相關細節,如此可能可以偵測出受訪者的認知情況。

二、態度或意見

　　所謂態度,是指個人在特定情境下,對於某一特定刺激所產生的反應傾向,我們可以說態度是指對事物的深層而持久性的看法,而意見是指對事物的較表面或暫時性的看法,亦即可以說意見是外顯的態度。態度的問題通常較為複雜深刻,其複雜的程度視欲測量的態度而定,有時候必須連續問幾個問題,或建構量表,才能將受訪者的某一個態度掌握住,例如:研究者欲測量受訪者的國家認同,首先必須要將國家認同這個概念加以推敲,什麼是國家認同?假設認為國家應該包含對土地與人民的認同,那麼,研究者就必須同時問這兩個面向。同時,更進一步考慮認同的對象:有些人可能只包括台灣,有些人可能包括台灣與中國大陸,有些人也許只包含中國大陸,那麼,也應該問相關的問題。以下四個問題,是針對國家認同的題目範例。

例:我們常常說「我們的國家」如何如何,那麼當您說「我們的國家」
　　時,您所講的是指下列哪一種(訪員出示一個包含台灣和中國大陸的
　　地圖)?
　　1. 大陸與台灣
　　2. 台灣
　　3. 大陸
　　4. 其他_____
　　5. 很難說

6. 無意見

7. 不知道

8. 拒答

例：那麼當您說「中國」的時候，您指的是哪一種？（選項同上）

例：當您說「我國的人民」的時候，您所指的是下列哪一種？

1. 大陸的人民與台灣的人民

2. 台灣的人民

3. 大陸的人民

4. 其他＿＿＿＿＿＿＿＿＿＿＿＿＿＿＿＿＿＿＿＿＿

5. 很難說

6. 無意見

7. 不知道

8. 拒答

例：當您說「中國人」的時候，您所指的是哪一種？（選項同上）

　　至於意見的問題通常較容易，例如對於某一個政治人物的評價、對於政府的施政滿意度評價、對於某一個公共政策議題的贊成或反對、或者應該如何處理的看法，或者對於某一個觀點的同意或不同意。意見的問題如下範例。

例：有關台灣未來的前途，有人認為應該由居住在台灣的人民自己決定，有人認為應該由台灣的人民和中國大陸的人民共同決定，請問您的意見如何？

1. 由台灣人民自己決定

2. 台灣的人民和中國大陸的人民共同決定

3. 其他＿＿＿＿＿＿＿＿＿＿＿＿＿＿＿＿＿＿＿＿

4. 很難說

　　5. 無意見

　　8. 不知道

　　9. 拒答

例：請問您對於蔡英文擔任總統期間的整體表現，您覺得是非常滿意、有
　　點滿意、不太滿意，還是非常不滿意？

　　1. 非常不滿意

　　2. 不太滿意

　　3. 普通

　　4. 有點滿意

　　5. 非常滿意

　　6. 很難說

　　7. 無意見

　　8. 不知道

　　9. 拒答

例：請問您對於我國未來民主展望的看法如何？假如用 0 分表示您很不樂
　　觀，10 分表示您很樂觀，請問您給幾分？＿＿＿＿＿＿＿＿＿＿

　　（請填入分數）

三、個人背景資料

　　個人背景資料常常是研究的重要自變數，是屬於事實資料的一種，
只是有時因為實際的困難、法律上不允許、或者是道德上不允許，所以並
不是都可以直接加以觀察或證實得到。例如性別很容易從外觀來判定，教
育程度、職業、年齡雖然是事實存在，但是有的時候受訪者可能覺得教育
程度太低或職業層級太低而有意隱瞞，至於像個人所得問題更是極端敏感
的問題，受訪者可能以少報多，或者以多報少，同時年齡問題對某些人而
言是格外的敏感，這些問題基於道德與實際上的困難，研究者都不容易證
實。以下我們舉一些事實問題的範例。

例：請問您是民國哪一年出生的？＿＿＿＿＿＿＿＿年

例：請問您父親是本省客家人、本省閩南人、大陸各省市人，還是原住
民？
1. 本省客家人
2. 本省閩南人
3. 大陸各省市人
4. 原住民

　　注意要知道受訪者年齡並不直接問年齡，而是問他是哪一年出生，因
為問他是哪一年出生，在短時間之內，受訪者可能比較沒有時間反應是問
他的年齡，因此比較不那麼敏感。而問省籍時，是問他父親的省籍，而且
第一個選項一定是本省客家籍，如此客家籍受訪者才知道他應該有一個客
家籍選項可以挑選，而非選擇本省籍。

四、行為資料

　　受訪者的行為資料包括過去已經做的行為，以及未來可能有的行為。
有一些行為因為不符合社會期許或者受訪者不好意思回答，因此有時候受
訪者隱瞞真相，研究者可能會得到不正確的答案。像是否投票是一個敏感
的問題，有些選民明明沒有去投票，但是卻回答他有去投票，所以從民意
調查得到的投票率往往高出事實上的投票率甚多，這是因為某些不投票的
選民可能因為覺得不投票不是個好公民該有的行為，因此撒謊。至於投票
對象的回答同樣有問題，那些投給落選的候選人的受訪者可能不願回答，
甚至騙稱他們投了哪位當選者。或者研究者想要瞭解一般人對於某一個
非法或道德上不許可的行為的實際情況，例如金門地區有些民眾曾經在灘
頭向大陸漁民購買商品，但此一灘頭交易行為是非法的，對於這些問題，
研究者可事先告知受訪者該行為很普遍，排除受訪者的戒心，以下是一些
有關行為問題的範例：

例：**根據我們的瞭解，過去的選舉大約有三成左右的民眾因為種種原因所以沒有去投票，請問您，這次立法委員選舉您有沒有去投票？**
　　1.有
　　2.沒有

例：**有不少人曾經在灘頭向大陸漁民購買商品，請問您是否曾經在灘頭向大陸漁民購買商品？**
　　1.曾經
　　2.不曾

伍、問卷設計應遵循的原則

　　研究者在設計問卷時，必須遵守下列原則與注意事項：

一、意義清楚原則

　　設計問卷題目要力求簡單、清晰、口語化，如果可以用最簡單的字詞，就絕對不要為了語句優美而故意用複雜且過度修飾的詞藻，要避免使用專業術語，避免語意模糊或者語句可做多重解釋，同時注意遵守一個問題只能問一件事情的原則，否則一方面增加受訪者回答的困擾，同時也造成研究者分析的困難。我們來看看下面不適當的問題：

例：**請問您對蔡英文總統上任以來，在促進兩岸關係與維持社會秩序方面的表現，滿不滿意？**

　　上題很顯然在問兩件事——促進兩岸關係與維持社會秩序，受訪者可能滿意蔡英文總統在其中一方面的表現，但不滿意另一方面的表現，則無法作答；而研究者在分析資料時，也同樣遇到困難，對於那些感到滿意的受訪者，究竟是在兩方面都滿意，或是只滿意其中之一？再看看下面的例子：

例：請問你是否同意用減少兩岸交流來抗議中共對我國外交上的打壓？

例：請問你是否同意用興建核能電廠來振興台灣的經濟？

上面兩題都是一個問題問兩件事情，一個問目的，一個問手段，抗議中共對我國外交上的打壓與振興台灣的經濟是目的，而減少兩岸交流與興建核能電廠是手段，也許有受訪者贊成手段，但不贊成目的，或贊成目的，但不贊成手段，則無法回答，同時研究者也無法做適當的分析與詮釋資料。

同時，要避免使用雙重否定的語句，因為雙重否定問題會增加思考的困難度，請看下列二例，雖然意義有一些不同，但是很顯然的第二個問法比第一個問法容易思考：

例：請問您是否不贊成政府減少社會福利支出？

例：請問您贊不贊成政府增加社會福利支出？

二、客觀及公正原則

設計問卷一定要謹慎遵守客觀公正原則，故意誘導受訪者做某一方向的回答，就一個民意調查的研究者而言，是不專業且不道德的，而不小心造成誘導受訪者做某一方向的答案，是訓練有素的民意調查研究者所不應該犯的錯誤。在問卷設計時，要避免誘導受訪者做某一方向的回答，以下有幾個問題要注意：

（一）避免具有引導性的語句

指避免引導受訪者選取某一個或某一方向的選項，下面的例子是不適當的問卷題目：

例：為了鞏固領導中心，難道你不認為在野黨應該停止對總統的譭謗與攻

擊？

例：為了促進社會和諧，難道你不認為國民黨應該向二二八事件受難者道歉？

例：在我們社會中，某種程度的賭博行為已經被許多人所接受，請問你贊不贊成在你居住的縣（市）設立賭場？

（二）避免具有引導性的問卷結構

假如問卷的前面舉了很多有關候選人不好的謠言，接著問支不支持這位候選人？或者問了很多現行政黨的弊端之後，緊接著評估政黨的施政表現，這些都有誘導受訪者回答某一方向答案的嫌疑，應該儘量避免。

（三）避免具有傾向性的語句

利用某些具有吸引力的語句來增加贊成或不贊成、同意或不同意的看法，或者利用民眾對某些詞語的好感、對專家的信任感、或對權威人物的服從、而誘使人贊成或反對某些意見。我們來看看下列不適當的題目。

例：您是否贊成大學合理的調高學費？

例：您是否同意有些民意代表沒有做好擔任人民代表的責任？

例：大多數的醫生認為抽煙有害人體，您同意嗎？

例：大多數的中共問題專家認為台灣獨立會引發中共攻台，您同意這種說法嗎？

例：台灣大學政治學系教授指出：如台海發生戰爭，美國會派兵協防台灣。您同意這種說法嗎？

（四）平衡的語句

問題措辭應該盡可能採用平衡的語句，也就是不偏袒任何一方的語句，例如：「您贊成廢除死刑嗎？」就不是一個好問題，因為它只提供了一個方向「贊成」，而受訪者通常傾向於贊成，較好的問法是「你贊不贊

成廢除死刑？」，它提供了贊成與不贊成兩個方向，受訪者必須在這兩個方向中做選擇。或者下例，注意問題一定是正反兩個方向並呈：

例：對於蔡英文總統上任以來的整體表現，您覺得是非常滿意、還算滿意，不太滿意，還是非常不滿意？

三、選項窮盡與互斥原則

　　所謂窮盡是指選項涵蓋所有的可能性，如此使每一個受訪者都能在選項中找到答案，而互斥是指選項之間沒有相互重疊的部分，如此使受訪者只能就其中選取一個選項（當然複選題必須另做考慮，不在此討論範圍之內）。例如在詢問受訪者投票給誰時，即使某些候選人很冷門，也應該將他的名字放在選項上，如此才能達到窮盡原則，當然也才不會有受訪者找不到選項的困擾。我們再看看下面不太適當的題目：

例：請問您認為哪一個政黨最能夠處理兩岸關係問題？
　　1. 國民黨
　　2. 民進黨
　　3. 臺灣民眾黨
　　4. 時代力量
　　5. 都不可以
　　6. 都可以
　　7. 沒意見
　　8. 不知道
　　9. 拒答

　　在上例中，「都可以」的選項不是一個適當的選項，因為它與前面 1 到 4 的選項都重疊，在問卷設計時要避免類似的問題。

四、敏感性問題的處理原則

　　敏感性問題有時候無法避免，也許它正是研究的主題。但是要注意處理敏感性問題的原則，以免影響整個研究品質。首先必須注意措辭，讓受訪者去除戒心，例如事先聲明這種行為很平常，以消除受訪者的不安感，同時將敏感的問題與不敏感的問題交相穿插，使敏感性問題不致過於突出。有關於敏感性問題的設計原則，例如問受訪者是否去投票，也許有些受訪者因為沒有去投票而覺得不好意思，因此問題的措辭可以如下例：

例：**根據我們的瞭解，過去的選舉大約有三成左右的民眾因為種種原因所以沒有去投票，請問您，這次立法委員選舉您有沒有去投票？**

　　或者研究者想要瞭解一般人對於流浪狗的態度，有些人曾經攻擊過流浪狗，但是若直接問受訪者，他可能不會願意說出來，此時你可以如此措辭：

例：**有些人因為某些原因而攻擊過流浪狗，請問你是否曾經因為某種原因而攻擊過流浪狗？**

五、中立、不知道、沒有意見的處理原則

　　在問卷設計時研究者常常面對如何處理受訪者中立、不知道、沒有意見的問題。其實受訪者態度或意見的中立，與受訪者不知道、沒有意見在意義上並不相同，但是在民意調查裡研究者同樣面臨究竟應否提供中立、不知道、沒有意見選項給受訪者的問題。如果提供中立、不知道、沒有意見等選項，則許多受訪者可能不願多做思考，就回答這些選項，但是如果不提供這些選項，對某些真的是中間立場，或沒有意見的人，研究者等於是在強迫他們選一個答案。那麼，對於中立、不知道、沒有意見選項應該如何處理呢？究竟是否應該提供這些選項予受訪者呢？美國學者 Schuman 與 Presser（1981, 166）曾經做過一個實驗，他們問受訪者「您是在自由

這一邊，還是保守這一邊？」（Are you on the liberal side or conservative side？）當沒有提供中間選項時，有 16% 的受訪者回答他們是在中間，而當提供中間選項時，有高達 54% 的受訪者回答他們是在中間。同樣地，對於提供不知道選項與不提供不知道選項，平均說來，前者所得到的不知道比後者多達 20%。這一個事實告訴我們，回答不知道的受訪者可能並不是真正的不知道，有的時候只要再加「探問」（probe），就可能可以得到受訪者偏向某一方向的答案。因此，除非有必要，否則在唸給受訪者選項時，儘量不提供中間、不知道、沒意見等選項，除非他們自己說到這些。

六、回答默從問題的處理原則

當受訪者面對不熟悉或較抽象的問題時，往往傾向回答同意、贊成等正面答案，尤其當受訪者去面對形式相似的題組或量表的一長串題目時，受訪者更會懶於思考，而導致回答默從（response acquiescence）的情況發生。舉個例子來說，Schuman 與 Presser（1996）在 1986 年對於美國民眾對色情問題的看法做了一個民意調查，對於下面這個問題：「只要人們想要，他們應該有權利去購買色情的書籍、雜誌、或看色情的電影」，有 80% 的人同意；但是，同一群受訪者，卻有 60% 同意下面這個意義與上題相反的問題：「對於猥褻的雜誌或電影，權威當局應有權去禁止販售或上演。」上面的例子說明了回答默從的可能性，對於回答默從的應對策略是最好採用兩個以上的題目，而且正反面的題目都要有，如果是一個題組或量表，則要正反並陳，而且正反交相穿插，使受訪者每一題都必須仔細思考，絲毫不能偷懶。

陸、問卷格式

問卷格式的重要性，並不亞於問卷本身或是問卷的措辭。不佳的問卷格式可能會讓受訪者拒答、漏答、對問題產生誤解，甚至導致回收問卷無

法使用的問題。一般而言，問卷的格式必須注意以下幾個重點：

一、讓受訪者易於填答

　　問卷格式最好簡明清楚，過於擁擠的題目，容易讓訪員或受訪者讀起來吃力又容易讀錯題目。為了讓問卷頁數少而採用小字體或減少字距行距，都會增加受訪者或是訪員讀錯題目的機會，從而使獲得的資料產生錯誤。如果是受訪者自行填答的問卷，最好在選項前列出括號（）或空格□，比較容易讓受訪者圈選，並且注意要預留可以填答的空間。

二、續問題目

　　當我們的問卷題目需要針對特定受訪者繼續詢問特定問題時，需要用續答題目的方式。一個受訪者需不需要續答該題，是由他在續問題目前一題的答案而決定。

例：**每逢選舉，有人會去投票；有人因為太忙或其他原因不去投票，也有人對投票完全不感興趣，也有人用不投票來表達意見。請您仔細回想一下，在這一次（2020 年 1 月 11 日）舉行的總統大選，您有沒有去投票？**

　　　　□ 1. 有→

請問您是投給哪一位候選人？	
□ 1. 宋楚瑜、余湘	□ 2. 韓國瑜、張善政
□ 3. 蔡英文、賴清德	□ 4. 投廢票
□ 5. 忘記了	□ 9. 拒答

　　　　□ 2. 沒有
　　　　□ 3. 忘記了
　　　　□ 4. 當時沒有投票權

用方塊或是其他隔離的方式，將續問題目隔開，並用箭頭做出方向，

以避免混淆。此一續問題是前一題回答「有」的受訪者才要繼續回答的。續問題常常是研究的重點題目，必須注意。在續問問題前，有關跳題的指示，也必須清晰。

例：請問在民國 105 年初的立法委員選舉中，您有沒有去投票？

　　☐　有（請續答 3—5 題）

　　☐　沒有（請跳過 3—5 題，直接回答第 6 題）

三、區塊問題

　　當一個題組有相同的選項時，可以用區塊的問題形式，以節省空間，並有助於受訪者填答。

例：一般人對於民主政治的內涵，有很多不同的看法，我們想請教您，同不同意以下這些說法：

	1. 非常同意	2. 有點同意	3. 不太同意	4. 非常不同意
1. 有人說：「總統就像是大家長，國家大事最好由他來決定」，請問您同不同意這種說法？…………………	☐	☐	☐	☐
2. 有人說：「無論一個人的政治觀點如何極端，都可以公開發表」，請問您同不同意這種說法？…………………	☐	☐	☐	☐
3. 有人說：「好的國家領導人比好的法律更重要」，請問您同不同意這種說法？…………………	☐	☐	☐	☐
4. 有人說：「為了有效監督政府，我們需要有很強的反對黨」，請問您同不同意這種說法？…………………	☐	☐	☐	☐

這種答題方式，非常方便，不過，如果題目的排列具有某種特性，例如，回答該題組題目皆為贊成者，傾向具有較高的權威人格特質，則這種問卷設計容易鼓勵受訪者全部都勾選同意（或是不同意）。此時，對我們測量的信度和效度就會產生影響。最好的方法是將題目中不同方向的題目交錯排列，例如，第一題愈同意者表示愈傾向權威人格，第二題則愈同意者有較高的民主傾向，以避免「回答默從」的情況發生。

四、題號與選項號碼標示

在正式問卷定稿時，每一個題目與選項，都要編上號碼，如此在做資料過錄時較為方便。如前面 1 為有投票，2 為沒有投票，3 為當時沒有投票權，或者 1 為非常同意，2 為有點同意，3 為不太同意，4 為非常不同意。如果選項超過十個以上，則以兩碼來標號，如 01，02，……，15，同時，注意在前面的例子裡，8 都是不知道選項，9 都是拒答選項，若是在兩碼的情況下 98 是不知道選項，99 是拒答選項，之所以將不知道與拒答選項統一，是為了做資料分析、寫統計軟體程式時，較為方便，且不易出錯。

柒、測量尺度與問卷設計

前面我們談到問卷設計是要用問卷題目去測量受訪者的有關特質。在這裡我們再談談與問卷設計有關的測量問題。首先談測量尺度的問題，測量尺度有四個類別。

一、名目尺度

當我們測量受訪者時，以簡單的數字或符號來代表其種類，而非數量，即為名目尺度。名目尺度在民意調查中經常出現，例如性別、省籍、

政黨認同、投票對象、職業等，研究者以數字或符號來代表變數的不同種類，即使有數字，數字本身也沒有數量的意義，而僅有質量的意義。例如，有時候我們以 1 代表男性，以 2 代表女性，或者相反的以 2 代表男性，以 1 代表女性，此二者沒有什麼差別，因為數字僅代表不同的類別，而無數量的意義在內。在測量名目尺度的變數時，必須要留意互斥與窮盡原則，互斥指的是任一個受訪者都只可以歸為一類，而不能歸為兩類或兩類以上；而窮盡指的是所有的受訪者都可以歸為某一類，不會有無法歸類的情況。

二、順序尺度

當測量受訪者時，以數字或符號代表其排列順序或程度，但是數字或符號代表的差異只能有大小、強弱、高低等程度之別，而無法計算加減乘除，此即為順序尺度。最常見的例如對政府首長的施政滿意度，以非常滿意、有點滿意、普通、不太滿意、非常不滿意作為選項，在這裡我們可以說回答非常滿意的受訪者滿意的程度比回答有點滿意的受訪者來得高，也可以說回答有點滿意的受訪者滿意的程度比回答普通的高；但是，我們沒有辦法說回答非常滿意與回答有點滿意的受訪者的滿意差異程度，與回答有點滿意及回答普通的受訪者的滿意差異程度一樣，這是因為順序尺度的每一個數字（或程度）與差一級的數字（或程度）之間的距離並不相等。

三、等距尺度

當測量受訪者時，可以排列順序，也可以計算差別大小的，是為等距尺度，因為任意相鄰的兩個測量單位的距離都是相等的，所以數字與數字之間的差異就代表差距的大小，可以計算加減，但是因為沒有絕對的 0 點，所以無法計算乘除，所謂無絕對 0 點的意義是測量分數的 0 並不代表完全沒有這個要測量的特質。舉例而言，海拔高度就是一個等距尺度，因為海拔是從海平面以上的高度起算，海拔 0 公尺並不表示沒有高度，它比

海拔 100 公尺低了 100 公尺，它比海拔 1,000 公尺低了 1,000 公尺，但是由於我們不知道海平面以下的高度，所以我們只可以說海拔 1,000 公尺高的山比海拔 100 公尺的山高了 900 公尺，但我們不能說海拔 1,000 公尺高的山是海拔 100 公尺高的山的 10 倍。同樣的溫度也是一個等距尺度，因為 0 度並不表示沒有溫度，只要在那樣的暖度我們設其為 0 度。我們可以說，攝氏 12 度比攝氏 6 度暖和 6 度，但是不能說攝氏 12 度是攝氏 6 度的 2 倍暖度。嚴格說起來，在民意調查研究裡面，幾乎沒有等距尺度存在，但是有的時候為了要使用某些較為高等的統計方法，將順序尺度的測量當作等距尺度的測量來用。

在民意調查中，我們也常常請受訪者來打分數，譬如下列這個問題：請問您對於蔡英文擔任總統期間的整體表現滿意度如何，如果我們以 0 分代表非常不滿意，100 分代表非常滿意，那麼請問您要給幾分？就這個問題而言，假設 A 給 70 分，B 給 80 分，C 給 90 分，D 給 100 分，A 與 B 的距離是 10 分，C 與 D 的距離雖然也是 10 分，但是 AB 與 CD 對於陳水扁滿意度的差異程度其實並不一樣，所以這個題目的測量尺度是順序尺度。然而，由於許多統計方法都要用到等距尺度或更高層次的等比尺度，例如常見的平均數、標準差、變異數分析、相關分析、迴歸分析等，因此有些變數雖然是順序尺度，但我們將它當等距尺度或等比尺度來用。然而當我們如此做的時候，必須留意我們是將原本順序尺度的相鄰類別之間的距離都視為相等，這對有些測量也許適合，但對某些測量卻是有問題的。譬如對於政府首長的施政滿意度以 0-100 給分，若將此一原本是順序尺度的測量當作等距尺度來用，意謂著相鄰兩個分數之間，譬如 0 與 1、1 與 2、……、98 與 99、99 與 100 之間的距離相等，這也許還算適當。然而，如果將教育程度變數視為等距變數，就假定未進過學校與小學之間的距離、小學與國初中之間的距離、……專科與大學之間的距離、大學與研究所之間的距離是相等的，這個假定顯然有問題，因此就不適合將此測量當作等距尺度來用。

四、等比尺度

測量受訪者時，不僅數字與數字之間的差異代表距離的大小，同時又具有絕對的 0 點，因此可以比較大小，也可以計算加減乘除。在民意調查中常常測量的年齡（幾歲）與所得變數（平均每月收入多少），都是等比變數，年齡以零作為起點，剛出生的是零歲，而沒有收入的是零收入。我們也可以說 A 的年齡是 B 的 2 倍，或者說 C 的所得是 D 的所得的 3 倍，所以是等比尺度。但是注意如果測量年齡時，是請受訪者在三或五個年齡層中勾選（如下例），或是如果測量所得時，是請受訪者就不同的收入等級做勾選，則是為順序尺度，而非等比尺度。

名目尺度與順序尺度是質的變數，而等距與等比尺度是量的變數，同時根據數學的特質，四種尺度的高低等級從最低到最高依次是：名目尺度、順序尺度、等距尺度、等比尺度。在做問卷設計時，就先要對測量尺度有個構思，原則上如果可能得到測量尺度較高的資料，就盡可能的去得到較高層次的資料，如果可能得到變異較大的資料，就盡可能去得到變異較大的資料；因為將高層次的尺度化為較低層次的尺度非常容易，但是相反的就不可能，同時變異較大的測量才能盡可能去區別不同的受訪者，同時如果要歸併的話，將變異較多的尺度化為變異較少的尺度非常容易，但是相反的就不可能。例如，我們要得到受訪者年齡的資料，有下面兩種問法：

例：請問您是民國哪一年出生的？_____年
例：請問您的年齡是幾歲？
　　1. 20-29 歲
　　2. 30-39 歲
　　3. 40-49 歲
　　4. 50-59 歲
　　5. 60 歲以上

前面一個問法可以直接換算受訪者幾歲，而第二個問法無法得到受訪

者確實的年齡，只能得到一個較為粗略的資料，顯然第一種問法比第二種問法好，因為有受訪者幾歲的資料，研究者可以區別 20 歲與 21 歲受訪者的差異，而且如果要歸類，可以按自己的需要做歸類，如果只有受訪者是幾歲到幾歲之間的年齡層資料，則無法區別較近年齡（如 20 歲與 25 歲）的受訪者，而且也無法按研究者的不同需要再予以歸類。

但是，有的時候較高層次的資料也並非一定是可欲的標的，必須視情況而定，舉政府首長施政滿意度的例子而言，一般大致上有三種問法：

例一：對於蔡英文總統上任以來的整體表現，您覺得是非常滿意、有點滿意、不太滿意，還是非常不滿意？

　　1. 非常不滿意
　　2. 不太滿意
　　3. 普通
　　4. 有點滿意
　　5. 非常滿意
　　6. 很難說
　　7. 無意見
　　8. 不知道
　　9. 拒答

例二：對於蔡英文總統上任以來的整體表現，如果我們以 0 分代表非常不滿意，10 分代表非常滿意，那麼請問您要給幾分？＿＿＿＿＿分

例三：對於蔡英文總統上任以來的整體表現，如果我們以 0 分代表非常不滿意，100 分代表非常滿意，那麼請問您要給幾分？＿＿＿＿＿分

以測量層次而論，例三測量的變異程度最高，然而，例三卻可能有幾個問題：第一，每一個人心中有一把尺，同樣是 70 分，對每一個人的意

義不同，對某些人而言，70 分是很高的分數，但對另一些人而言，70 分可能是一個很差的分數，或普通的分數，所以還不如例一乾脆以滿意程度為給分的標準清楚明白，雖然例一只有五分類，但是意義卻較清楚，回答不太滿意就是不太滿意，不會有搞不清楚 70 分究竟是滿意還是不滿意的問題。第二，就受訪者自己而言，他可能不容易區別每一分差距的意義，雖然從 0 分到 100 分的變異很大，可以將受訪者以 101 個分數來加以區別，但是受訪者在用這一個量尺的時候，並不容易區別每一分的差異，對於區別每一分差距的意義可能有其困難性。例如對他們而言，60 分與 61 分之間有差別嗎？89 分與 90 分之間有差別嗎？雖然在數字上有差別，但是多數受訪者可能並沒有那麼好的區辨能力將自己放在一個適當的分數上。

因為上述幾個問題，所以例三雖然是一個測量層次最高的問題方式，但是卻不是一個最普遍使用的方式。反而例一與例二是較常使用的方式。例二的 0 到 10 分的量尺，使受訪者較易於將自己放在一個適當的分數上。但是當然例二無法避免每一個人心中各有一把尺的問題。例一雖然測量尺度較低，例如無法區別兩個認為不太滿意，但不太滿意的程度有差別的受訪者，但是例一的優點是受訪者究竟是滿意還是不滿意，是有點滿意（或不太滿意）還是非常滿意（或非常不滿意），則清清楚楚。例一或例二各有優缺點，可視研究需要與統計分析而定。如果是使用面訪，可以提供輔助工具，則畫一個綜合例一與例二的卡片（如圖 6-3），也就是請受訪者自 0 至 10 給分，但是在分數下面提示受訪者各個分數代表的滿意程度是什麼，如 0-2 表非常不滿意，2-4 表不太滿意，4-6 表普通，6-8 表有點滿意，8-10 表非常滿意。

圖 6-3　綜合滿意度與分數的量尺

捌、量表的建立

量表的建立（scaling）是指在測量時，將數個相對上較為狹隘的指標（在問卷設計時是數個問卷題目）合併為一個單一的測量分數的過程。在測量較為複雜的概念，譬如個人潛藏的態度時，常常無法用一個問卷題目就測量得到，而必須同時問幾個問題，譬如針對個人的民主價值觀這個概念，研究者首先必須思考民主價值觀包括哪些面向，如果認為應該包括自由觀、平等觀、法治觀、制衡觀，那麼就必須針對每一個面向加以設計問卷題目，要注意的是每一個問卷題目都只是反映了民主價值觀這個概念的一部分，然後再針對問卷題目所得到的分數予以合併。那麼，為什麼必須要使用多個題目來測量某一個概念？主要的原因是：

一、可捕捉到概念的所有面向。

二、可縮小測量誤差，因為將每一個指標加以合併之後，可使每單一指標的誤差加以平均，並且正負抵消。

三、有助於去檢視測量的信度與效度，並且可以將不適合的指標去除。

四、可增加測量分數的變異性，如此可以更為有效地區辨不同的個人。

一般常使用的量表種類包括立克特量表（Likert scale）、語意差異量表（semantic scale）、與古特曼量表（Guttman scale），以下加以說明。

一、立克特量表

此種量表是最常見的一種，受訪者被要求對一系列的題目做價值判斷（如同意不同意、贊成不贊成、滿意不滿意），如下面的例子：

例：一般人對於民主政治的內涵，有很多不同的看法，我們想請教您，同不同意以下這些說法：

	1.非常同意	2.有點同意	3.普通	4.不太同意	5.非常不同意
1. 總統就像是大家長，國家大事最好由他來決定。……………………	□	□	□	□	□
2. 無論一個人的政治觀點如何極端，都可以公開發表。……………………	□	□	□	□	□
3. 好的國家領導人比好的法律更重要。……………………	□	□	□	□	□
4. 為了有效監督政府，我們需要有很強的反對黨。……………………	□	□	□	□	□
5. 每一個國民都有平等的機會來影響政府的決策。……………………	□	□	□	□	□
6. 政府無權限制人民閱讀他想要看的政治性刊物。……………………	□	□	□	□	□
7. 政府如果時時受到民意代表的制衡，就不可能有大作為了。………	□	□	□	□	□
8. 縱使立法院通過了不公平的法律，我們也應該遵守。……………………	□	□	□	□	□
9. 政府需要有更多的權力，來處理人民生活上所發生的大大小小的事情。……………………	□	□	□	□	□
10. 有些人的智慧確實比較高超，所以他們在政治上應該有較大的影響力。……………………	□	□	□	□	□

上述立克特量表的答題方式，非常方便，不過，如果題目的排列具有

某種特性，例如，回答該題組題目皆為贊成者，傾向具有較高的權威人格特質，則這種問卷設計容易鼓勵受訪者全部都勾選同意（或是不同意）。此時，對我們測量的信度和效度就會產生影響。最好的方法是將題目中不同方向的題目交錯排列，例如，第一題愈同意者表示較傾向權威人格，第二題則愈同意者有較高的民主傾向，以避免「回答默從」的情況發生。

　　當完成訪問之後，接著要來建構量表，也就是將受訪者依上述十個題目的答案給予一個「民主價值觀」的分數。以下是應該遵循的原則：

（一）選擇分析項目

1. 滿足表面效度，起碼在直觀上看起來某一個或某些個測量題目是恰當的。
2. 每一個單項指標代表了一個面向，而非兩個面向，譬如若某一單向指標是要測量受訪者的自由觀，那就不要測量平等觀等其他面向。
3. 受訪者在該題目上要有變異，如果有一個題目大多數的受訪者都偏向一面倒的答案，則表示此一題目的變異太小，不是適當的測量題目。
4. 考慮項目之間的關係，如果某些項目真的反映了某一個概念，那麼，這些項目之間必然呈現某種關係，例如如果某些人在大多數的題目上都呈現出有相當高的民主價值取向，但是在某一個題目上卻顯示出較高的權威性人格，那麼，這個題目的效度可能會有問題，必須做進一步的分析，看看這個問題是否有問題，如果有問題，可考慮刪除。

（二）給分

　　當將不適當的題目刪去之後，分析的題目都選擇好了，接著就要進一步給予每一個受訪者一個分數，首先必須將正反兩個方向調整成單一方向，例如在我們的例子是使分數高的都代表民主價值觀愈高，那麼，對上面第 2 題「無論一個人的政治觀點如何極端，都可以公開發表」，若受訪者回答非常同意的應該給予 5 分，有點同意的給予 4 分，普通的給予 3 分，不太同意的給予 2 分，非常不同意的給予 1 分，對其他所有題目都要

加以檢視，將分數正反方向調整好，接著對受訪者加以給分，給分的方式
有幾種：

1. 將所有的中選題目分數予以加總。
2. 將所有的中選題目分數取平均數或中位數。
3. 將所有的中選題目依重要性予以加權，此一方式可以使用統計方法，如
   因素分析（factor analysis）來做判斷。

二、語意差異量表

　　受訪者被要求對一系列的兩極化的形容詞配對打分數來判斷其在某
一特定概念上的分數。例如對於某一候選人的評價，可以採用下例，請受
訪者勾選在兩個極端的形容詞當中，哪一個點最適合他對於該候選人的陳
述：

　　　　有魄力＿＿＿＿＿＿＿無魄力
　　　　誠實的＿＿＿＿＿＿＿不誠實的
　　　有能力的＿＿＿＿＿＿＿無能力的
　　　　誠懇的＿＿＿＿＿＿＿不誠懇的
　　　　清廉的＿＿＿＿＿＿＿不清廉的

　　給分的方式可以將愈接近正面評價的給與較高的分數，如 7 分；反
之，愈接近負面評價的給予較低的分數，如 1 分，然後可以類似立克特量
表的方式，加以加總、取平均數，或者對不同的題目予以加權。

三、古特曼量表

　　如果對某一個態度、意見或行為的測量採取一系列的題目，且每一個
題目的程度可以排列出來，則可以採取古特曼量表。受訪者通常被要求對
每一個二分的題目（同意或不同意、做過或沒做過）作答，例如，對於政
治參與的測量，可以問受訪者，「在去年底的選舉裡面，請問你是否做過

下列的活動」：

　　1. 投票

　　2. 勸說他人投票給某一個候選人

　　3. 獻金給某一黨或某位候選人

　　4. 幫助他人助選

　　理論上而言，如果某一個人會做層次較高的政治參與活動，就會做較低層次的活動，如果有一個受訪者會幫助他人助選，則應該會貢獻政治獻金、勸說他人投票、自己也會投票，如果有一個受訪者會貢獻政治獻金，則他也應該會勸說他人投票、自己也會投票，而如果有一個受訪者會勸說他人投票給某一個候選人，則自己也應該會投票。表 6-1 所示為符合量表形式與混合形式（不符合量表形式）的狀況，如果大多數受訪者都符合量表的形式，也就是依研究者所假定的愈會從事高層次活動的則愈會從事低層次的活動，則 Guttman 再製係數會愈高。原則上 Guttman 再製係數必須要高於 0.90 才可以使用，在本例中 Guttman 再製係數高達 0.9923，故而滿足 Guttman 量表的標準。所以如果有一個人從事助選、獻金、勸說、投票，則給其 5 分；如果有一個人從事獻金、勸說、投票，則給其 4 分；如果有一個人從事勸說、投票，則給其 3 分；如果只有投票，則給其 2 分，如果不從事任何參與活動則給予 1 分。

表 6-1　Guttman 量表假設分配

	投票	勸說	獻金	助選	n	e	n(e)	量表分數
符合量表形式	+	+	+	+	15			5
	+	+	+	−	40			4
	+	+	−	−	120			3
	+	−	−	−	600			2
	−	−	−	−	200			1
混合形式	+	+	−	+	6	1	6	(3) or (5)
	+	−	+	−	15	1	15	(2) or (4)
	+	−	−	+	5	2	10	(2) or (5)
					1,001		31	

古特曼再製係數

$$=1-\frac{\sum n(e)}{i(N)}=1-\frac{31}{4(1001)}=.9923$$

i = 項目數

N = 樣本數

n = 錯誤的樣本數

e = 錯誤數

玖、測量的信度與效度

　　所謂信度，是指測量工具的穩定一致的程度，意思是無論在任何時空環境下，所得到的測量結果都是一樣的。在民意調查裡，是指如果對同一個受訪者使用同一個題目則得到的答案是一致的，無論是哪一個訪員去訪問，無論受訪者在什麼心理與生理狀態下，無論在哪一個時間點，得到的答案都是一致的。甚至於，即使研究者使用不同的測量題目（例如將教育程度換成個人所得或者將民主價值觀的題目換另外十個問題），受訪者之間的相對位置也應該是一致的。

　　另一個判斷測量是否恰當的標準是效度，所謂效度是指測量工具測量到所欲測量的概念的程度，例如若以教育程度來測量社會經濟地位，是不是符合概念上的社會經濟地位。有的時候研究者明明要測量的是 A 概念，但卻測量到 B 概念，例如要測量受訪者的政治知識，卻測量到受訪者的教育程度，要測量受訪者的統獨立場，卻測量到受訪者的政黨認同。雖然，受訪者的政治知識理應與他的教育程度有關聯，而受訪者的統獨立場理應與他的政黨認同有關聯，但是將二者混淆，則大有問題。

　　測量就好像要以一把槍去射靶心，這裡槍就是測量工具，靶心就是研究者要測量的概念，槍正中靶心，是最好的測量，既具有信度又具有效度。而假如有一把槍總是射中距離靶心有 20 公分距離的一點，則這把槍

的效度不佳,但信度很好。如果有一把槍,射中的點距離都很遠,有時距離靶心 3 公分、有時 10 公分、有時 20 公分,則這把槍的信度、效度都不好。所以研究者在做問卷設計時,必須要時時將信度與效度放在心上,以得到最好的測量。以下說明如何檢定測量的信度與效度(Carmines and Zeller 1979; Manheim, Rich, and Willnat 2002)。

一、信度檢定方法

一般衡量信度的方式,有下列幾種方法:

(一)再測信度(Test-Retest Reliability)

指對同一群受訪者使用同一個問題施測兩次,好的測量應該前後兩次都得到一致的結果,如果前後兩次測量分數相關程度高,則表示信度高;若相反,相關程度低,則表示信度低。然而,使用此一方法的缺點在於受訪者可能有記憶與成熟的問題,如果前後兩次施測的時間相距過短,則受訪者可能記得上次的答案,因此也許不是測量的信度高,而是受訪者本身有記憶,如果前後兩次施測的時間相距太長,則受訪者可能本身已經產生改變,因此也許不是測量的信度低,而是受訪者本身產生改變。

(二)複本信度(Parallel-Form Test Reliability)

為了避免再測信度的記憶效果,因此設計出相似的測量題目,然後前後兩次測量受訪者,看看是否前後兩次得到一致的結果。然而,此一困難在於很難設計出相似的測量題目,因此如果信度低,很難判斷究竟是信度低,還是兩套測量方式本來就有差異。

(三)折半信度(Split-Half Reliability)

前面兩種評估信度的方式都必須前後施測兩次,然而,許多民意調查往往只做一次調查,因此無論是再測信度或複本信度的方法都不可行。折

半相關信度只須做一次施測，但必須用在一個量表上，也就是用多項測量題目來測量同一個概念，且測量題目的結構類似，例如都是 Likert 5 分類或 7 分類量表。假設研究者對同一個概念，有十個測量問題，則將這十項問題分為兩半，或者是單雙號題分開，或者是前後各五題，然後測量兩半之間的相關程度，如果相關程度高，則表示信度高，相關程度低，則表示信度低。此一方法有點像是複本信度，只不過是一次做成，而不分前後兩次施測，所以不會有受訪者本身改變的問題。但是，此一方法可能有的問題是不同的項目分在哪一半，信度可能會有不同，而且，如果一個概念只用一題來問，則無法做折半信度，同時項目的多寡也會影響信度的大小，通常項目愈多，信度可能會愈高。

（四）內在一致性信度（Internal Consistency Reliability）

內在一致性信度也必須用在一個量表上，若研究者用十個題目來測量某一個概念，那麼理論上來說，這些題目之間彼此應該有相當高的相關程度，若有一個題目與其他題目的相關程度明顯偏低，則這個題目可能就不是一個適當的測量題目，可以考慮是否將之去除。一般最常採用的內在一致性信度是 Cronbach's α，其計算公式如下：

$$\alpha = N \bar{\rho} / [1 + \bar{\rho} (N - 1)]$$

在上列公式中，N 表示項目數，$\bar{\rho}$ 表示每一個項目與其他項目之間兩兩相關係數的平均數。例如若有十個項目，則每兩個項目之間可以計算一個相關係數，總共會有 45 個相關係數，求取這 45 個相關係數的平均數，即為 $\bar{\rho}$。此一方法的好處是不像前述的折半信度那樣，會因為不同的項目分在哪一半，而使信度有所不同。有些統計軟體（如 SPSS）可以提供若去除某一個項目，對信度產生的影響，若去除掉某一個項目，會使信度降低，即表示此項目相當重要，若去除某一個項目，卻使信度提高，則表示這個項目與其他項目之間的相關程度很低，可以考慮將之去除。

二、效度檢定方法

一般評估測量效度的方式有以下幾種：

（一）表面效度（Face Validity）

指測量工具表面上看起來測量到所要測量的概念，例如前面使用教育程度來測量社會經濟地位。這是研究者主觀的判斷，但是要注意研究者主觀的判斷有時候不一定正確。

（二）內容效度（Content Validity）

指測量工具包含了所要測量概念的全部面向，例如前面對於政治參與的測量，包含了接觸政治訊息、勸說他人投票給某一個政黨或候選人、參與有關公共事務的演講會或討論會、捐款給政黨或候選人、接觸民意代表、張貼候選人或政黨的貼紙或懸掛旗幟、擔任政黨或候選人的競選工作人員以及擔任公職候選人等諸面向，這是因為研究者主觀上認為政治參與應該包含這些面向，然而，與前面表面效度同樣，都可能流於主觀，而且沒有一個客觀的判定標準。

（三）效標效度（Criterion Validity）

指測量所得的分數與其所欲測量特質的真實狀況之間的關聯性。例如受訪者的年齡，身分證上的出生日期是一個效標，受訪者是否投票，投開票所的登記是一個效標。效標效度又可分為兩種：同時效度（concurrent validity）是指測量工具是否可以測出受訪者在目前所處的真實狀態，例如測量受訪者年齡的題目是否可以測出實際的年齡；而預測效度（predictive validity）是指測量工具是否可以測出受訪者在未來的真實狀態，例如大學入學考試成績是否可以測出大學生入學以後的表現。若某一測量工具可以測量出受訪者在目前或日後的特質，則效標效度高。但是注意並非所有的測量對象都有效標，或者是雖有效標，但基於禮貌、道德或法律規定等原

因，未必都可以獲得。

（四）建構效度（Construct Validity）

假如理論上告訴我們某一個概念與另一個概念之間有一定的關係存在，那麼檢視變數與變數之間的關係是不是與理論所預期的相一致，愈是一致，則建構效度愈高，否則建構效度低。例如若理論上個人的教育程度與其政治功效意識應該呈現高度的正相關，則若測量政治功效意識的變數，與測量教育程度的變數呈高度正相關，則我們可以說這個測量政治功效意識的題目具有高度的建構效度。檢定建構效度必須包含兩個步驟：第一，概念與概念之間的理論關係必須被加以設定，或者此一理論關係已經被其他研究所證實；第二，測量工具與測量工具之間，亦即變數與變數之間的關係被加以建立，並加以檢視（Carmines and Zeller 1979）。一個測量工具具有高度建構效度，至少必須滿足下列三個標準：

1. 測量同一概念的各指標之間具有一致性，例如測量政治功效意識有三個問卷題目，則這三個題目之間彼此應該呈高度相關。此一效度稱之為聚集效度（convergent validity）或內在效度（internal validity）。
2. 變數與變數之間的關係，必須符合理論上所預期的關係，例如若在理論上政治功效意識與教育程度、政治興趣、政治參與等有緊密且正方向的關聯性，則測量這些概念的變數之間，彼此應該呈現高度正相關，此一效度稱之為外在效度（external validity）。
3. 測量工具必須將欲測量的變數與其他變數區隔開來，例如要測量的是受訪者的政治功效意識，則要與其他變數，如政治信任感或政治疏離感有所區別，此一效度稱之為區別效度（discriminant validity）。

建構效度是最高層次的效度，同時它也具備了客觀的檢定標準，因此如果可以，是研究者最好採用的檢定效度方式，只是必須留意理論本身要正確，否則如果變數之間的關係不如理論所預期的，將無法判定究竟是理論的問題或是測量效度的問題。

拾、結語

　　有些人對民意調查有個似是而非的想法，認為做民意調查很簡單，只要有訪員、問卷、與受訪者，就可以將民意調查的結果做出來，然而，實則對民意調查研究者而言，如何設計出適當的問卷以得到受訪者真實的答案，是他們常常必須面對的艱難挑戰。這是因為民意調查研究的對象是人，而人的想法常常複雜而抽象，同時人有情緒，反覆無常，人也會自我防衛與自我合理化，甚至人會隱瞞欺騙，這是問卷設計者必須面對的課題。此外，問卷題目僅僅是些微的差異，就可能使調查結果迥然不同，因此，民意調查研究者除了必須留意避免容易犯的錯誤之外，也須兢兢業業小心斟酌問卷設計的每一個細節，同時尋求他人的意見，盡可能集思廣益，並做預試，以確保問卷設計妥適。

　　民意調查從二十世紀初在美國啟蒙以來，曾歷經多次的嚴重挫敗，民意調查研究者在失敗中學習，致力於民意調查技術的發展與改進，哪怕只是一個問卷措辭、題目的排序就可能經過無數次的實驗，前人認真執著的努力與貢獻，才有今日民意調查的蓬勃發展。這也實在提醒今天做民意調查的研究者與觀察民意調查結果的消費者，對民意調查抱持更審慎嚴肅的態度，並對民意調查的每一個環節，諸如：研究設計、問卷設計、抽樣、民意調查的執行與民意調查的分析結果，抱持更理性的思考與判斷。

附錄 問卷範例[2]

訪員編號：_____ 督導過錄：_____ 督導鍵入：_____

訪員簽名：_____ 座位號碼：_____ 日期：___月___日

（如因電腦當機而手動輸入者，請詳填以上資料，輸入完畢後勿再使用，逕交專任助理保存，謝謝）

//

TEDS2022-T_PA12

問卷編號 ☐☐☐☐（訪員免填） 樣本編號 ☐☐☐☐

「台灣選舉與民主化調查」總統滿意度電訪

計畫主持人：陳陸輝 研究員

電訪執行單位：政治大學選舉研究中心

☐☐☐—☐☐☐☐☐☐☐ 訪問對象：☐男 ☐女
（區域號碼） （電話號碼）

訪員簽名：_____

　　您好，我們是政治大學的學生，我們的老師正在做一項關於總統滿意度的電話訪問，有幾個問題想請教您。首先想請問：您家中年齡在二十歲以上的成年人有幾位？這_____位當中男性有_____位？那麼，麻煩請_____來聽電話好嗎？（訪員請按戶中抽樣原則抽出受訪者）

　　我們想請教他一些問題，謝謝！

請轉記受訪者的稱呼方式

2　本份問卷係採自〈2020 年至 2024 年「台灣選舉與民主化調查」四年期研究規劃（3/4）：總統滿意度電訪及手機調查案－第四十一次〉（TEDS2022-T_PA12）（MOST 109-2740-H-004-004 -SS4）「臺灣選舉與民主化調查」（TEDS）多年期計畫總召集人為國立政治大學陳陸輝教授，TEDS2022-T_PA12 為針對總統滿意度執行之電話訪問與手機調查，計畫主持人為陳陸輝教授；詳細資料請參閱 TEDS 網頁：http://teds.nccu.edu.tw。作者感謝上述機構及人員提供資料協助，惟本章之內容概由作者自行負責。

在開始訪問時，請訪員務必唸下列句子：

> 我想開始請教您一些問題，為了保障您的權益及訪問品質，會全程錄音，如果我們的問題您覺得不方便回答時，請您告訴我，我們就跳過去，或有任何感覺不愉快時，您都有權利中止訪問。您的個人資料我們都會保密，未來研究報告也只用整體趨勢呈現。

（訪問開始，訪員請記下現在時間：＿＿月＿＿日,星期＿＿,＿＿時＿＿分）

A1.首先，我們想請問

（市話樣本）您是否有使用手機？

（手機樣本）您住的地方是否有家用電話？**【注意公司電話不算家用電話！】**

01.是	02.否	95.拒　答

（手機樣本選擇「是」或「拒答」者，續問第A1a、A2題，最後勾選性別與訪問使用語言後，完成問卷。）

A1a.請問您現在使用的這個手機號碼是屬於哪家電信公司？

01.中華電信	02.台灣大哥大	03.遠傳電信	04.台灣之星（威寶）
05.亞太電信	90.其他＿＿＿＿	98.不知道	95.拒　答

A2.請問

（市話樣本）您住的地方共有幾線家用電話號碼？（不包括傳真或上網專用電話）

（手機樣本）您經常使用的手機門號有幾個？（提示：不包括公務機）

＿＿＿＿＿＿＿	98.不知道	95.拒　答

＊＊首先，我們想請您對蔡英文總統的表現作個評估＊＊

1. 請問您對她擔任總統以來的整體表現滿不滿意（台：咁唔滿意）？【訪員追問強弱度】

01. 非常滿意	02. 有點滿意	03. 不太滿意	04. 非常不滿意
96. 很難說	97. 無意見	98. 不知道	95. 拒答

2. 在以下幾個我們國家面對的問題中，**除了防疫之外**，您覺得蔡英文總統應該最優先處理哪一個？是兩岸關係？教育政策？年金改革？經濟發展？司法改革？還是轉型正義？【若受訪者回答 90. 其他，請訪員詳實記錄在開放題紀錄表】

01. 兩岸關係	02. 教育政策	03. 年金改革	04. 經濟發展
08. 司法改革	14. 轉型正義	90. 其他＿＿＿	
98. 不知道	96. 很難說	97. 無意見	95. 拒答

　　　　　　　　　　　　　　　　　　　　　　　　　➜ 跳問第3題

2a. 那其次呢？【若受訪者回答 90. 其他，請訪員詳實記錄在開放題紀錄表】

01. 兩岸關係	02. 教育政策	03. 年金改革	04. 經濟發展
08. 司法改革	14. 轉型正義	90. 其他＿＿＿	
98. 不知道	96. 很難說	97. 無意見	95. 拒答

3. 請問您對蔡英文在處理兩岸關係的表現滿不滿意（台：咁唔滿意）？
   【訪員追問強弱度】

01. 非常滿意	02. 有點滿意	03. 不太滿意	04. 非常不滿意
96. 很　難　說	97. 無　意　見	98. 不　知　道	95. 拒　　　答

4. 那您對她在外交方面的表現滿不滿意（台：咁唔滿意）？【訪員追問強弱度】

01. 非常滿意	02. 有點滿意	03. 不太滿意	04. 非常不滿意
96. 很　難　說	97. 無　意　見	98. 不　知　道	95. 拒　　　答

5. 那您對她在國防方面的表現滿不滿意（台：咁唔滿意）？【訪員追問強弱度】

01. 非常滿意	02. 有點滿意	03. 不太滿意	04. 非常不滿意
96. 很　難　說	97. 無　意　見	98. 不　知　道	95. 拒　　　答

6. 那您對她在促進（台：推動）經濟發展的表現滿不滿意（台：咁唔滿意）？【訪員追問強弱度】

01. 非常滿意	02. 有點滿意	03. 不太滿意	04. 非常不滿意
96. 很　難　說	97. 無　意　見	98. 不　知　道	95. 拒　　　答

7. 那您對她在**處理民生問題**的表現<u>滿不滿意</u>（台：咁唔滿意）？【**訪員追問強弱度**】

| 01. 非常滿意 | 02. 有點滿意 | 03. 不太滿意 | 04. 非常不滿意 |

| 96. 很難說 | 97. 無意見 | 98. 不知道 | 95. 拒　答 |

＊＊接下來，我們想請教您對蔡英文總統的感覺＊＊

8. 在品格（台：人品）方面，如果 0 代表品格很差（台：人品金壞），10 代表<u>品格很好</u>（台：人品金好），0 到 10 請問您會給蔡英文多少？

_____　| 98. 不知道 |　| 95. 拒　答 |

9. 在領導能力方面，如果 0 代表領導能力很差，10 代表領導能力很好，0 到 10 請問您會給蔡英文多少？

_____　| 98. 不知道 |　| 95. 拒　答 |

10. 在用人方面，如果 0 代表她<u>用人不當</u>（台：他不會用人），10 <u>代表她用人合宜</u>（台：他會用人），0 到 10 請問您會給她多少？

_____　| 98. 不知道 |　| 95. 拒　答 |

11. 在您對蔡英文總統的**信任**方面，如果 0 代表非常不信任，10 代表非常信任，0 到 10 請問您會給她多少？

_____　| 98. 不知道 |　| 95. 拒　答 |

＊＊再來，我們想請問您一些政府與在野黨的問題。＊＊

12. 請問您對**蘇貞昌**擔任行政院長以來的整體表現<u>滿不滿意</u>（台：咁唔滿意）？【訪員追問強弱度】

01. 非常滿意	02. 有點滿意	03. 不太滿意	04. 非常不滿意
96. 很　難　說	97. 無　意　見	98. 不　知　道	95. 拒　　　答

13. 請問您對**朱立倫**擔任國民黨主席以來的整體表現<u>滿不滿意</u>（台：咁唔滿意）？【訪員追問強弱度】

01. 非常滿意	02. 有點滿意	03. 不太滿意	04. 非常不滿意
96. 很　難　說	97. 無　意　見	98. 不　知　道	95. 拒　　　答

＊＊接下來，我們想請教您對幾位政治人物的感覺，如果 0 代表您很不喜歡他，10 代表您非常喜歡他，請問 0 到 10 ＊＊（以下幾題隨機出現）

14a. 您會給柯文哲多少？

_____　　| 98. 不知道 |　　| 95. 拒　　　答 |

14b. 您會給侯友宜多少？

_____　　| 98. 不知道 |　　| 95. 拒　　　答 |

14c. 您會給賴清德多少？

_____　　| 98. 不知道 |　　| 95. 拒　　　答 |

＊＊另外，想請問您對一些社會議題的看法＊＊

15. 請問您對於政府處理新冠肺炎（台：武漢肺炎）疫情的表現滿不滿意？【訪員追問強弱度】

01. 非常滿意	02. 有點滿意	03. 不太滿意	04. 非常不滿意
96. 很 難 說	97. 無意見	98. 不 知 道	95. 拒　　答

16. 請問您覺得台灣現在的經濟狀況與半年前相比，是比較好（台：卡好）、比較不好（台：卡壞），還是差不多？

01. 比 較 好	02. 差 不 多	03. 比較不好	
96. 看 情 形	97. 無意見	98. 不 知 道	95. 拒　答

17. 請問您覺得台灣未來半年的經濟狀況是會變好、會變不好（台：變壞），還是差不多？

01. 變　　好	02. 差 不 多	03. 變 不 好	
96. 看 情 形	97. 無意見	98. 不 知 道	95. 拒　答

18. 我們社會上有些人認為中共會攻打台灣，有些人認為不會。如果以 0 代表中共絕對不會攻打台灣，10 代表中共一定會攻打台灣，那麼 0 到 10 之間，您認為中共攻打台灣的機會有多大？

_____　　98. 不知道　　　95. 拒　　答

＊＊最後，我們想請教您一些個人的問題＊＊

19. 關於台灣和大陸的關係,有下面幾種不同的看法:1. 儘快統一 2. 儘快宣布獨立 3. 維持現狀,以後走向統一 4. 維持現狀,以後走向獨立 5. 維持現狀,看情形再決定獨立或統一 6. 永遠維持現狀。請問您比較偏向哪一種?

| 01. 儘快統一 | 02. 儘快宣布獨立 | 03. 維持現狀,以後走向統一 |

| 04. 維持現狀,以後走向獨立 | 05. 維持現狀,看情形再決定獨立或統一 |

| 06. 永遠維持現狀 | 90.其他_____ |

| 96.很難說 | 97.無意見 | 98.不知道 | 95.拒答 |

20. 在國內的政黨之中,請問您認為您比較支持哪一個政黨?(回答「選人不選黨」者,請追問「非選舉時期」整體而言較支持哪一個政黨)

| 01. 國民黨 | 02. 民進黨 | 03. 新黨 | 04. 親民黨 | 05. 台聯 |

| 20. 綠黨 | 21. 時代力量 | 23. 社民黨 | 35.台灣基進 |

| 38. 台灣民眾黨 |

→ 續問20

| 06. 都支持 | 07. 都不支持 | 96. 看情形 | 97. 無意見 | 98. 不知道 |

| 95. 拒答 | 90. 其他_____ |

→ 續問2

20a.請問您支持(受訪者回答的黨)的程度是非常支持,還是普普通通?

| 01. 非常支持 | 02. 普普通通 |

20b.那請問您有沒有比較偏向哪一個政黨？

| 03. 偏國民黨 | 04. 偏民進黨 | 05. 偏新黨 | 06. 偏親民黨 | 07. 偏台聯 |

| 23. 偏綠黨 | 24. 偏時代力量 | 26. 偏社民黨 | 38. 偏台灣基進 |

| 41. 偏台灣民眾黨 |

| 08. 都不偏 | 90. 其他＿＿＿＿ |

| 96. 看情形 | 97. 無意見 | 98. 不知道 | 95. 拒　答 |

21. 我們社會上，有人說自己是「台灣人」，也有人說自己是「中國
　　人」，也有人說都是。請問您認為自己是「台灣人」、「中國人」，
　　或者都是？

| 01. 台灣人 | 02. 都　是 | 03. 中國人 |

| 96. 看情形 | 97. 無意見 | 98. 不知道 | 95. 拒　答 |

22. 請問您是民國哪一年出生的？（說不出的改問：您今年幾歲？由訪員
　　換算成出生年：即 111－歲數＝出生年次）

＿＿＿＿年　　　95. 拒　答

23. 請問您的最高學歷是什麼（讀到什麼學校）？

| 01. 不識字及未入學 | 02. 小　學 | 03. 國、初中 | 04. 高中、職 |

| 05. 專　科 | 06. 大　學 | 07. 研究所及以上 | 95. 拒　答 |

24. 請問您的父親是本省客家人、本省閩南（河洛）人、大陸各省市人、原住民，還是新住民？【若受訪者回答「新住民」，請訪員追問是來自中國大陸還是其他地區】

01. 本省客家人	02. 本省閩南人	03. 大陸各省市人	04. 原 住 民
06. 大陸新住民	07. 外國新住民	95. 拒　　答	98. 不 知 道

25. 請問您的母親是本省客家人、本省閩南（河洛）人、大陸各省市人、原住民，還是新住民？【若受訪者回答「新住民」，請訪員追問是來自中國大陸還是其他地區】

01. 本省客家人	02. 本省閩南人	03. 大陸各省市人	04. 原 住 民
06. 大陸新住民	07. 外國新住民	95. 拒　　答	98. 不 知 道

26. 請問您的職業是？

1. 主管人員 →
101. 民代　102. 政府行政主管　103. 公營事業主管
104. 民營事業生管　105. 民營事業公司負責人（自營商人），有僱用人
106. 民營事業公司負責人（自營商人），沒有僱用人

2. 專業人員 →
201. 政府部門研究人員（科學家）　202. 私人部門研究人員（科學家）
203. 公立醫療單位醫事技術人員（醫師、藥師、護士、醫療人員）
204. 非公立醫療單位醫事技術人員（醫師、藥師、護士、醫療人類）
205. 會計師　206. 公立教育機構教師　207. 私立教育機構教師
208. 法官、書記官、檢察官、司法官　209. 律師
210. 宗教工作者　211. 藝術工作者（演員、表演工作者、攝影師）

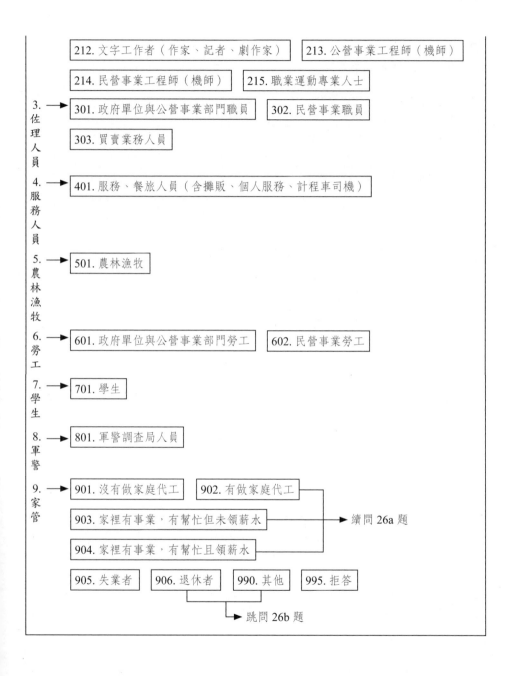

26a.請問您先生（或太太）的職業是什麼？（若已失業、退休者，請追問失業、退休前之職業）

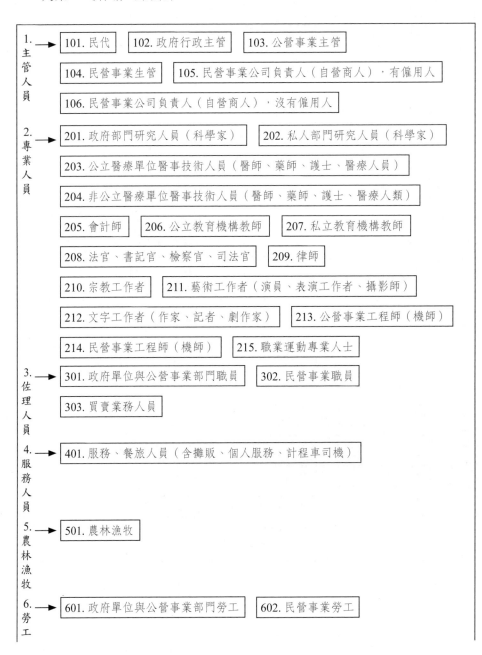

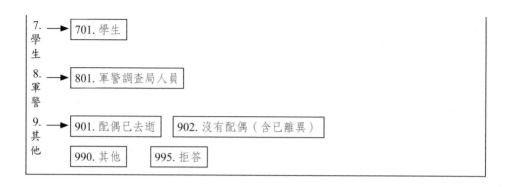

7.
學生　→　701.學生

8.
軍警　→　801.軍警調查局人員

9.
其他　→　901.配偶已去逝　　902.沒有配偶（含已離異）

990.其他　　995.拒答

26b.請問您以前（或退休前）的職業是什麼？

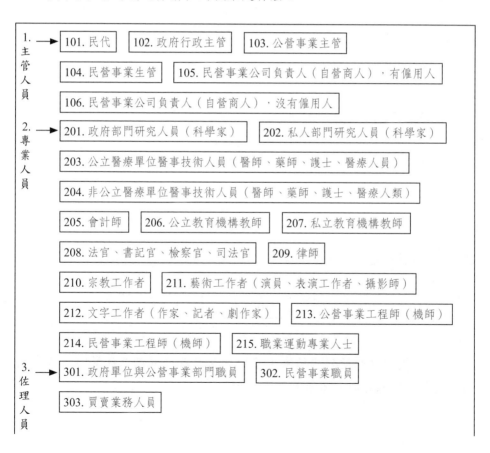

1.
主管人員　→　101.民代　　102.政府行政主管　　103.公營事業主管

104.民營事業生管　　105.民營事業公司負責人（自營商人），有僱用人

106.民營事業公司負責人（自營商人），沒有僱用人

2.
專業人員　→　201.政府部門研究人員（科學家）　　202.私人部門研究人員（科學家）

203.公立醫療單位醫事技術人員（醫師、藥師、護士、醫療人員）

204.非公立醫療單位醫事技術人員（醫師、藥師、護士、醫療人類）

205.會計師　　206.公立教育機構教師　　207.私立教育機構教師

208.法官、書記官、檢察官、司法官　　209.律師

210.宗教工作者　　211.藝術工作者（演員、表演工作者、攝影師）

212.文字工作者（作家、記者、劇作家）　　213.公營事業工程師（機師）

214.民營事業工程師（機師）　　215.職業運動專業人士

3.
佐理人員　→　301.政府單位與公營事業部門職員　　302.民營事業職員

303.買賣業務人員

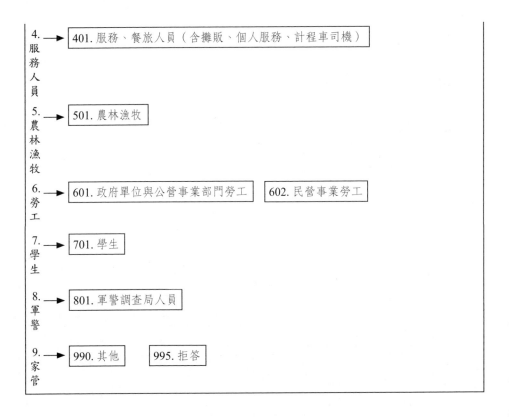

4. 服務人員 → 401.服務、餐旅人員（含攤販、個人服務、計程車司機）

5. 農林漁牧 → 501.農林漁牧

6. 勞工 → 601.政府單位與公營事業部門勞工　602.民營事業勞工

7. 學生 → 701.學生

8. 軍警 → 801.軍警調查局人員

9. 家管 → 990.其他　995.拒答

27. 請問您的戶籍地（台：戶口）是設在哪一個縣市？＿＿＿＿＿＿，哪一個＿＿＿＿＿＿鄉鎮市區

28. 請問您現在是否居住在戶籍地？

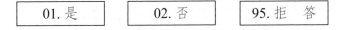

01.是　　02.否　　95.拒　答

　　** 我們的訪問就到此結束，您的意見對我們有很大的幫助，非常感謝您接受我們的訪問，謝謝！再見！**

29. 性別：

01.男　性　02.女　性

30. 使用語言：

| 01. 國　語 | 02. 台　語 | 03. 客　語 | 04. 國、台語 | 05. 國、客語 |

訪問結束時間_____時_____分，共用_____分鐘

Chapter 7

民意調查的執行

鄭夙芬

　　民意調查的執行工作，主要有研究設計、抽樣、資料蒐集、資料處理等四項。研究設計是民意調查的靈魂所在，舉凡民意調查的調查目的、內容、對象、方法、工具（問卷及輔助訪問工具等）、資料處理方法、分析方法等，皆由研究設計決定，是進行民意調查時的首要工作，而正確的研究設計，則是民意調查成功的最關鍵因素。抽樣則是指由研究設計所定義的母體中，抽出具有代表性的樣本，作為訪問的對象。抽樣的方法，依研究設計決定。在執行抽樣工作時，則必須特別注意樣本正確性的問題，不正確地執行抽樣設計，將嚴重影響樣本的代表性。資料蒐集是指以各種調查方法蒐集資料的過程，包括以訪員作為媒介的面訪或電話訪問、由受訪者自填的郵寄問卷或網路調查，以及以團體討論方式蒐集資料的焦點團體。採用何種方式蒐集資料，由研究設計決定，與研究的性質、目的、期限及預算相關。資料蒐集是執行民意調查最主要的工作，執行過程嚴謹與否，對所蒐集的資料品質有決定性的影響。至於資料處理的工作，則是將蒐集來的資料，處理成可供分析的研究素材之過程。民意調查所蒐集的資料，除了焦點團體外，皆是量化的資料，必須將問卷中每一個題目的答案予以編碼，再鍵入電腦中，所完成的電腦檔，即是未來進行分析的依據。量化資料的處理過程，正確性是最重要的考量因素，處理方法不當或未詳細檢查錯誤，將會影響分析的方式與結果。至於處理焦點團體所蒐集的質化資料，除了正確性外，還必須同時兼顧完整性，詮釋、節錄、省略或刪除資料內容，都可能造成分析的錯誤。

　　上述的民意調查執行過程與民意調查的資料品質有相當密切的關係。正確的執行程序，方能產生品質良好的資料。若在執行民意調查的過程中，因為疏忽或為了節省成本，而導致誤差的產生，則會嚴重影響所蒐集的資料之品質。

壹、民意調查的執行與誤差

　　討論民意調查的品質，必須先瞭解民意調查的誤差。整體而言，民意

調查誤差的來源有二種（Biemer and Fesco 1994, 257-259）：

一、抽樣誤差（Sampling Error）

抽樣誤差指的是因為調查對象是母體中的次團體，而非對母體的普查而產生的誤差。就抽樣誤差而言，只要有抽樣，就會有誤差，但誤差的程度，必須控制在合理的範圍之中，在允許的抽樣誤差下，所蒐集的樣本資料，方能用以推論母體。

二、非抽樣誤差（Nonsampling Error）

除了抽樣誤差以外，所有可歸因於其他來源的誤差（見圖 7-1），包括：

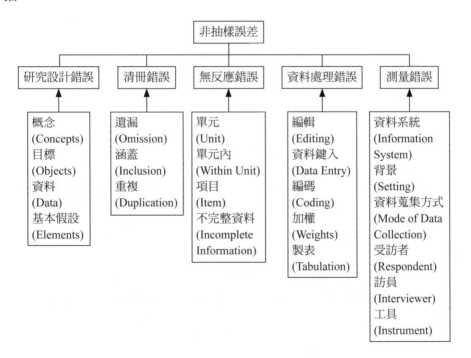

圖 7-1　Biemer 與 Fesco 的非抽樣誤差來源圖

（一）研究設計錯誤（specification error）：研究設計的錯誤通常發生於下
　　　列三種狀況時：一是當調查的概念是無法測量的或定義不正確時；
　　　二是調查的目標定義不明確；三是所蒐集到的資料與預定測量的概
　　　念或目標不符合。

（二）清冊錯誤（frame error）：清冊錯誤是指抽樣清冊或在抽樣過程
　　　中，錯誤地涵蓋、遺漏或重複抽樣的對象。

（三）無反應錯誤（nonresponse error）：無反應錯誤包括單元（unit）無
　　　反應、項目（item）無反應及不完整的資料。

（四）資料處理錯誤（processing error）：在資料蒐集程序之後的編碼、
　　　鍵入、編輯、加權以及製表時所生的錯誤。

（五）測量錯誤（measurement error）：在資料蒐集過程中所發生的錯
　　　誤，錯誤的來源包括：

　　　1. 資訊系統：提供所需訊息的檔案或資料不正確。

　　　2. 背景：包括與贊助者的關係、訪問進行的地區、受訪者感受的保
　　　　 密性與隱私保障等。

　　　3. 蒐集資料的方法：調查方式或資料記錄方式（紙筆式、電腦鍵盤
　　　　 輸入等方式）不正確。

　　　4. 受訪者：提供錯誤或不實的答案。

　　　5. 訪員：執行蒐集及記錄資料的過程錯誤。

　　　6. 調查工具：例如問卷和答題說明錯誤。

　　由圖 7-1 我們不難發現非抽樣誤差的產生，與執行民意調查的過程息
息相關，而執行程序錯誤與各種類型的非抽樣錯誤的關係如表 7-1 所示，
以下就不同執行階段會產生的非抽樣誤差，再進行詳細的討論。

表 7-1　民意調查執行程序與非抽樣誤差的關係

錯誤類型 執行階段	研究設計 錯誤	清冊錯誤	無反應錯誤	資料處理 錯誤	測量錯誤
研究設計	V	V	V	V	V
抽樣		V	V		
資料蒐集			V	V	V
資料處理				V	

一、研究設計

　　研究設計錯誤，對於後續的抽樣、資料蒐集及資料處理等過程都將產生影響，可能會造成：

（一）研究設計錯誤：進行研究設計的態度及過程不夠嚴謹，則可能會模糊了調查目的、調查了錯誤的對象、採用了不妥當的調查方法、設計出不正確的測量問卷、測量了錯誤的概念以及使用不當的方法處理所蒐集的資料。

（二）清冊錯誤：當研究設計決定的抽樣方法或對象界定錯誤時，便會影響所決定之清冊的正確性，在界定母體定義及分組（cluster）時，有些分子即可能因而被不當地涵蓋或被排除在外，或者被重複地計算，從而影響了樣本的代表性。

（三）無反應錯誤：無反應錯誤通常伴隨著抽樣及測量錯誤產生，當抽樣不正確時，可能無法找到正確的受訪者或受訪者拒訪而造成單元無反應，或受訪者無法回答某些問題，而造成項目的無反應；而規劃的調查方法不適當，可能使受訪者不願受訪或中途拒訪；不良的問卷設計則會使受訪者無法正確回答而造成單元或項目無反應；訪員訓練的內容設計不充足，而使訪員有不當的行為，可能造成受訪者拒訪、不正確答題或中途拒訪，造成單元或項目無反應而使訪問資料不完整。

（四）資料處理錯誤：當研究設計決定了不當的資料處理策略，如編碼原則設計錯誤、採用不當的鍵入方式、或聘任不稱職的處理單位或人員時，將會產生資料處理的錯誤。

（五）測量錯誤：研究設計所規劃的調查策略不當，如調查方式不適當、預定測量的概念及變項不明確、徵選了不稱職的訪員、設計的訪員訓練課程不足或缺乏控制品質的監督機制，都會造成測量的錯誤。

二、抽樣

執行抽樣程序的錯誤及瑕疵，會造成：

（一）清冊錯誤：當執行抽樣的人員未依照設定的方法進行抽樣時，將會影響所抽出的樣本之正確性。

（二）無反應錯誤：不當的抽樣的執行程序所抽出的樣本，如果遺漏了母體中某些次團體時，會產生單元無反應。

三、資料蒐集

資料蒐集過程的工作項目包括問卷設計、招募及訓練訪員、執行訪問以及監督訪問的過程等工作，任何一個環節執行產生問題時，將可能造成：

（一）無反應錯誤：當採用的訪問方式不恰當，如電話訪問時間太長，可能會使受訪者不耐煩而拒訪；訪員不當的行為，如訪問態度不佳，可能使受訪者拒絕受訪或中途拒訪；問卷設計不良，可使受訪者不願或不能回答；缺乏監督機制以發掘訪員不當的行為或樣本的代表性問題，將可能無法發現無反應的問題，或即使問題重複發生也未能及時防制。

（二）資料處理錯誤：在蒐集資料的過程中，記錄受訪者回答時的瑕疵或錯誤，如記載不完整、語意不清或者記錄錯誤答案，將可能使進行資料處理的人員做出錯誤的判斷，而決定了不正確編碼，或直接鍵入不正確的答案，從而影響了資料的正確性。

（三）測量錯誤：在資料蒐集過程中，如果問卷設計不良，將無法達到預定的測量目標；而招募了不適任的訪員或給予訪員的訓練不足，以及缺乏督導訪員的機制等問題，會導致訪員效應產生，[1] 將嚴重影響所蒐集的資料品質；至於記錄資料的方法不恰當時，也會影響所

---

[1] 訪員效應指因訪員本身的基本特質或是訪問的技巧與方式，對訪問結果所造成的影響。

蒐集的資料之品質。

四、資料處理

資料處理過程不正確，主要會產生資料處理錯誤，尤其當處理資料的人員編碼方式及原則不正確、鍵入錯誤太多、資料檢查不確實時，都會使資料的品質受到嚴重的損害。

由上述的分析可以發現，民意調查的執行是民意調查品質控制的一個重要因素。雖然純就「執行」的角度而言，民意調查的執行大部分是行政事務，因此通常成為較不受重視的一環，然而執行過程的行政事宜，卻也是保障資料品質的關鍵因素。以下將討論如何在執行的程序上保障民意調查資料的品質。

貳、控制民意調查執行品質的原則與方式

執行民意調查時的品質控制（quality control），指涉的是為了得到最佳結果，對執行的各項工作，所採用的組織化程序以及監控的機制，這些程序與機制雖然是行政事務的功能，但在執行過程依研究設計嚴謹地規劃及執行，可以有效保障所蒐集的資料品質。為了達成品質控制的目的，主要的二個原則為：

一、整體設計

由規劃階段開始，對於調查的執行過程，在抽樣、問卷設計及資料處理與分析的執行方法及程序上，預做系列性設計。整體設計除了考量每一項工作項目內的程序外，必須同時考慮工作項目與項目之間的關聯性，才能使每一個程序環環相扣順利完成。

二、標準化程序

控制調查品質的另一個要素是建立「標準化程序」，為整體設計的每一個工作程序，分別設立一致性的執行標準，使參與調查執行工作的所有人員，有可遵循的工作程序及標準，方能正確而嚴謹地執行每一個步驟，從而達到品質控制的目的。

此種透過整體設計與標準化程序，來控制執行過程的執行品質（process quality）的方法，稱為「全面性品質管理」（total quality management, TQM），其目的就是以嚴謹地規劃及執行，來保障調查資料的品質（Lyber et al. eds. 1997）。為了將 TQM 落實在民意調查的執行，下列的方法有助於提升執行的品質：

（一）規劃流程

不論是哪一種類型的民意調查，整個執行過程的工作項目相當繁多（尤其是面對面訪問），為了達成全面性的品質管理，必須經過審慎的準備與規劃，方能使整個過程順利無誤。因此在籌備的階段，執行單位應依照研究設計，規劃完整的工作流程，重點於預先列出每一個研究步驟，以及每一個步驟的工作項目，並為各工作項目設立標準化的執行方式。完善的工作流程規劃，可以用來提醒負責執行者應進行的工作項目，也因為將所有工作項目的執行方式標準化，使所有參與調查者有一致的工作標準可以遵守，同時，對於經常執行調查的機構或研究者而言，將執行程序標準化，除了有助於工作人員間經驗的傳承外，同時也可以保障不同次調查間品質的穩定性，不會因為負責執行的工作人員不同，執行程序就有所不同。

（二）善用督導

在採用面訪或電話訪問為蒐集資料方法的研究中，由於訪員眾多，為了維持標準化程序及保障訪問品質，必須設立督導制度。擔任督導的必要

條件是曾經擔任過訪員，而且最好是資深或表現優秀的訪員，方能有效管理及掌控訪員的工作狀況。同時為了讓督導瞭解其職權，必須在訪問進行前給予訓練。督導訓練主要目的是向督導講解職責及說明行政配合事項。訓練內容除了向督導說明工作期間、工作內容、主要職責、行政配合事宜、督導報酬、以及有關本次訪問的其他注意事項外，最重要的應是讓督導瞭解其在研究計畫中扮演的是「品質管控」的角色，因此，設置督導的主要目的是：

1. 加深訪員對訪問工作中「標準化程序」重要性的體認。
2. 確保訪員使用標準化訪問的方法與程序。
3. 掌控訪員進行訪問工作的進度與品質。

　　而督導監督訪員的面向有：

1. 掌控訪員工作進度。
2. 瞭解訪員的工作情形及與受訪者間的互動情況。
3. 替訪員解決問題及困難。
4. 更正訪員的錯誤。
5. 檢查已完成之問卷的品質。

（三）訓練訪員

　　訪員訓練的成功與否與調查工作的品質有密切的關係。訪員是資料蒐集工作的中心角色，也最有可能影響他們所蒐集的資料品質。訪問的成敗有很大的部分是取決於訪員是否盡責且正確地執行訪問工作，許多的證據顯示訪員是調查研究中偏差的重要來源，訪員在執行訪問時可能的誤差來源，不僅是來自訪員本身的問題，還與執行程序中訪員訓練的成效、督導制度的實施、問卷內容的設計、行政管理的措施等有所關聯，而訪員的錯誤通常都是由不標準化的訪問程序而來，因此，加強訪員標準化程序的瞭解與貫徹，是減少訪員錯誤及增進研究品質的關鍵（鄭夙芬 2006）。Fowler 與 Mangione（1990）也認為訪員訓練的重點除了教導訪員標準化調查訪問的原則與方法，以及訪問的技巧之外，還必須讓訪員認識自己在

訪問中所扮演的角色及所應完成的工作，並且能夠確實執行之。

（四）全程監督

1.對工作流程及進度的監督

在整體規劃下的標準化執行程序，是控制研究品質的關鍵，因此在進行調查時，對流程及進度的監督也是必須的，因為執行程序及訪問進度是否符合預定的規劃，也會影響執行的品質。對執行程序的監督，是為了確保每一個工作環節的正確性；而對工作進度的掌控，也是評估訪員表現方式的一部分，不過必須特別注意的是，訪員的工作時數及完成多少工作，並不能直接用來測量訪員工作效率及成本效益，雖然訪問成本對調查訪問機構很重要，但效率的壓力，可能會讓訪員較不依標準化程序訪問（Fowler and Mangione 1990, 121）。因此，掌控訪員工作進度的重點，在於訪員是否持續地依規定程序進行訪問工作。

2.對訪員的督導

許多研究都發現訪員即使經過訓練，在開始進行訪問工作之初，大部分仍然無法符合標準化的要求，這個結果也突顯建立全程訪員督導制度的重要性。在訪員實際進行訪問之前給予基本訓練是必須的，但其成效卻有再加以評估的必要，如果未能及時發現訪員不標準化的行為，便無法有效保障訪問的品質。訪員錯誤大部分不是故意的犯錯，而是對調查研究方法本身以及研究內容不瞭解所致，只要經過提醒及更正，便可以得到良好的修正效果，而有經驗的訪員通常比較能夠以改變自己行為的方式，來突破與受訪者的負面互動情況，例如他們可能藉由改變問題的讀法，試圖使受訪者更理解題意；或者透露自己的意見或立場以尋求受訪者的信任，結果卻往往比新手更容易偏離標準化原則，一些資深的訪員根據其以往之訪問經驗，在某些較難訪問的題目上，發展出一套個人式的訪問方法，他們對問題所做的改變，常常是扭曲問題的測量面向。因此，即使是資深或訪問技巧很好的訪員，也仍然需要督導，因為研究結果顯示他們有時反而比較容易違反標準化程序（Bradburn and Sudman 1979; Groves and Couper

1998）。換言之，對訪員的督導，必須是訪問過程中持續性的工作，惟有持續發現訪員錯誤，並給予即時的回饋來修正其錯誤，方能真正解決問題及有效控制訪問品質（鄭夙芬 2000; 2006）。

（五）複查問卷

在面訪及電訪此種需要採用大量訪員的調查，問卷的複查是保障資料品質的重要步驟。尤其是面訪的複查，不僅須檢查訪員是否確實依規定訪問指定之受訪者，同時還必須確認訪問之品質及資料的正確性。複查內容主要在於確定訪員是否確實進行訪問、訪員是否訪問指定之受訪者、以及評估訪員的工作態度，在複查面訪或不在集中場地訪問的電訪問卷時，更應選定一些原問卷中的題目，例如較敏感、困難的問題或一些事實性的問題，再度詢問受訪者，以交叉驗證資料的正確性。

（六）檢查資料

資料處理通常分為編碼（coding）、鍵入（key in）與檢查（check）三個步驟，處理資料時最重要的原則是正確性的問題，在這個階段無可避免地一定會發生人工編碼及鍵入的錯誤，此種錯誤只要透過有系統的檢查方式即可以解決，例如重新比對，或進行相關題目間的邏輯檢查。資料檢查的工作絕對不能省略，因為此種人為的錯誤可能充斥於資料中，但不難處理，不過如果不進行檢查工作，則可能嚴重影響資料的品質。

參、各類型民意調查的執行

一、面訪的執行

面訪的工作項目及執行程序如下：

（一）規劃流程

在研究開始之初，執行單位應依照研究設計，為執行設計一份完整的工作流程表（如表 7-2），對執行過程的各項工作，包括抽樣、問卷設計、蒐集資料的訪問活動、資料處理與分析等過程，預先規劃工作流程，列出所有研究步驟，以及每一個步驟的工作項目，並預設各工作項目的完成期限。在規劃工作流程時，除了需仔細設想每個步驟所有可能的工作項目外，也必須注意工作項目間的連貫性，例如在預設督導的工作項目時，也必須在訓練督導時，列出要求督導監督訪員的一致性標準與面向，並預設統一的進度回報時間，這些項目也必須同步寫入訪員訓練手冊，讓督導與訪員依同一個標準執行訪問工作。工作流程表是工作的檢查表（checking list），可以用來提醒負責執行者應進行的工作項目，也可以作為執行單位的標準化執行流程，而將執行程序標準化，除了有助於經驗的傳承外，同時也可以保障不同次訪問間品質的穩定性。

表 7-2　面訪工作流程表

計畫名稱			
電腦編號			
委託單位		計畫主持人	
執行期間	＿年＿月＿日～＿年＿月＿日	專案助理	
研究人員			
各子項目 執行期限	工　作　項　目（完成打 V）		
＿年＿月＿日 至 ＿年＿月＿日	1. 啟動面訪 □(1)領取資料簿　□(2)領取標準化檔案		
＿年＿月＿日 至 ＿年＿月＿日	2. 抽樣 □(1)抽 PSU　□(2)抽中選村里　□(3)抽出樣本數 □(4)印抽樣表　□(5)抽出受訪者　□(6)戶籍電腦檔抽樣 □(7)發函相關單位　　　　□(8)確定地區督導 □(9)抽樣員訓練　　　　　□(10)抽樣員聘書 □(11)抽樣日期：＿＿＿年＿＿＿月＿＿日～＿＿年＿＿＿月＿＿＿日		

表 7-2　面訪工作流程表（續）

___年___月___日 至 ___年___月___日	3. 招募訪員 　□(1)製作海報　　　　　　　　□(2)張貼海報（宿舍、公布欄） 　□(3)BBS 及網路公告　　　　　□(4)發送海報至各校、系、所 　□(5)訪員面試（填寫訪員資料表）　□(6)訪員訪問地區志願表
___年___月___日 至 ___年___月___日	4. 聯絡受訪者 　□(1)通知受訪者之信函或明信片的製作　□(2)印製 　□(3)寄發　　　　　　　　　□(4)受訪者來電紀錄表
___年___月___日 至 ___年___月___日	5. 設計問卷 　□(1)開會通知　　□(2)問卷試測與試測紀錄表　□(3)完成____份 　□(4)檢討會議（____年____月____日） 　□(5)問卷內容校對　□(6)製作與檢查條碼　□(7)問卷定稿 　□(8)印製問卷： 　　問卷類別及份數：____卷____份；____卷____份；____卷____份 　　　　　　封面____份，短卷____份
___年___月___日 至 ___年___月___日	6.採購禮物：_____份
___年___月___日 至 ___年___月___日	7. 訓練督導 　(1)督導訓練：____年____月____日 　　□(a)分配區域　　　□(b)督導職責講解及行政配合事項說明 　(2)督導資料袋 　　□(a)督導注意事項　□(b)樣本表　□(c)複查彙整表 　　□(d)訪員通訊錄　□(e)督導聯絡方式表 　　□(f)訪員錄取、候補、抱歉通知 　　□(g)領取問卷及禮物切結書 　　□(h)督導訓練通知　□(i)其他
___年___月___日 至 ___年___月___日	8. 籌備訪員訓練 　□(1)借教室　　□(2)研究計畫簡介　　□(3)訪員手冊確認 　□(4)訪員訓練程序及訪員配置　　□(5)訪員名牌製作
___年___月___日 至 ___年___月___日	9. 準備訪員資料袋 　□(1)問卷　□(2)卡片　□(3)問卷封面及短卷　□(4)樣本表 　□(5)樣本彙整表　□(6)禮物　□(7)錄音帶及標籤　□(8)錄音同意書 　□(9)聘書與識別證　□(10)訪員來訪未遇卡　□(11)其他
___年___月___日 至 ___年___月___日	10.訓練訪員（____年____月____日） 　□(1)報到：訪員簽到表　　□(2)代訂便當或發放誤餐費 　□(3)訪員保險
___年___月___日 至 ___年___月___日	11.訪員保險手續 　□(1)加保　　□(2)退保

表 7-2　面訪工作流程表（續）

__年__月__日 至 __年__月__日	12.執行訪問 □(1)督導錄音帶紀錄表 □(2)設定回報日期： 　　　年　　月　　日、　　年　　月　　日 　　　年　　月　　日、　　年　　月　　日 　　　年　　月　　日、　　年　　月　　日 □(3) 訪問份數回報彙整表 　訪問執行期間　　年　　月　　日～　　年　　月　　日 　訪員人數：　　人，完成份數：　　份，短卷：　　份， 　失敗　　份
__年__月__日 至 __年__月__日	13.複查 □(1)複查彙整表　　□(2)複查問卷　　月　　日完成
__年__月__日 至 __年__月__日	14.發放訪員費及督導費 　　　年　　月　　日完成
__年__月__日 至 __年__月__日	15.編碼 　　　年　　月　　日完成
__年__月__日 至 __年__月__日	16.鍵入資料 □(1)撰寫輸入程式 □(2)輸入： □問卷（　　年　　月　　日完成） □封面（　　年　　月　　日完成） □短卷（　　年　　月　　日完成） □樣本彙整表（　　年　　月　　日完成） □複查彙整表（　　年　　月　　日完成） □訪員資料表（　　年　　月　　日完成）
__年__月__日 至 __年__月__日	17.檢查資料 　　　年　　月　　日完成
__年__月__日 至 __年__月__日	18.結案 □(1)報告撰寫　　□(2)資料存檔　　□(3)經費核銷

　　另外，對於執行過程中可能使用的各式表格或文件，可依標準化的命名規則分類建檔（參見表 7-3）。建立標準化檔案，有下列優點：

1.系統化完整保存執行過程所需之各式檔案，避免檔案散置各地甚至流

表 7-3　標準化檔案命名原則

一	行政檔案（administration）	
	Meet01：會議通知名稱代號	Recd01：會議紀錄名稱代號
	Money01：薪資發放表格式代號	Proc01：工作流程表代號
二	抽樣及前置作業（prework）	
	PW01：抽樣表	PW02：樣本表
	PW03：抽樣人員聘書	PW04：受訪者明信片文字
	PW05：督導員督導地區	
三	招募訪員（interviewer recruitment）	
	IR01：招募海報（校內）	IR02：招募海報（校外）
	IR03：請各系所張貼招募海報公文	IR04：訪員志願表（各地區）
	IR05：訪員錄取、候補、抱歉通知	IR06：面訪訪員資料表
四	訪員訓練（interviewer training）	
	IT01：訪員訓練程序及人員配置	IT02：訪員訓練手冊及研究計畫簡介
	IT03：訪員名牌	
五	訪問（interview）	
	IW01：樣本彙整表	IW02：訪員領取禮物切結書
	IW03：來訪未遇卡	IW04：訪員聘書
	IW05：受訪者錄音同意書	IW06：錄音帶標籤
六	督導（supervision）	
	SP01：督導訓練通知	SP02：督導手冊
	SP03：複查彙整表	SP04：複查問卷
	SP05：督導聯絡方式	SP06：訪員通訊錄
	SP07：訪員成功份數及訪問錄音帶回報彙整表	
	SP08：受訪者來電紀錄	SP09：督導錄音帶紀錄表
七	資料處理（data）	
	DT01：資料檔	DT02：程式檔
	DT03：系統檔	DT04：問卷檔
	DT05：編碼簿	DT06：次數分配表
八	研究報告（report）	
	RPT01：報告檔	

失，方便下次執行面訪的工作人員使用，同時也可以節省時間及人力。

2. 傳承執行面訪的經驗，協助新手進入狀況。

3. 將檔案系統標準化，有助於檔案管理及標準化工作流程之建構。

（二）抽樣

研究的抽樣必須根據研究的目的及經費的情況做特別的設計，以抽出足以代表母體的樣本。而執行抽樣的程序正確與否，則對樣本的代表有所影響，因此在執行抽樣工作的過程，必須特別注意抽樣程序的正確性。

抽樣的工作通常包括以下的步驟：

1.決定抽出單位

抽樣的第一步驟是依研究之目的將母體做有意義之分層，並決定層內的抽出單位。

2.發函相關單位

在決定了抽出單位之後，應發函至擁有或保存清冊資料的相關單位，例如內政部，以徵求對方之同意出借資料或允許派員前往進行抽樣之工作。但近年來由於個人資料保護法的關係，以戶籍資料作為抽樣清冊的方式，已逐漸不可行，因應此一趨勢，執行單位必須研發其他的抽樣方式，例如以地理資訊系統取代戶籍資料，這個發函的步驟就可以省略。

3.訓練抽樣人員

依抽樣設計訓練抽樣人員抽樣的方法，以及如何完整記錄抽樣資料的方式。訓練也應包含練習，以確認抽樣人員正確瞭解如何進行抽樣。

4.執行抽樣工作

學術單位進行的全國性面訪抽樣，在過去多以戶籍資料為底冊，但在個資法實施之後，無法取得戶籍資料，因此「門牌地址抽樣」[2]成為取

2　陳陸輝，2021，〈「2020 年至 2024 年「台灣選舉與民主化調查」四年期研究規劃」（1/4）：期中進度報告〉，計畫編號：MOST109-2740-H-004-004-SS4，台北：科技部專題研究計畫。

代的方式。由於「門牌地址抽樣」不似以戶籍資料抽樣，中選者為個人，而是以家戶地址為中選單位，然後再由訪員以戶中抽樣表，由該中選戶中抽出受訪者。但是如果進行之研究的母體為特定的團體，有母體清冊可以進行抽樣，抽樣人員宜攜帶由執行單位所製發的抽樣人員聘書，至各相關單位進行抽樣。聘書中可以載明抽樣員姓名、研究計畫名稱、研究計畫負責人以及日期，作為身分證明的文件，以減輕相關單位人員的疑慮，有利抽樣工作的進行。此外，工作人員使用之樣本紀錄表，最好能保留該抽出單位的人口數、應抽出人數、等距抽樣的間距值以及起始值等數據，以保存完整的抽樣過程紀錄，而「門牌地址抽樣」也應保存完整的戶中抽樣紀錄，以作為檢查樣本正確性的依據。

5.檢查樣本的正確性

　　抽樣人員完成抽樣工作之後，應進行樣本正確性之檢查工作。檢查內容包括：抽樣人員所記錄之樣本表中的資料的完整性，以及抽樣方法運用的正確性。

（三）聯絡受訪者

　　面訪所需的經費通常相當高昂，因此研究者必須設法提高訪問成功率。可行的做法之一是在抽取樣本之後，寄發通知信函給受訪者或中選戶。通知信函除了是給予中選受訪者一份正式的通知之外，還可以藉由信函向受訪者說明研究內容及重要性，以減輕受訪者疑慮，進而提高受訪率；另外通知信函還有過濾地址不正確或受訪者已搬遷等已無法訪問樣本的功用。

　　在通知信函寄出後，有時因為寄送地址查無此人、受訪者訪問期間不在（如在外地工作或求學、當兵等）、拒絕受訪、想對訪問有進一步的瞭解、擬約定訪問時間或地點等原因，受訪者本人或其他收到信件的人可能需要與執行單位聯絡，因此執行單位在發出通知信函之後，必須設置一份「受訪者來電紀錄表」，隨時記錄受訪者收到通知信函後的回應，並將回應內容記錄後轉交相關的訪員及督導。進行這個步驟的優點在於：

1. 及早掌握部分無法訪問的樣本，以免訪員徒勞往返。
2. 提供機會解答或解除受訪者的疑慮，提高訪問成功率。
3. 依受訪者主動提供的狀況，彈性調整訪問時間或地點，可以增加訪問效率及成功率。

（四）設計問卷

在調查研究中，問卷設計的好壞對研究結果影響至鉅。因此對於問卷設計以及印製的過程，應該予以特別注意。在研究計畫開始之初，應邀請相關研究人員開會多次，針對研究主題進行討論，以確定所設計的問卷之效度與信度，同時也應注意問卷的格式，一致性的格式及正確的指引，讓訪員在進行訪問工作較不易犯錯。

在問卷初稿草擬完成之後，對初步問卷進行試測（pretest），是一個重要的過程。測試的目的在於瞭解受訪者對問卷中的題意、題目難易程度以及題目用語的反應，因此試測問卷的受訪對象，以反映母體結構為原則，不宜依賴背景過度相似的人群為主要訪談對象。試測完成應召開檢討會議，以針對問卷設計的缺失，提出建議以及改進。經過試測程序修正後定案的問卷，較能有效保障問卷的效度與信度。

（五）招募與徵選訪員

訪員是執行問卷調查的第一線人員，如何找到適當的訪員，是執行面訪過程中重要的工作。僱用訪員的工作可以分為二個階段：

1.招募訪員

發出徵求訪員的方式，可以採取登報、張貼海報或在網路公告等方式進行。招募海報或公告的內容應包含：研究計畫的主題、訪問地區與預定訪問期間、訪員的基本條件（如語言能力、交通工具等）、酬勞與福利、報名時間、報名方式、面試地點與時間。

2.徵選訪員

　　訪員之徵選，最好以面試的方式，一方面對有意參加訪問工作的人員，進行初步的評估，評估的重點在於訪員的語言表達能力以及執行訪問的意願；另一方面則藉此機會，由計畫的研究人員或助理瞭解訪員的基本背景資料，以及為訪員解答各項與訪問相關的問題。

（六）訓練督導

　　為控制訪問之品質，必須分區設置督導員。在訪問過程中，督導對訪員的監督應包括：

1. 定期與訪員聯絡，督導訪問工作之進行，掌握訪問之情況及進度。
2. 監督訪員是否按標準化程序進行訪問，並評估訪員之表現。在發現訪員錯誤或有不依要求程序訪問情況時，立刻加以更正。
3. 查閱訪員分期繳交之問卷，檢查內容是否有遺漏、錯誤或記載不清之狀況，並要求訪員補齊、改正或說明。
4. 複查問卷，發現任何不依規定訪問或舞弊等情形，立刻要求訪員改正。遇有情節重大者，應立即更換訪員。
5. 解決訪員所遭遇之困難及解答問題，若無法處理時，再回報至執行單位處理。

　　另外，督導也應製作「訪員通訊錄」，記載訪員在訪問期間的聯絡方式，最好能留下訪員詳細的地址、e-mail、電話及手機號碼，以便督導能隨時與訪員聯繫。同時督導也應提供訪員如何與自己聯絡的方式，以便訪員在遇到問題或需要協助時，能夠迅速與督導聯絡。

（七）訓練訪員

　　訪員訓練的成功與否與調查工作的品質有密切的關係。因此，如何準備一個好的訪員訓練是相當重要的事。一個好的訪員訓練工作，除了要訪員的積極配合之外，計畫執行單位也要做好周全的準備，方能達到預期的效果。

　　訪員訓練的籌備以及執行，主要希望經由一致的訓練過程，達到訪問標準化的目的。由於面訪的工作需要大量的訪員，因此參加訪員訓練的人數可能相當多，執行單位應預訂進行流程及事先分配工作人員負責事項，以避免混亂。在確認訪員訓練程序後，首先應列妥訪員訓練程序表，事先送交各節主講人，通知以及提醒主講人訪員訓練的時間與地點。通常由負責問卷題目研擬的研究人員出席講解訪問的問卷，較容易使訪員掌握該題目的正確意涵。

　　訪員訓練的內容，是影響訪員表現的重要因素，因此訪員訓練最重要的目的是必須讓訪員確實瞭解自己在研究中所扮演的角色及重要性、標準化程序在訪問工作上的意義，以及執行單位對訪問工作的要求，如此訪員方能正確地執行訪問的工作（鄭夙芬 2000）。為了達成上述之目標，訪員訓練的內容應包括：

1.簡介研究單位及研究計畫

　　讓訪員對執行單位、研究計畫、研究目的、受訪對象、研究方法、補助單位、計畫主持人、參與研究人員及工作人員有基本之瞭解，有助於在訪問進行時回應受訪者的詢問，並提供訪員尋求協助時必要之資訊。另外也應說明研究計畫的主要目的，使訪員對該研究計畫有較明確的認識，當實際進行訪問時，受訪者若提出疑問，訪員方能有足夠的資訊回答受訪者，以減低其對訪問的疑慮。

2.講解訪員手冊

　　經常執行訪問之單位，應撰寫一份詳細之訪員手冊，訪員手冊應包括所有執行單位希望給予訪員所有的訓練內容及提供訪員必要之資訊。訪員手冊內容大致上包括：

(1) 簡易的民意調查理論：讓訪員認識自己將進行之工作的性質與重要性。

(2) 抽樣方法：除了讓訪員理解訪問正確受訪者的重要性，也應說明取得受訪者資料的來源與合法性，因為近年來對個人資料隱私的重視，訪員經常必須回應受訪者之詢問。

(3)訪問的準備工作及注意事項：提醒訪員做好準備工作的重要性及方法。

(4)訪問的技巧及方法：教導訪員與受訪者溝通或訪問的原則及技巧，最好能配合實例講解，讓訪員瞭解訪問中可能遭遇的困難，以及產生錯誤的情況與原因，並提供解決的方法。舉實例的講解，對減少訪員錯誤有極大的幫助。

(5)要求事項與行政配合事項：讓訪員確實理解執行單位對訪員工作的各種要求及行政上須配合的事項。

3.講解問卷

就問卷題目逐題講解，遇有特殊定義、舉例、跳題等須注意事項時，應特別提醒訪員；依研究性質，必要時應教導訪員每個問題台語（或客家語）的唸法。

4.練習訪問

在講解課程結束後，由資深的訪員或督導分組帶領訪員進行訪問的演習，模擬可能發生的狀況或困難，藉由資深訪員或督導的經驗傳承，讓訪員對訪問工作有初步認識，並瞭解解決問題的方法。

5.發放訪問相關物品（訪員資料袋）

將事先準備好之資料袋，在訓練課程後分發給訪員，訪員領取物品時必須要有簽收程序，簽收單上應包括所領物品之項目及數量，以便訪員核對，此舉不僅可以避免漏失，並有利於掌控訪問之物資。

（八）執行訪問

訪員在完成訪員訓練的各項工作之後，依據所分配的訪問地區進行實地的訪問工作，此一部分實為整個調查研究最為關鍵的工作環節，因為一個完全依照執行單位要求的訪問內容與形式，是執行單位對其所蒐集之資料品質的唯一保障。此種保障需要非常嚴謹與靈活的工作流程才能達成。訪員訓練雖然可以提供訪員在進行訪問時的基本工作要領，但是在面對每

一次的實地工作時，訪訓的參考價值仍須視實地環境與各相關人員的互動才能達到最大的效果。因此，當訪員獨自在外進行訪問時，所憑藉的不只是訪員訓練時期執行單位所傳授的訪問要領，也需要與所屬的督導人員或專案負責人隨時聯繫，以妥善處理在訪員訓練手冊之外的狀況（鄭夙芬2000）。

在執行訪問工作的過程中，「標準化調查訪問」（standardized survey interview）原則應是所有參與人員的工作依據。所謂標準化調查訪問的原則，是進行訪問的規範，內容包括（Fowler and Mangione 1990, 33）：

1. 完全按照題目讀題：以確定所有的受訪者得到相同的「刺激」。
2. 適當的追問（probing）：當受訪者無法瞭解或誤解題意，訪員可以判斷當時的狀況，用中立無誤導性的方法，為受訪者釐清題意或激發受訪者答題。
3. 精確及中立地記錄受訪者的答案：忠實記錄下受訪者的答案，提供最詳實的資訊給研究者做判斷的依據，儘量不做節錄或加入個人的評論。
4. 保持中立立場：訪員在進行訪問時，不應提供訪員個人的背景狀況與對問題的意見及立場等資訊予受訪者，以免影響受訪者的意見，或者給自己帶來困擾；且訪員回應受訪者答案時，也不應涉及對其答案的批評或判斷。
5. 訓練受訪者：訪問前需向受訪者說明訪問進行方式及相關規則，訪問過程中也應隨時為受訪者提供相關答題的指引。

「標準化調查訪問」的目的在於給予訪員一致性的指示與訓練，藉由尋求訪員訪問行為的一致，儘量使所有的受訪者得到「一致的刺激」，以將訪員效應減至最低程度（劉義周 1996, 39）。在訪問執行的過程，除了訪員應依循此一原則進行訪問工作，督導也應依此原則監督訪員工作成效，執行單位及專案負責人則應秉持此一原則執行訪問工作，以保障訪問的品質。

（九）複查

為了保障面訪工作的正確執行及資料的品質，執行單位必須對所完成的問卷進行複查的工作。複查的工作，可以由熟悉訪員狀況之分區督導負責，或者委託受過訓練之複查人員進行。複查不僅須檢查訪員是否確實依規定訪問指定之受訪者，同時還必須確認訪問之品質及資料的正確性。

複查工作的進行，首先必須設計一份「複查問卷」，以作為複查的根據，並保留複查紀錄。複查人員根據複查問卷上的問題複查結果，通常有三種：

1.正確無誤的訪問

複查人員必須確認該份訪問訪員確實訪問了指定的受訪者、沒有蓄意漏問題目、沒有使用不適當的方式及態度進行訪問、交叉驗證的題目與問卷比對無誤，方能判定該份問卷為有效問卷。

2.執行不當的訪問

有時訪員所進行的訪問，會因訪問當時的情境或訪員個人因素，而造成訪問有錯誤或瑕疵的狀況，常見的狀況有：

(1) 訪問對象錯誤：在有指定對象的訪問時，訪員在進行訪問前必須先確認受訪者身分，有時受訪者家人或友人會偽稱自己是受訪者。如果家人或友人與受訪者特徵（如性別、年齡）相近，訪員就有可能無法分辨真相，而訪問了非指定的受訪者；但有時卻是因訪員沒有確認受訪者身分，或沒有察覺特徵上的差異，而訪問了錯誤的對象。這些情況在複查時，真正應該受訪的受訪者就會表示沒有被訪問，或者在複查問卷上的檢查性題目時即可顯示出來。當有訪問對象錯誤的情形發生時，問卷應該予以作廢，不進入資料檔。

(2) 以電話訪問或將問卷郵寄受訪者填答：當決定以面訪方式進行訪問工作時，必定有其特定的理由或因應研究的特殊需求，才無法採用成本較低廉的電話訪問或郵寄問卷，所以訪員不應自行或應受訪者要求而改變訪問方式。當有這種情形發生時，由於問卷並非依一致性的標準

化訪問程序得到的結果，即使是指定的受訪者本人作答的，仍會有某種程度上的偏差，還是必須作廢。

(3) 漏問或跳答題目（組）：訪員在訪問進行中途，可能會因當時的情境，如受訪者不耐煩有拒訪傾向、受訪者對某些問題特別敏感，或訪員覺得受訪者沒有能力回答此類問題等，訪員會自行或應受訪者要求而將某些問題或題組跳過。有這種情況發生時，訪員應在特殊記載欄中記錄原因及情況。但如果訪員未誠實記錄，而是在複查時才發現，執行單位應向訪員求證實際情況，再決定是否採用該問卷及訪問費的計算方式。

(4) 自行簡略問題題目或改變問題問法：訪員若為了自己的方便而省略題目文句或改變題目的問法，有可能因改變或扭曲問題設計之原意，而影響問卷的效度。若情形嚴重，執行單位必須將問卷作廢。

3.舞弊

民意調查是經由訪問具有代表性的受訪者，來蒐集所需資料的方法，如果執行蒐集程序的訪員有舞弊的情形，則會嚴重影響資料的正確性。因此執行面訪的單位，在訪員訓練時務必向訪員說明舞弊對研究的影響程度，並向訪員界定舞弊情形的認定原則，以及訂定處罰的辦法，再透過嚴格的複查程序，以確保訪問的品質。若有訪員舞弊的情況，問卷必須作廢。訪員舞弊的情況大致有下列幾種：

(1) 自行填答：這是最嚴重的舞弊情形，訪員並未進行任何訪問，而自行任意填答，所得之資料是偽造的，將嚴重影響資料的正確性；而遭造假之樣本也隨之流失，會扭曲樣本的結構，造成推論上的問題。

(2) 蓄意訪問非指定的受訪者：訪員為了增加成功份數，依自己的方便任意更換受訪者，將會影響樣本的代表性及資料的正確性。

(3) 蓄意漏問大量的問題：訪員為了節省工作量，或者規避某些較敏感或較難問的題目，而蓄意遺漏大量問題。當發現訪員這種行為時，必須將問卷作廢，以免影響資料的內在效度。

（十）資料處理

資料處理是調查研究後期工作中的重要工作項目。在資料處理的編碼、鍵入與檢查這三個步驟中，倘若資料編碼方式設定錯誤，會影響後續的分析工作，也可能需要重新處理，將會造成時間及經費上的浪費；而鍵入資料不正確且未能有效檢查出錯誤，則會影響資料的品質及分析的結果，因此在進行資料處理時，必須謹慎規劃及細心執行。資料處理各階段的原則與方式如下：

1.編碼

在過錄資料之前，首先必須進行編碼。在編碼時，原則上是將受訪者對一個問題的回答給予一個相對應的數字，此一數字即代表該項回答內容的過錄碼。編碼的基本原則與方式為：

(1) 除了將受訪者的每一個回答資料編碼之外，也需要將該項研究的編號，以及受訪者的編號依統一的標準予以編碼，以作為辨識調查案例與受訪者的號碼。

(2) 在編碼的過程當中，必須有一客觀的標準進行歸類，每一種答案只能有一種類別，並且使得同類型內的各種答案內容有最大的同質性，而不同類型內的各種答案內容有最大的異質性。

(3) 若受訪者的回答內容本身即是帶有數字性質，例如有關受訪者的年齡、收入等資料，編碼時盡可能保留原來資料的面貌，以使資料的使用者有更大的空間可以自己處理所需要的變項類型。

另外，過錄是指將編碼好的問卷內容，謄寫到過錄表（coding sheet）上的工作。如果採取將編碼直接記錄在問卷上，在鍵入時以問卷依題目順序輸入電腦，而不再另外謄到過錄表上，則不必進行過錄的工作。採取將編碼記錄在問卷上然後直接鍵入的方式，優點在於不必重新謄寫，可以節省時間及經費，但缺點是如果使用的輸入軟體沒有自動填入欄位或檢查欄位功能，則資料容易發生易位的錯誤，從而影響資料的正確性，另一個缺點則是所有成功問卷集中時體積大且重量可觀，若僱請專業公司或人員進

行鍵入電腦工作時，則必須搬運大量的問卷。若採取將編碼重新謄寫到過錄表的方式，優點是較易鍵入，不必一題一題核對欄位，且過錄表體積較小，不必搬運大量之問卷，缺點則是必須多加一道謄寫的工作，較為費時且所需經費較高。

　　如果採取將編碼重新謄寫到過錄表的方式，在進行過錄時，必須先設定過錄格式，原則上是依問卷內題目或變數的順序界定每一個題目或變數的格式及欄位，以便過錄人可以依界定之欄位及格式將問卷答案之編號謄至過錄表上。進行過錄工作，正確性仍是最重要的考量，過錄完畢後，須做檢查的工作，以保障資料的正確性。

2.鍵入資料

　　為了保障資料的品質，在進行鍵入工作時，必須特別注意正確性的問題。執行鍵入資料工作的主要步驟為：

(1) 決定鍵入方式：目前大致有三種資料鍵入方式：

　① 傳統人工鍵入方式：以人工打字方式將問卷資料逐筆鍵入，採用這種方法容易產生打錯、移位、錯位等錯誤，且時間與經費的成本都較高，也較不易排除錯誤。若採用傳統鍵入方法，較謹慎的做法是同時鍵入二份，然後進行交叉比對檢查，以減少資料的錯誤。

　② 「電腦輔助面訪系統」（computer assisted personal interviewing system, CAPI）：由訪員攜帶筆記型電腦進行訪問，在訪問時直接將答案輸入設定好的程式中，再由資料處理人員將資料由電腦中轉出。這種方法的優點為可節省過錄及輸入的時間與經費，且資料較為正確；缺點是 CAPI 系統通常相當昂貴，且需購買大量的筆記型電腦供訪員使用，所需成本較高，同時受訪者接受程度也是需要考慮的問題。

　③ 「條碼資料輸入系統」：政治大學選舉研究中心研發出來的系統，以條碼判讀器（barcode reader）將答案直接掃描至電腦中。採用這種鍵入方法，在印製問卷時，必須將每一題目的每一個選項都編印上條碼，另外配合軟體撰寫輸入程式，再將問卷中的答案逐一掃描

進入電腦。採用這種方式優點是可以節省人工過錄的時間與經費，且資料正確性較高；缺點是必須自行設計或購買軟體，並採購條碼判讀器，所需成本較高。

(2) 決定鍵入的資料內容及預設完成期限：在流程表上預先設定項目及完成期限，以免遺漏。

(3) 設立工作規則及流程：不論採用何種鍵入方式，都必須為鍵入人員設立工作規則及流程。比較重要的項目包括：

① 訓練鍵入人員：訓練鍵入人員所使用的電腦程式之操作方法，最好能撰寫操作方法手冊及簡易排除故障方法須知以供參考。同時要求鍵入人員特別注意正確性問題。

② 設計工作表：依特定標準（如依訪問村里或縣市）劃分所有完成的問卷，設計成一份工作表，鍵入人員在領取問卷及完成鍵入工作時都應簽名，如此可以避免重複鍵入、掌控工作進度及劃分責任歸屬。

③ 建立檢查錯誤的方法：由執行單位設計一些檢查錯誤的方法，方便鍵入人員可以在鍵入時自行發覺錯誤，例如將某欄位空白，成為檢查欄位，若不符合時鍵入人員便能自行發覺。

3.檢查資料

資料檢查的程序是對研究資料品質把關的最後關卡。一般而言，錯誤出現的方式有以下兩種：

(1) 不合理值的出現：一般的資料檢查方式，是使用次數分配表，檢查各題目的次數分配，是不是有不合理的數值出現。如果有，就找出該問卷的編號，重新檢查原來問卷的答案，看是不是資料處理時出現問題，然後據以更正。例如如果我們詢問受訪者的籍貫，問卷中的既定編碼為 1 到 4，其中，1 代表「本省客家人」、2 代表「本省閩南人」、3 代表「大陸各省市人」而 4 代表「原住民」。可是，當我們分析資料時卻出現了 6 這個數值，就是一個不合理的數值。又如我們詢問受訪者的出生年是民國幾年，卻出現了 912 這個數值，也是個不合

理的數值。這些數值大多是輸入時發生的錯誤,需要再查對原問卷之答案後予以修正。

(2) 不合邏輯數值的出現:所謂不合邏輯的數值,是指兩個或是兩個以上的題目之間,出現了邏輯上彼此互斥的選項。比方說,一位回答沒有去投票的受訪者,在下一題的答案中卻出現了投票對象,這就是不合邏輯的數值。不合邏輯數值的出現,也許是因為訪員訪問時記錄錯誤、跳題不當、過錄時記錄錯誤或是輸入時出現錯誤。

使用次數分配的方式,雖然可以找出一些不合理的數值,不過,也許一些錯誤的輸入結果,仍然落在我們界定的合理數值範圍內,而無法察覺。為了避免這種情況的發生,比較可行的方式,是用交叉列表的方式,查出是否有不合邏輯的數值出現。

(十一)結案

整個調查工作的最後階段便是結案工作,在此階段,必須將整個調查計畫進行完整的收尾工作,主要工作有三部分:

1.報告撰寫

報告撰寫是整個調查研究的結晶。在透過調查資料的分析之後,將分析所得形諸文字。撰寫時要就調查所得進行分析,並且對調查數據的背後意義進行適當的解釋,不過度解釋或隱瞞事實。原則上報告包含調查所得摘要、研究調查的方法(含問卷內容)、調查所得的分析、最後是結論與檢討。學術性的調查研究,則需要加上相關文獻的探討、理論與概念的界定、以及此份研究對相關學術理論的貢獻。

2.經費核銷

調查研究的每一個環節都需要付出有形與無形的成本。在有形成本中,預算的應用最為具體。而有預算編列中的科目就必須在結案時檢具收據憑證,辦理報銷。多數的機關對帳目的核銷都有詳細的規定,研究計畫經費的核銷也需符合其核銷規定。

3.資料存檔

必須完整地將所有的資料保留下來，以作為重新檢討研究過程或是對研究資料進行二手分析的參考。存檔的資料應包含調查訪問的問卷及受訪者回答內容，資料處理過程中的登錄與電腦分析程式、結案報告的文字檔，以及全程的行政作業手續紀錄。

二、電話訪問的執行

電話訪問的執行原則，與面訪大致上相同，但在實際的執行方式上，仍然有所不同。基本上面訪是由訪員外出進行訪問，執行單位較難掌控訪員的訪問過程；電話訪問的訪員是在集中管理的訪問室中進行訪問，執行人員可以現場透過監看監聽的方式掌控訪員的訪問表現，對於不當的表現，可以立即予以修正，同時也可以給予訪員立即的協助，因此比較上電話訪問較面訪易於控制訪問的品質。即使如此，在執行電話訪問時，仍然必須秉持嚴謹的態度與原則為之。

電訪工作的執行工作項目及執行程序如下：

（一）規劃流程

如同面訪的執行一般，電訪的執行過程，工作項目也相當繁多，所以必須經過審慎的準備與規劃，方能使整個過程順利無誤。在籌備的階段，最重要的工作即是依電訪執行流程設計一份工作流程表，把過程所需進行的工作分類，然後在每一大類中再細分工作項目，如表 7-4 所示。儘量完整列出每一類中的工作項目，並預設各工作項目的完成期限。以此流程表作為執行過程中的工作檢查表，可以用來提醒負責執行者應進行的工作項目，也可以作為標準化執行流程。將電訪執行程序標準化，以及採用標準化檔案命名規則的優點，在「面訪的執行步驟」時業已說明，此處不再贅述。

表 7-4 電話訪問工作流程表

計畫名稱			
計畫編號			
委託單位		計畫主持人	
執行期間	__年__月__日~__年__月__日	專案助理	
研究人員			
各子項目 執行期限	工作項目（完成打 V）		
	1. 啟動電訪 　□(1)領取資料簿　　□(2)領取標準化檔		
	2. 抽樣 　□(1)電話號碼：____套，每套____個樣本 　　　RDD：____套，電話簿抽樣：____套，手機樣本：____套 　□(2)發送手機簡訊 　□(3)電話號碼轉入 CATI		
	3. 設計問卷 　□(1)問卷討論會　　　　□(2)試測問卷　□(3)檢討會議（__年__月__日） 　□(4)CATI 問卷檔撰寫　□(5)CATI 問卷檔測試 　□(6)書面問卷檔撰寫　□(7)過錄本製作		
	4. 招募訪員 　□(1)製作海報　　　　　□(2)張貼海報（宿舍、公布欄） 　□(3)BBS 及網路公告　□(4)訪員面試（填寫訪員資料表） 　□(5)電話聯絡訪員		
	5. 排班：□(1)督導排班　　□(2)訪員排班		
	6. 訓練督導		
	7. 訓練訪員：□(1)書面問卷　　　　□(2)訪員手冊 　　　　　　　□(3)每日新訪員名單　□(4)安排每日訪訓主講人		
	8. 執行訪問：__年__月__日~__年__月__日，共__場 　□(1)排訪員座位　□(2)訪員訪問評估　　□(3)訪員工作紀錄 　□(4)製作過錄簿　□(5)樣本使用紀錄表　□(6)訪問結果日報表 　□(7)訪問期間設備問題紀錄表　□(8)問卷及訪問執行問題紀錄表 　□(9)訪員人次：_____人，完成份數：_____份		
	9.資料處理		
	10.結案： 　□(1)報告撰寫　□(2)資料存檔　□(3)經費核銷		

（二）抽樣

電話訪問的抽樣對象基本上是電話號碼而非個人，因此在抽樣方法上與面訪較不相同。方式基本上有電話號碼簿抽樣及隨機撥號抽樣（random digital dialing, RDD）兩種，但近年來僅使用行動電話的唯手機族增加，雙底冊（市話及手機）進行抽樣，以維護樣本的代表性，學界也在努力進行電話訪問抽樣方式的改革，在比較理想的方式問世之前，基本上還是採用電話號碼簿抽樣及隨機撥號抽樣方式。關於這兩種抽樣方式的詳細說明，請參考本書〈抽樣〉一章。在電話訪問抽樣的執行上，隨機撥號是由電腦執行，沒有人工的涉入，情況較為單純；電話號碼簿抽樣則主要是由抽樣員執行，因此仍必須特別注意執行過程的正確性問題。電話號碼簿抽樣通常包括以下的步驟：

1.設立各區抽樣數表

首先蒐集各區之電話簿，並依比例設定各區應抽出之樣本數。

2.訓練抽樣人員

依抽樣設計訓練抽樣人員抽樣的方法，以及如何完整記錄抽樣資料的方式。訓練也應包含練習，以確認抽樣人員正確瞭解如何進行抽樣。

3.執行抽樣工作

在正式進行抽樣時，工作人員使用之樣本紀錄表，最好能保留該抽出單位的電話號碼數、應抽出號碼數、等距抽樣的間距值以及起始值等數據，以保存抽樣過程的紀錄，並可以依此作為檢查樣本正確性的依據。

4.檢查樣本的正確性

抽樣人員完成抽樣工作之後，應進行樣本正確性之檢查工作。檢查內容包括：抽樣人員所記錄之樣本表中資料的完整性，以及抽樣方法運用的正確性。

至於手機的抽樣，通常可以國家通訊傳播委員會（NCC）公布之最新「行動通信網路業務用戶號碼核配現況」（手機號碼前五碼之核配狀

況），然後以隨機產生後五碼的方式來製作電話樣本。然而此種方式可能
會產生許多的空號，因此坊間已有手機號碼過濾程式，在手機號碼隨機形
成之後，透過撥號以確定該號碼是否已有使用者；另外，「台灣選舉與民
主化調查」計畫前主持人黃紀教授則開創以「訪前簡訊」方式，在抽出樣
本之後，先以簡訊發送包括訪問時間與內容的訪問通知至中選之手機號
碼，以確定該門號是否為有效樣本（陳陸輝 2021, 21）。上述手機號碼過
濾程式或訪前簡訊，都有排除空號的效果，皆能有效提升訪問效率。

（三）設計問卷

問卷設計以及製作過程中，應該注意的事項如下：

1.召開會議討論問卷

在研究計畫開始之初，通常研究計畫主持人會邀請相關研究人員開會
多次，針對研究主題進行討論。會議紀錄須特別對於研究的執行過程、問
卷中對特定概念的測量方式以及其他討論的特殊決議事項，加以記錄。

2.試測問卷

在問卷初稿草擬完成之後，仍須對初步問卷予以試測。在試測過程
中，訪員應該就問卷中的題目是否有題意不清晰、題目不易瞭解、口述問
答過程是否順暢以及在作答時任何覺得不恰當之處，加以記錄整理，以利
於檢討會議中提出。尤其電話訪問是以電話進行，不能使用任何書面的輔
助工具，所以電話訪問的試測需要特別注意問題的長度及型式，以使受訪
者能清楚明瞭題意。

3.檢討會議

檢討會議宜由計畫參與人員與前測訪員共同出席，針對問卷設計的缺
失之處，提出建議以及改進。檢討會結束之後，正式問卷得以定案。

4.CATI 問卷檔的撰寫與測試

一般而言，目前許多執行電話訪問的機構都採用電腦輔助電話訪問系

統（computer assisted telephone interviewing system, CATI），在 CATI 問卷的撰寫與測試過程中，必須注意問卷格式、內容以及選項與書面問卷是否一致；跳題的設計是否得宜；互斥選項是否成立；輪流出現選項是否隨機出現等問題。

5.書面問卷檔撰寫

在書面問卷正式付印之前，宜由多位人員逐題檢視問卷全文，藉由多軌的同時檢查，將問卷中的錯誤降至最低。一般而言，需考量訪員訓練的時間、正式訪問執行的日期以及問卷印製的時間，提前印製問卷，以利訪訓時將問卷交予訪員。即使採用 CATI 系統，仍需印製一些書面問卷，以備當機或停電時之使用。

（四）招募與徵選訪員

電話訪問的工作性質是在電話中進行，受訪者無法直接看到訪員，訪員必須有較好的溝通技巧，才能得到受訪者的合作；而且訪問時訪員也不能使用任何輔助工具，訪問的難度比較上高於面訪工作。因此，徵選電訪訪員的程序與標準，都必須另做特別之設計：

1.招募訪員

發出徵求訪員的方式，可以採取登報、張貼海報或在網路公告等方式進行。招募海報或公告的內容應包含工作性質及工作時間、訪員的基本條件（如語言能力）、訪問費用與酬勞、載明報名時間、報名方式、面試地點與時間。

2.徵選訪員

由於電訪工作性質與訪問難度較高，因此除了以面試的方式，進行初步的評估之外，測試應徵者能力的有效辦法之一，是要求應徵者實際上線訪問主試者，而由主試者評估其表現。評估的重點在於訪員的語言表達能力以及溝通技巧。

（五）訓練督導

　　為控制訪問之品質，必須設置督導人員。擔任督導的必要條件是曾經擔任過訪員，而且最好是資深或表現優秀的訪員，方能有效管理及控制訪員的工作狀況。為了讓督導瞭解其職權，必須在訪問進行前給予訓練，督導訓練包括：

1.督導注意事項

　　督導訓練主要目的是向督導講解職責及說明行政配合事項。說明事項應包括下列事宜：

(1) 在訪問現場協助訪員解決訪問時所遭遇之困難及解答問題。

(2) 掌握訪問現場之情況及進度，尤其必須注意訪員是否有怠職或彼此聊天而影響他人的狀況。

(3) 透過監看監聽設備或依現場情況監督訪員是否按標準化程序進行訪問，並評估訪員之表現，在發現訪員錯誤或有不依要求程序訪問情況時，應在該份訪問結束時立刻加以更正。

(4) 準備及補充執行訪問所需之器具，如茶水、文具等。

(5) 維護電話訪問室的機具及環境。

2.電腦及機具操作

　　如果採用電腦輔助電話訪問系統，督導不僅必須能熟練訪問系統的操作方式，更須進一步瞭解其他相關系統（如問卷系統、管理系統等）的操作方法，以及各項訪問機具，如話機、耳機等的詳細功能及操作方式，方能在線上立即為訪員解決問題。

（六）訓練訪員

　　訪員訓練的籌備以及執行，主要希望經由一致的訓練過程，達到訪問執行時訪員標準化的訪問執行程序。一般而言，訪員訓練程序包含：

1.介紹研究計畫

簡述研究計畫的主要目的，使訪員對該研究計畫有較明確的認識，以便回應受訪者的詢問，可以減低受訪者的疑慮。

2.講解問卷內容

一般而言，以負責問卷題目研擬的研究人員，出席講解訪問的問卷，較容易使訪員掌握該題目的正確意涵。在講解問卷時，研究人員應對於各問卷設計的原始意涵以及可能選項的歸類方式加以說明。

3.講解訪員手冊

訪員手冊中，一般包括訪員規範及訪問技巧、訪員工作管理的相關規則。訪員訓練過程中，應該對訪問技巧以及標準化訪問程序多加強調，以利訪問的進行以及訪問品質的確保。

4.教授電腦系統操作程序

使用 CATI 系統的執行單位，必須訓練訪員電話訪問與電腦系統的操作程序，並且給予練習的時間，以便訪員熟悉電腦系統的操作。

（七）排班

在訪問日期確定後，必須在訪問前一個星期至數天前即開始讓訪員及督導填寫排班表，以確認每天之工作人員。排班的注意事項如下：

1.督導排班

事先將督導排班時間及人數確定，有助於負責執行電話訪問者瞭解每日的督導情況，以便安排或分配工作。

2.訪員排班

訪員是執行訪問工作的中心人物，不論是基於成本或時間之考量，必須確保每日能有足夠的訪員來進行訪問工作，方能有效掌握訪問之進度及管制成本之支出。事先排定訪員排班表，有助於瞭解訪員之排班狀況，若發現出席人數不理想，負責執行的單位人員方有足夠之時間催促其他訪員

排班，或考慮再召募新訪員等方式來解決問題。

（八）執行訪問

電話訪問的訪問流程與原則基本上與面訪相似，請參見面訪的執行步驟。相同地，為了保障訪問的品質，執行訪問的期間，標準化調查訪問原則，仍應是所有參與工作人員的最高準則。

（九）處理資料

電話訪問資料處理的原則與面訪相同（請參考面訪的執行步驟之資料處理）。但在實務上仍有些差異，主要的相異之處在於電話訪問的資料檢誤與處理，多與訪問案同時進行，採當日處理方式，優點在於能及時發現問題，進行補救。因為除了資料本身因訪員或督導因素鍵入錯誤或不合理的答案外，錯誤也有可能來自電腦本身或問卷邏輯上，而這方面的錯誤一旦發生，往往嚴重性遠大於訪員或督導的錯誤，而當日除錯也可以在隔日糾正訪員或督導，使人為的誤差儘量降至最低。此外，同時使用市話及手機雙底冊的訪問，牽涉二種樣本的資料合併及加權處理問題，執行單位及研究者必須採取一定的方式來進行資料處理。

（十）結案

與面訪的結案相同，電話訪問的結案工作也包括了報告撰寫、經費核銷及檔案存檔三個項目，請參考面訪的執行步驟。

三、自填式問卷的執行

自填式問卷包括郵寄問卷及網路調查問卷，二者的差異在於問卷呈現的形式（一為紙張、一為電腦檔案）及寄發的方式（實體郵件與電子郵件）不同，但在執行時的工作項目及程序則大致相同。自填式問卷的執行步驟如下：

（一）規劃流程

　　執行自填式問卷的程序，由於在訪問的過程，不需要由訪員進行訪問工作，所牽涉之人工作業較少，較面訪及電話訪問方式簡便；但即使是採用自填式問卷方式，其執行程序在抽樣、問卷設計及資料處理方面，與面訪及電話訪問相同，仍然必須經過審慎的準備與規劃，方能使整個過程順利無誤。在籌備的階段，最重要的工作即是依執行流程設計一份工作流程表，把過程所需進行的工作分類，然後在每一大類中再細分工作項目，如表 7-5 所示，儘量完整列出每一類中的工作項目，並預設各工作項目的完成期限。另外，執行過程中可能使用的各式表格或文件，也應依標準化的命名規則分類建檔。

表 7-5　自填式問卷工作流程表

計畫名稱			
電腦編號			
委託單位		計畫主持人	
執行期間	＿年＿月＿日～＿年＿月＿日	專案助理	
研究人員			
各子項目執行期限	工　作　項　目（完成打 V）		
＿年＿月＿日 至 ＿年＿月＿日	1. 啟動 □(1)領取資料簿　□(2)領取標準化檔案		
＿年＿月＿日 至 ＿年＿月＿日	2. 抽樣 □(1)抽 PSU　　□(2)抽中選村里　　□(3)抽出樣本數 □(4)印抽樣表　□(5)抽出受訪者　　□(6)戶籍電腦檔抽樣 □(7)發函相關單位　　　　　□(8)抽樣員訓練 □(9)抽樣員聘書 □(10)抽樣日期：＿＿＿年＿＿＿月＿＿＿日～＿＿＿年＿＿＿月＿＿＿日		
＿年＿月＿日 至 ＿年＿月＿日	3. 設計問卷 □(1)開會通知　□(2)問卷試測與試測紀錄表　□(3)完成＿＿份 □(4)檢討會議（＿＿＿年＿＿＿月＿＿＿日） □(5)問卷內容校對　□(6)問卷定稿 □(7)印製問卷： 　　　問卷類別及份數：＿＿卷＿＿份；＿＿卷＿＿份；＿＿卷＿＿份		

表 7-5 自填式問卷工作流程表（續）

日期	工作項目
__年__月__日 至 __年__月__日	4. 寄發問卷給受訪者 □(1)印製寄發信封或受訪者名單 □(2)受訪者地址表 □(3)寄發 □(4)受訪者來電紀錄表
__年__月__日 至 __年__月__日	5. 採購禮物：_____份
__年__月__日 至 __年__月__日	6. 執行訪問： □(1)訪問執行期間___年___月___日～___年___月___日 □(2)訪問成功份數回報彙整表 □(3)寄送催收信 　第一次：___年___月___日 　第二次：___年___月___日 　第三次：___年___月___日
__年__月__日 至 __年__月__日	7. 編碼：_____年_____月_____日完成
__年__月__日 至 __年__月__日	8. 鍵入資料： □(1)撰寫輸入程式 □(2)輸入： 　□問卷（__年__月__日完成） 　□樣本彙整表（__年__月__日完成）
__年__月__日 至 __年__月__日	9. 檢查資料：_____年_____月_____日完成
__年__月__日 至 __年__月__日	10.結案： □(1)報告撰寫 □(2)資料存檔 □(3)經費核銷

（二）抽樣

　　抽樣的目的在於根據研究的目的及經費的情況抽出足以代表母體的樣本。不論採用何種訪問形式的研究，執行抽樣的程序正確與否，對樣本的代表性會有所影響，因此在執行抽樣工作的過程，都必須特別注意抽樣程序的正確。自填式問卷的抽樣方式與面訪的抽樣，在程序及注意事項上幾乎完全相同，詳情請參考面訪的執行之抽樣項目。但在郵寄問卷的抽樣

程序上，如果原始母體資料不是電腦檔案，可以由電腦執行抽樣，而需由人工進行抽樣時，抽樣人員在謄寫時不僅字跡需清楚，且需特別注意受訪者姓名及住址等基本資料的正確性，以減低因筆誤而產生之失敗率。同樣地，網路問卷收件人的戶名及地址在建檔時，也必須特別注意減少鍵入時打字的錯誤，以免發生無法寄發之問題。

（三）設計問卷

以自填式問卷進行調查的研究，問卷設計的原理及原則與其他訪問方式相仿（請參見面訪及電話訪問之問卷設計項目），然而自填式問卷的設計，相對地卻較其他的訪問形式複雜。因為自填式問卷是由受訪者自行填答，缺乏「訪員」作為問卷題目與受訪者之間的媒介，以引起（勸說）受訪者參與意願、讀題以及協助答題；所以自填式問卷本身的設計在某種程度上，必須足以取代訪員的角色，因此自填式問卷對研究結果的影響，不僅與題目的測量是否正確有關，甚至問卷格式也會影響受訪者的回答意願以及回答的正確性。

自填式問卷的設計有二個主要目標：減少失敗率，以及減少和避免測量錯誤（Dillman 2000, 81）。在減少失敗率方面，郵寄問卷的設計必須是一份易於受訪者（respondent-friendly）回答的問卷，方能提高受訪者回答的意願。而在減少和避免測量誤差方面，自填式問卷的格式除了要能吸引受訪者答題，且易於受訪者回答外，問卷的形式也必須能正確地指引受訪者不漏失問題，與依照問卷之邏輯與順序答題。換言之，自填式問卷的設計不僅應注意題目的效度與信度，還需考慮問卷格式的美觀與答題說明的正確性。有關問卷設計的測量問題在第六章中已有詳細的討論，在此不再贅述。然而在問卷的格式及答題說明方面，有一些原則必須注意：

1. 封面及問卷應有些美工設計，郵寄問卷也應選擇品質較好的紙張來印製問卷及信封，以引起受訪者的興趣，並提高填答意願。尤其信封或問卷封面上的設計必須能突顯主題，以免被誤視為一般廣告郵件，在未拆封前即被丟棄。

2. 問卷內格式必須一致，以方便受訪者填答。問卷中所用的字體、字形大小或者圖案標誌都應有固定的規則可循，以免因填答的難度太高而使受訪者失去填答的意願。

3. 問卷格式以看起來簡單明瞭為原則，不要使用太複雜的設計，太多的反白、網點、劃線、格線、色彩或字體變化，會增加受訪者讀題時的負擔。

4. 網路調查應設法解決因不同電腦可能造成不同受訪者所看到問卷形式不同的問題。

5. 問卷中可以加上一些非文字的指示，以視覺上的效果指引受訪者答題，例如以箭頭符號指示跳題順序：

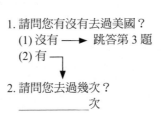

在問卷初稿草擬完成之後，同樣也應對初步問卷進行試測。自填性問卷試測和其他訪問方式的重點相同，但除了測試問卷中是否有題意不清晰、題目不易瞭解以及任何不恰當之處以外，還需請受試者特別針對問卷的美工設計是否足以引起填答興趣、問卷格式是否易於填答，或者有其他格式上缺點等技術性的問題上，提出建議以修正問卷的缺失。

（四）寄發問卷

郵寄問卷及網路調查的主要差異之一即在寄發問卷給受訪者的方式，然而不論是實體郵件或電子郵件，仍有一些特別需要注意的細節：

1.郵寄問卷

(1) 信封上的地址及收件人姓名儘可能打字印刷，若以人工書寫，不應潦草或簡寫，以免無法投遞而使回收率減低。

(2) 寄發時最好分批在不同郵局投遞，此舉可以分散各郵局工作量，爭取

處理時效，同時也可減低信件遺失的風險。

2.網路調查

(1)受訪者電子帳號及地址應力求正確，以免因無法投遞而減低回收率。

(2)將寄發者本人列入寄發名單之中，以便測試投遞是否成功。

（五）採購禮物

　　若經費許可，可以提供禮物作為填答問卷的報酬，以增加受訪者填答的意願。禮物可以依研究性質及對象不同，投其所好以收較大的成效，例如網路調查之填答者，可以贈送電腦相關產品或提供網路貨幣。

（六）寄送催收信函

　　自填式問卷執行時最大的挑戰在於回收率通常偏低的問題，因此除了問卷設計必須足以引發填答意願，以及提供禮物以增加誘因外，另一個可以努力的步驟即是寄發催收信函，以提高受訪者填答及寄回問卷的意願。催收信函的寄發時機及次數，視研究期間長短及回收狀況而定：第一次寄發的時間約在寄出後的二週之後，以提醒受訪者填答；第四週再寄一次信函，並附上一份問卷；若回收率仍然不理想，且研究時間仍然允許，可以在第八週再寄一次催收信函及問卷，再次懇請受訪者填答。

（七）資料處理

　　與面訪相同，請參閱面訪的執行。

（八）結案

　　與面訪相同，請參閱面訪的執行。

四、焦點團體的執行

焦點團體研究法，與其他的幾種調查的方式基本上的差異在於焦點團體是以團體討論的方式進行，而非回答或填寫固定的問卷，在執行上與其他幾種研究方法較為不同：

（一）規劃流程

焦點團體方法雖然執行上與其他幾種研究方法差異較大，但仍然應從妥善規劃研究流程開始，設置完整的工作流程表（見表 7-6），將工作項目及期限做事先的計畫與準備，有助於整體工作之推動。

（二）團體分組（Group Segment）

1.確認分組原則及組數

焦點團體討論最重要的步驟之一，即是決定團體的分組原則，以及該次研究所需之組數。分組時的考慮通常與研究的性質、預算以及可使用之資源（例如人力配置是否足夠、是否有可供使用的場地）有關。

2.確認各組討論時間及地點

分組確認後，需決定每一組團體討論的時間及地點，尤其需借用其他單位場地或到外地舉辦時，應事先與借用單位協調借用之時間與地點，待確定後方能開始進行招募參與者的工作。

（三）招募參與者

1.決定招募對象

決定招募對象是由既有之名單、推薦名單或隨機抽樣產生。

2.訓練招募人員

招募人員的主要工作是說服人們來參與討論，這項工作的進行，需要特別的技巧與訓練方能勝任。對招募人員訓練的重點在於傳授說服之技

巧，並確認招募人員瞭解焦點團體的性質及重要性，而能確實傳達予招募的對象，引發對方參與的興趣與意願。

表 7-6　焦點團體工作流程表

計畫名稱			
電腦編號			
委託單位		計畫主持人	
執行期間	___年___月___日～___年___月___日	專案助理	
研究人員			
各子項目 執行期限	工　作　項　目（完成打 V）		
年　月　日 至 年　月　日	1. 啟動 　□(1) 領取資料簿　　　□(2) 領取標準化檔案		
年　月　日 至 年　月　日	2. 分組 　□(1) 確認分組方式 　□(2) 確認各組時間及地點		
年　月　日 至 年　月　日	3. 招募 　□(1) 訓練招募員 　□(2) 聯絡各組參與者 　□(3) 寄發確認信及資料給參與者 　□(4) 確認電話		
年　月　日 至 年　月　日	4. 設計問卷 　□(1) 開會通知　□(2) 試測 　□(3) 檢討會議（___年___月___日）		
年　月　日 至 年　月　日	5. 執行團體討論 　□(1) 確認各組主持人及工作人員　□(2) 布置場地 　□(3) 準備錄音機及錄音帶　　　　□(4) 準備錄影機及錄影帶 　□(5) 準備點心及茶水　　　　　　□(6) 準備參與者名單及聯絡表 　□(7) 確認受訪者出席狀況		
年　月　日 至 年　月　日	6. 資料處理 　□(1) 處理錄音及錄影資料　□(2) 編碼與製表		
年　月　日 至 年　月　日	7. 結案 　□(1) 報告撰寫　□(2) 資料存檔　□(3) 經費核銷		

3.聯絡各組參與者

通常在正式討論舉行前的三至四週進行。與招募對象聯絡時,主要是向對方說明研究目的、參與性質、提供的報酬(點心、餐飲或出席費),需特別注意切勿勉強說服對方,如果對方參與意願不高時,除非能引發其參與意願,否則即使勉強同意出席,屆時仍然可能缺席,反而將導致參與人數短少之情況。在對方同意參與討論之後,務必記錄對方之姓名、地址、電話等資料,以便進行後續之聯絡。

4.寄發確認信及資料給參與者

在進行討論前一週寄發確認信函給參與者,用以提醒參與者。信函內容應包含謝辭、即將討論之主題、舉行討論的日期、時間、討論地點及位置圖。

5.確認電話

在討論的前一天,務必再以電話向參與者確認一次,以提醒參與者並掌握出席情況。

(四)設計問卷

焦點團體的問卷設計,與其他幾種訪問方式的問卷有較大的差異,但基本上也和其他調查一樣,需要經過多次討論及試測的過程。焦點團體因為是開放式的討論,因此在問卷型式及結構上,與其他訪問方式較傾向封閉式的問卷不同,甚至設計的過程也可延伸至團體討論開始之後,再依實際討論的情況,對問卷進行修訂。

(五)執行團體討論

執行焦點團體討論的工作步驟如下:

1.確認各團體主持人及工作人員

負責執行人員須預先排定各團體的主持人、助理主持人及紀錄人員等工作人員值勤表,並正式通知所有人員,並在討論前一天再與所有工作人

員確認。

2.設置場地

工作人員應提早到達會場，確認場地狀況，並將場地及座位做適當之安排。

3.準備及測試錄音錄影設備

檢查準備之錄音帶及錄影帶是否足夠，測試錄音及錄影設備運作是否正常。

4.準備茶水及點心

為參與者及主持人準備之茶水及點心，以食用時不會發出太大聲音為原則，器皿也應避免使用陶瓷或玻璃等易發出聲音之容器，以免干擾錄音品質。

5.攜帶參與者名單及聯絡表

工作人員務必備有參與者名單及聯絡表，以便聯絡未出現之預定參與者。

6.確認參與者出席狀況

工作人員應在討論開始前一個小時，打電話給參與者，確認出席狀況，若缺席人數太多時，應立即由候補名單中遞補。

7.應付突發狀況

有颱風或地震等天災時，應及早通知場次是否取消；當參與者帶小孩、家人或朋友、及有非受邀者出現時，必須臨場決定是否讓他們進入會場，以及應如何另做處置。

（六）資料處理

焦點團體資料的型式通常是錄音帶、主持人的摘要筆記以及參與者書寫的填答紙等質化資料，無法加以量化，因此其資料處理的方式及過程，與以調查訪問得到的資料不同。焦點團體資料的處理方式及過程如下：

1.整理資料

　　焦點團體主要資料來源有錄音帶、錄影帶、主持人的摘要筆記、主持人的記憶、參與者的填答紙等，由於資料型態複雜，因此整理這些資料的方法及詳細程度，依研究目的的要求而定：

(1) 主持人的摘要筆記及記憶：在討論結束時立即整理，尤其主持人與助理主持人應立即簡短討論當日討論內容的重點，並記錄之。

(2) 錄音帶資料：視研究目的決定完全轉換成文字資料，或僅摘錄重點。若決定僅摘錄錄音帶內容之重點，最好由主持人或研究人員進行，以免遺漏重要之資訊。

(3) 參與者的填答紙：應依討論之場次分別與其他類型資料一同置放。

(4) 錄影帶資料：視研究所需決定是否剪輯或保留完整紀錄。

2.編碼與製表

(1) 編碼：焦點團體資料的編碼，是將討論中一些重要概念及經常出現之內容予以編碼，這項工作應由二位編碼人員同時進行，以確認編碼之效度及信度。

(2) 製表：為比較各團體間的差異時，可以將討論內容依問題順序及團體分別製表（如表 7-7 所示），將重要內容摘要置入表格中，團體間在各個問題之異同即可一目瞭然。

表 7-7　焦點團體討論內容紀錄表

	第一個團體	第二個團體	第三個團體	···	
問題一					
問題二					
問題三					
問題四					
⋮					

（七）結案

　　焦點團體的結案方式，與其他幾種訪問相同，請參考面訪的執行。

肆、結語

　　民意調查的執行過程，雖然是民意調查成功的重要關鍵，但卻經常受到以民意調查作為蒐集資料方法者或資料使用者的忽視，然而只重結果不重過程卻往往會造成資料品質的問題，因此民意調查資料品質與執行過程間的關聯性問題，是進行民意調查時須特別注意的環節，缺乏嚴謹的執行過程，所蒐集的資料將會有品質上的顧慮。至於各類型民意調查，在執行程序上雖然不盡相同，但不論是面訪、電話訪問、郵寄問卷、網路調查或者是焦點團體討論的執行，整體而言最重要的概念即是「整體設計」與「標準化程序」，由研究設計開始，對抽樣、資料蒐集及資料處理等執行過程做整體考量，規劃完善的執行流程，針對工作流程中的每一個工作項目，以「正確性」為原則，建立標準化的執行程序，並確實執行之，方能有效控制民意調查的品質。

Chapter 8

民意調查資料的
分析與詮釋

陳陸輝

　　民意調查的資料分析，旨在描述所蒐集資料的分布、解釋具體意義以及驗證其與研究假設的異同。在民意調查的執行過程中，我們經過了研究設計、抽樣、問卷設計與標準化的訪問程序之後，我們從受訪者蒐集到一定的調查資料。本章的目的，在於說明我們如何分析以及解釋這些民意調查的資料。本章將分為幾個主要部分，包括：資料的描述、變數之間關係的描述、變數間關係的檢定以及調查資料的詮釋。

壹、調查資料的描述

　　當調查研究的資料經過編碼、過錄、輸入電腦以及檢誤之後，所有觀察對象的相關資訊大多以數字方式呈現。如本書第六章所述，從我們所獲得資訊的多寡，可以依蒐集資料的測量尺度可分為名目尺度、順序尺度、等距尺度以及等比尺度等四種類別。我們在呈現調查研究結果的時候，也必須依照資料測量的程度不同，而採用不同的統計方法加以描述。

一、次數分配表（Frequency Table）

　　次數分配表是將我們所觀察的主體，依照不同的類別分別予以列出，並描述每一類別出現的次數與百分比的表格。當每一類別只代表一個數值，我們稱為未合併資料（ungrouped data）；當每一個類別所代表的數值為一個以上，我們稱為合併資料（grouped data）。

　　在民意調查的資料中，通常以名目資料為主。因此，在描述資料分布時，以次數分配表呈現是一個不錯的方式。我們運用「台灣選舉與民主化調查」（TEDS）在 2023 年 3 月進行的總統滿意度電話訪問調查資料，討論民眾對於蔡英文的的施政滿意度。[1]以表 8-1 為例，我們請教民眾對蔡

1　表 8-1 至表 8-8 使用的資料係採自〈2020 年至 2024 年「台灣選舉與民主化調查」四年期研究規劃〉（TEDS2020～TEDS2024）（MOST 109-2740-H-004-004-SS4）的 TEDS2022_PA03 電訪資料。該期計畫總召集人為國立政治大學陳陸輝教授。詳細資料請參閱 TEDS 網頁：http://www.tedsnet.org。作者感謝上述機構及人員提供資料協助，惟本章之內容概由作者自行負責。

表 8-1　**民眾對蔡英文總統施政滿意度的次數分配表**

	（樣本數）	百分比
非常不滿意	(203)	16.8
不太滿意	(254)	21.0
有點滿意	(372)	30.9
非常滿意	(209)	17.3
無反應*	(168)	13.9
合計	(1,205)	100.0

資料來源：陳陸輝（2023）。

說明：*無反應包含受訪者回答：「拒答」、「看情形」、「無意見」、「不知道」。

英文總統擔任總統以來的施政滿意程度。其中，認為「有點滿意」約三成一、「非常滿意」為一成七，兩者合計約有四成八的民眾對蔡總統感到滿意。至於表示「不太滿意」約兩成一、「非常不滿意」約一成七，兩者合計約有三成八較不滿意。至於沒有表示具體意見的民眾，約有一成四。

　　在民意調查的測量中，我們還可以請民眾以打分數的方式對政治人物加以評價。例如，我們對於各主要政黨的人物，以「0」到「10」來加以評價，表 8-2 是民眾對賴清德的好惡程度。從表 8-2 中可以發現回答從「0」到「10」的各種評價分布。例如，民眾對賴清德的好惡給「0」的出現次數（frequency）共 39 位，占所有回答的 1,140 位有給予評分受訪者的 3.4%。一般而言，以出現次數來呈現民意調查資料讀者較不容易有更具體的概念，因為隨著樣本大小的不同，同樣的次數可能代表不同的百分比。例如，當我們的樣本數是 1,000 人時，93 位對賴清德「非常不喜歡」的百分比為 9.3%，但是當我們的樣本數達到 2,000 人時，則僅有 4.7%。因此，以百分比來呈現，較容易看出一個特定類別在所有樣本中出現的相對頻率是多還是少。

　　至於表 8-2 的累積百分比是指累計該類別以及比該類別的數值還低的所有觀察值的次數分布總數，占所有觀察對象的百分比。例如，給予賴清德喜好程度為「5」的受訪者出現次數為 206，不過，累計相對次數則是將給予賴清德喜好程度「0」到「5」的受訪者一起加總之後（總數為

表 8-2　民眾對賴清德好惡程度分配表

評分	（樣本數）	直欄百分比	累積百分比
0	(39)	3.4	3.4
1	(11)	0.9	4.3
2	(25)	2.2	6.6
3	(78)	6.9	13.4
4	(52)	4.5	18.0
5	(206)	18.1	36.1
6	(206)	18.1	54.1
7	(155)	13.6	67.7
8	(181)	15.9	83.6
9	(73)	6.4	90.0
10	(114)	10.0	100.0
合計	(1,140)	100.0	

資料來源：見表 8-1。

說明：問卷題目是：「我們想請教您對幾位政治人物的感覺，如果 0 代表您很不喜歡他，10 代表您非常喜歡他，請問 0 到 10。請問您會給賴清德多少？」本次訪問成功樣本數為 1,205，扣掉 65 位「無反應」的受訪者，本表中所列有效樣本數為 1,140 位。表中數字經過加權，故百分比會因四捨五入而略有差異。

411），再除以回答人數（為 1,140），而得到 36.1% 這個值。換言之，如果我們將民眾給政治人物的喜好評價為「6」以及以上者，定義為民眾對其表示「喜歡」的話，那在表中民眾對賴清德喜好程度，沒有給予其「喜歡」評價的受訪者，包括給予其「0」到「5」的受訪者，占 36.1%。而累計百分比就是所謂的百分位數（percentile rank, PR）。例如，表 8-2 中的數字如果是表示一個有 1,140 位同學參加，題目共有 10 題的學力測驗，若有一位學生答對 5 題，他在這 1,140 位同學中的百分位數就是 36.1（他的 PR 值即為 36.1），也就是有 36.1% 的學生答對題目的題數與他相同或是比他少。累計百分比或是百分位數這個統計方法，通常運用在資料為順序尺度、等距尺度以及等比尺度時。

由於表 8-2 中共有 11 個類表，有時我們覺得類別太多，還可以將其

中若干類別合併以較為簡化的方式呈現資料。例如，我們可以將民眾對賴清德的喜好程度分成以下三個類別：「0-4」、「5」、「6-10」，而重新呈現該資料如表 8-3。從表 8-3 中可以發現，民眾對賴清德喜好程度為「0至 4」者有 205 位，占所有有效樣本的 18.0%。而喜好程度為「5」者有206 位，為所有有效樣本的 18.1%。至於喜好程度為「6 至 10」者有 729位，是所有有效樣本的 63.9%。對於一般評分題目，一個重要的問題就是如何解釋這個結果。以表 8-3 為例，有不及五分之一的民眾給予「5」的喜好度，這些民眾應該算是覺得普普通通？喜歡？還是不喜歡？就很值得討論。給分在「0 至 4」者，視為「不喜歡」較無疑義，而給分在「6 至10」者，應該視為「喜歡」。所以，我們在解讀這種打分數的題目時，一定要非常小心。

在以合併資料的方式呈現民調的資料時，除了一般約定成俗的用法之外，也必須注意合併類別的一致性與合理性。比方說，將一般家庭的月收入劃分成「19,999 元及以下」、「20,000 元至 39,999 元」、「40,000元至 59,999 元」……，會比「19,999 元及以下」、「20,000 元至 34,999元」、「35,000 元至 49,999 元」……這種方式來得適當，因為，前者是以每 2 萬元為間隔，後者的間隔則忽為 2 萬忽為 1 萬 5,000 元，較不一致。

在次數分配表中，當我們所擁有的資料是屬於名目尺度時，一般我們以次數及百分比來呈現。而當我們分析的資料性質屬於順序、等距或是等比尺度時，我們不但可以呈現該資料的次數以及百分比，也可以如上表一

表 8-3　民眾對賴清德好惡程度三分類的次數分配表

評分	（樣本數）	直欄百分比	累積百分比
0-4	(205)	18.0	18.0
5	(206)	18.1	36.1
6-10	(729)	63.9	100.0
合計	(1,140)	100.0	

資料來源：見表 8-1。

說明：問卷題目與其他說明參考表 8-2。

樣列出其累積百分比,指出特定類別在總體中的相對位置。例如,我們可以看一位嬰兒的身高體重,在同年齡嬰兒的身高體重的百分位數,就知道他/她的體型在同年齡中是屬於較高、較瘦或是適中的。此外,一個競選連任的縣市長候選人,可以將他在上次選舉中在各村里的得票數從高到低排列,而找出他主要的票倉在哪些村里或是地區。

我們除了用次數分布(配)表來呈現資料之外,還可以用圖形來加以呈現。一般而言,我們可以使用圓餅圖(pie chart)、長條圖(bar chart)來呈現名目資料,也可以用直方圖(histogram)來表現包括等距資料以及等比資料的數字資料。我們將在下一章討論如何運用上述圖形,來描述資料的分布。

二、中央趨勢(Central Tendency)

當我們面對一組資料,而必須用最快速而簡單的統計,向別人陳述資料的共同趨勢時,我們描述該資料的中央趨勢。例如,在民意調查結束之後,我們會想知道台灣地區居民的平均家庭收入是多少,也會想知道每位民眾在總統大選中參加造勢大會的平均次數,也更想知道民眾對國內主要政治人物的評分高低。

中央趨勢通常包括平均數、中位數與眾數。一般而言,對調查訪問資料中央趨勢的描述,是以等距或是等比資料為對象,為了便於說明,以下將民眾在公元 2023 年時,對國內各主要政治人物的評分以及對蔡英文總統的喜好程度視為等比資料,來加以分析。

(一)平均數(Mean)

當我們將所有的觀察值加總,除以觀察值的個數,所得的數值就是平均數。其計算的公式可用數學式表示如下:

$$母體平均數\ \mu = \frac{\sum\limits_{i=1}^{N} X_i}{N} \tag{8-1}$$

$$樣本平均數\ \bar{X} = \frac{\sum_{i=1}^{n} x_i}{n} \tag{8-2}$$

以表 8-2 中民眾對民進黨喜好程度為例，所有回答的 1,140 位受訪者的分數加總除以樣本數 1,140，所得到的值就是平均數。在表 8-2 的例子中，民眾對賴清德喜好程度之平均數為 6.23。

（二）中位數（Median）

中位數是指資料中，觀察值落於所有資料的中心位置的那個數值。找尋一個變數中位數的方式是：先將我們蒐集到的資料由小到大排序，找出位於該資料中間的位置，也就是累積百分比為 50.0%，即為中位數所在的位置。而位於中間位置的那一個數字，即為中位數。如果我們的觀察的樣本數是奇數，則中位數所在的位置是第（樣本數 +1）/2 位，該位置之數值即為中位數。例如，我們有 5 個觀察值，中位數所在的位置即為第 3 位。如果我們觀察對象的個數為偶數，中位數的計算方式就是中間點的左右兩個數字，加總以後除以 2。例如，觀察值有 6 個，中位數即為第 3 個數字與第 4 個數字的平均值。從表 8-2 的累積百分比中可以發現，選民對賴清德喜好程度的中位數是 6。

（三）眾數（Mode）

描述資料的中央趨勢的另一種方法是眾數。所謂眾數是指觀察值中出現次數最多的那一個數值。我們可以從一個變數出現各數值的相對次數中，找到出現次數最多的那個數值，即為眾數。以表 8-2 中可以發現，民眾對賴清德喜好程度出現頻率最多的是 5 與 6，該兩個數值因為同為 206 次為最多，因此都是眾數。如果表 8-2 中，民眾對賴清德喜好程度為「6」出現的次數是 207 次的話，則 6 就是該分布唯一的眾數。另一種情況是，所有的評分出現的次數都相同時，我們就沒有眾數。所以，一筆資料有時候會超過一個眾數，有時一個都沒有。

三、離散程度的描述

如果我們在比較兩組或是多組觀察值時，除了瞭解其中央趨勢外，我們也可以一些有關資料離散程度的統計值，來看該組內各觀察值，偏離中央趨勢的程度。一般而言，測量離散程度的統計方法包括：全距（range, R）、四分位距（inter-quartile range, IQR）、平均絕對離差（mean absolute deviation, MAD）、變異數（variance）、標準差（standard deviation, SD）以及變異係數（coefficient of variation, CV）。以下簡單介紹。

（一）全距

全距是最簡單的離散測量方式，它的計算方式是：

$$觀察值中的最大值 - 觀察值中的最小值 = R \qquad (8\text{-}3)$$

所以，表 8-2 中，受訪者對賴清德評分的全距就是 10。由於全距只運用極大值與極小值來加以計算，而不考慮整個資料的分布趨勢。例如，表 8-2 中若是只有一位受訪者對賴清德喜好程度是 0，而所有其他的受訪者都給賴清德 10 的喜好評價，則全距還是與表 8-2 的結果相同，可見全距較不能敏感地反映出整體資料分布的情況。此外，以一般民意調查詢問受訪者的家庭收入而言，要是在某次訪問中，中選的受訪者有電子新貴或是台灣首富，則有關家庭收入的全距會嚴重扭曲，所以全距也較容易受到極端值的影響。

（二）四分位距

四分位距的計算方式是將資料中的第 3 四分位數（在全體資料的相對位置為 75% 者，或是第 75 百分位數）減去資料中的第 1 四分位數（在全體資料的相對位置為 25% 者，或是第 25 百分位數），所得到的差距，就是四分位距。四分位距也就是資料分布中間 50% 的距離。與全距相比，四分位距的優點是較不容易受到極端值的影響。

（三）平均絕對離差

平均數的一個特性就是各觀察值與平均數間的差的總和等於零，也就是：

$$\sum_{i=1}^{N} (X_i - \mu) = 0 \qquad (8\text{-}4)$$

所以，當我們運用平均數來做更進一步的計算時，以觀察值減去平均數的「離差」（deviation about the mean）來計算時，離差的總合為零，因此，我們用其他的方式，諸如，取離差的絕對值或是平方該離差，作為測量資料離散程度的工具。平均絕對離差的計算方式為每一個觀察值與平均數之間的離差取絕對值後全部加總，再除以觀察的個數。

$$母體\ MAD = \frac{1}{N} \sum_{i=1}^{N} |X_i - \mu| \qquad (8\text{-}5)$$

$$樣本\ mad = \frac{1}{n} \sum_{i=1}^{n} |x_i - \overline{X}| \qquad (8\text{-}6)$$

平均絕對離差的解釋方式與所有的離散測量方式一樣，那就是：平均絕對離差值愈大表示該筆資料的離散程度愈高。

（四）變異數

另外一種避免離差正負相抵消，導致我們無法測量離散程度的方式，就是將離差平方，統計上最常使用的方式就是變異數。

$$母體\quad \sigma^2 = \frac{1}{N} \sum_{i=1}^{N} (X_i - \mu)^2 \qquad (8\text{-}7)$$

$$樣本\quad s^2 = \frac{1}{n-1} \sum_{i=1}^{n} (x_i - \overline{X})^2 \qquad (8\text{-}8)$$

一般而言，變異數愈大，表示離散程度愈高，因為離差經過平方，所以變異數的數值一定為正數。若是變異數為零，則表示觀察值之間沒有變異情況，所有的觀察值皆等於平均數。計算變異數會考慮所有觀察值，可以反

映所有觀察對象的分布情況。變異數的計算結果也適合用於計算其他的數值以及統計推論工作。是一個統計上常用來描述觀察對象變異情況的指標。不過變異數的缺點就是：因為所有的離差都被平方了，因此，所得到的計算單位也變成了平方，解釋較為困難。

（五）標準差

標準差的計算方式就是取變異數的平方根。

$$母體標準差\ \sigma = \sqrt{\frac{1}{N} \sum_{i=1}^{N} (X_i - \mu)^2} \qquad (8\text{-}9)$$

$$樣本標準差\ s = \sqrt{\frac{1}{n-1} \sum_{i=1}^{n} (x_i - \overline{X})^2} \qquad (8\text{-}10)$$

表 8-2 的標準差為 2.39。通常，標準差落在最小以及最大的絕對離差之間。以表 8-2 為例，最大的絕對離差為 6.23，而最小的是 0.23，所以標準差是落在這兩個絕對離差之間。由於標準差使用的是原單位，所以解釋起來較變異數為佳。

標準差的另外一個優點，就是當我們的資料為常態分布時，在平均數正負一個標準差的區間之內（$\mu \pm \sigma$），涵蓋了 68% 的所有觀察值，正負兩個標準差（$\mu \pm 2\sigma$），約包括了 95% 的所有觀察值，而正負三個標準差（$\mu \pm 3\sigma$），則包括了 99.7% 的所有觀察值（參考本章附錄一）。此外，我們將常態分布的觀察值減去平均數之後，再除以標準差，就得到標準分數（standard score）或是 z 分數。標準分數的平均數為 0 標準差為 1。

除了上述幾種離散程度的測量之外，當我們要比較兩組資料的相對離散程度時，一個常用的測量的方式就是變異係數。它的測量方式就是將變數的標準差除以平均數。數值愈大者，表示其變異程度愈大。

應用幾個測量離散程度的方法，我們計算民眾對國內幾個主要政治人物的評價。從表 8-4 中的樣本數欄位可以發現，民眾對三位的瞭解程度相當，而使得參與回答的人數也相近。民眾能對柯文哲表達好惡程度的人最多，在 1,205 位參與訪問的受訪者中，有 1,146 位受訪者給予評分，

表 8-4　民眾對國內政治人物好惡程度描述性統計一覽表

	賴清德	侯友宜	柯文哲
平均數	6.23	6.27	5.26
標準差	2.39	2.22	2.78
變異數	5.69	4.94	7.73
全距	10.00	10.00	10.00
（樣本數）	(1,140)	(1,141)	(1,146)

資料來源：見表 8-1。

說明：問卷題目與其他說明參考表 8-2。

國民黨的侯友宜有 1,141 位給予評分，而賴清德則有 1,140 位受訪者給予評分。就幾位人物而言，民眾對侯友宜的喜歡程度之平均得分最高，為 6.27，賴清德為其次的 6.23，柯文哲則為最低的 5.26。幾種離散程度的測量中，三位的全距相同，變異數或標準差以柯文哲最大，侯友宜最小，表示民眾對柯文哲的好惡程度分布相對上較為分散，而對侯友宜的好惡程度的分布較為集中。

貳、變數之間關係的描述

有關變數之間關聯性的描述，本節將分為兩大部分。首先，描述變數之間獨立性的檢定，其次，則說明變數之間的關聯程度。

一、變數間獨立性的卡方獨立性檢定（Chi-Square Test for Independence）

卡方獨立性檢定提供我們檢定我們實際觀察到的對象的分布（觀察值）以及理論上假設的預設分布（期望值）之間的差異。通常，理論上的假設是認為該變數的分布屬於隨機分布，所以，當觀察值偏離期望值達到一定的程度時，我們就判定該變數各數值之間的分布不是獨立的。由於卡方值相當容易計算也對母體分布沒有太多的假設，所以，是一個相當受歡

迎的假設檢定方式。以下，我們分別說明單一變數以及兩個變數時的卡方獨立性檢定。

（一）單一變數的卡方獨立性檢定

在一般的選舉當中，我們想知道民眾對於家中過去一年經濟狀況的評估是隨機的還是具有一定的模式？以上述的 TEDS 2023 年 3 月總統滿意度電話訪問的調查資料為例，選民回答台灣現在的經濟情況與過去半年相比的評估，其回答的分布如表 8-5。在此要說明的是：因為是民眾主觀的認知，所以，民眾主觀的認知與客觀的資料之間會出現若干差異。此處為了方便說明，我們進一步假設，民眾對於台灣社會整體經濟狀況的評估只有「比較不好」、「差不多」或「比較好」三項，至於「無反應」的民眾並不納入分析，我們在該表中也將卡方值計算的方式一併呈現。

計算卡方值的四個計算步驟依序是：

1. 考慮我們的虛無假設（H_0）是民眾在對整體經濟狀況評估時，選擇上述三項評估的機率應該相同，民眾認為經濟情況「比較不好」的母體機率是 $\pi = 1/3$。我們依此原則計算各選項的機率。有關虛無假設的提出以及相關的假設檢定，我們在下一節會詳細敘述。

2. 期望值是樣本數乘以選擇機率。如果每個選項的被選擇機率相同，民眾的選擇人次應該是等機率地分布在各選項上。也就是：

$$E = N \times \pi$$

3. 我們接下來要考慮，實際觀察值（O）跟期望值（E）之間的差異（O – E）。因為將差異相加會等於 0，所以，將差異平方。為了要反應選項的相對重要性，所以要將各差異平方除以各選項應出現次數的期望值。

表 8-5　民眾對過去半年臺灣經濟情況變化的評估的卡方值計算方式

觀察值			四階段卡方值計算		
經濟評估	人數（O）	1.機率（p）	2.期望值（$E = N \times p$）	3.差異（O－E）	4.差方以及加權（O－E）^{2}/E
比較好	544	1/3	$1,166 \times 1/3 = 388.67$	$544 - 388.67 = 155.33$	$(155.33)^2/388.67 = 62.08$
差不多	436	1/3	388.67	47.33	5.76
比較好	186	1/3	388.67	−202.67	105.68
小計	1,166	1.00	1,166.00		卡方值 = 173.52

資料來源：見表 8-1。

說明：問卷題目是：「請問您覺得臺灣現在的經濟狀況與半年前相比，是比較好、比較不好，還是差不多？」本次訪問成功 1,205 位受訪者，扣掉 39 位「無反應」的受訪者，表中所列的有效樣本數為 1,166 位。

表 8-5 中計算所得就稱之為卡方值（chi-square, χ^2）：

$$\chi^2 = \sum \frac{(O - E)^2}{E} \tag{8-11}$$

卡方值自由度（degree of freedom, $d.f.$）的計算方式為

$$d.f. = r - 1 \tag{8-12}$$

其中，r 細格數（cell）或是橫列數（row），此處因為有 3 個選項，所以為 3 – 1 = 2。

從本章附錄三中可以發現，當自由度為 2，χ^2 = 173.52 時，虛無假設為真的機率（p 值）是小於 0.001。所以，在傳統的 5% 決定標準而言，我們拒絕我們原先認為民眾對國家經濟情況是隨機分布的虛無假設。民眾對國家經濟狀況評估出現的機率是不一樣的。p 值可以簡單理解為統計虛無

假設為真的機率，有關 p 值之意義以及假設檢定部分，本章以下會繼續說明。

（二）卡方獨立性檢定：交叉列表

我們除了要瞭解一個變數各數值的分布是不是隨機分布之外，我們還希望瞭解兩個變數之間是不是完全獨立或是具有一定的關聯性。以本章上述的民眾對於家庭經濟狀況的評估為例子，我們也想知道不同政黨傾向的民眾會不會因為政治立場不同，而對經濟情況的評估也有不同？政黨傾向與經濟評估這兩個變數之間，是各自獨立分布，還是具有一定的關聯？我們仍以 TEDS2023_PA03 的電話訪問資料為例，在政黨傾向方面，我們以認同「國民黨」、「民進黨」、「民眾黨」與「無傾向」四分類進行分析，排除其他的政黨認同者，初步的結果分布如表 8-6。

我們研究的虛無假設是：不同政黨傾向的民眾，在國家經濟的評估上是沒有差異的。也就是：

$$H_0 : P_{ij} = P_i P_j \qquad (8\text{-}13)$$

卡方獨立性檢定的公式為

表 8-6　不同政黨傾向民眾對經濟情況評估的交叉列表與邊際相對次數分布

i \ j		1	2	3	合計	直欄相對次數 P_i
		經濟評估				
		比較不好	差不多	比較好		
1	國民黨	138	82	21	241	0.210
2	民進黨	113	168	83	364	0.317
3	民眾黨	65	34	15	114	0.099
4	無傾向	223	141	65	429	0.374
合計		539	425	184	1148	
橫列相對次數 P_j		0.470	0.370	0.160		

資料來源：見表 8-1。

說明：表中數字除了相對次數外，為我們調查的實際觀察值（O）。

$$\chi^2 = \Sigma \frac{(O-E)^2}{E} \qquad\qquad (8\text{-}14)$$

計算的程序如下：

1. 假設兩個變數之間的關係為獨立，計算 $P_{ij} = P_i\, P_j$

	比較不好	差不多	比較好	P_i
國民黨	0.099	0.078	0.034	0.210
民進黨	0.149	0.117	0.051	0.317
民眾黨	0.047	0.037	0.016	0.099
無傾向	0.175	0.138	0.060	0.374
P_j	0.470	0.370	0.160	

2. 接著，我們計算出次數分布的期望值（$E = N \times P_{ij}$）。如果，民眾的政黨傾向與其對家庭經濟狀況評估之間的關係是彼此獨立的話，他們選擇三個經濟情況的期望次數應該如下表：

	比較不好	差不多	比較好
國民黨	113.15	89.22	38.63
民進黨	170.90	134.76	58.34
民眾黨	53.52	42.20	18.27
無傾向	201.42	158.82	68.76

3. 接下來，我們計算實際觀察值與期望值之間的差異（$O-E$）

	比較不好	差不多	比較好
國民黨	24.85	−7.22	−17.63
民進黨	−57.90	33.24	24.66
民眾黨	11.48	−8.20	−3.27
無傾向	21.58	−17.82	−3.76

4. 接著，我們計算每一個格子的卡方值（$O-E$）$^2/E$

	比較不好	差不多	比較好
國民黨	5.46	0.58	8.04
民進黨	19.62	8.20	10.42
民眾黨	2.46	1.59	0.59
無傾向	2.31	2.00	0.21

5. 加總所有格子內的卡方值而得到 $\chi^2 = 61.48$

6. 自由度的計算方式：

$$d.f. = (c-1)(r-1) \qquad （8\text{-}15）$$

其中，c 是直欄（column）數而 r 是橫列（row）數，所以，自由度為

$$(3-1) \times (4-1) = 2 \times 3 = 6$$

從本章附錄三我們查表得知當自由度為 6 而卡方值為 61.48 時，機率（p值）是小於 0.001。所以，從我們的卡方獨立性檢定中可以得知，民眾的政黨傾向與他們對經濟的評估之間，在統計上並不是獨立的。

　　需要注意的是，在進行卡方檢定時，一般的要求是每一個格子期望值應大於或等於 5，也有學者加以放寬到最小的期望值大於或是等於 1。此外，小於 5 的格子數不能超過所有格子數的 20%，以免因為樣本過少而影響推論。例如，我們上面的細格一共有 12 個，如果有其中三格的樣本數少於 5，我們就要特別注意。這表示特定類別的樣本數本來就少，兩個變數交叉之後該細格的期望值少，所以推論時要特別謹慎。

　　除了上述的卡方值的計算之外，我們也希望知道，在不同政黨傾向的民眾中，對經濟評估差異的主要來源。也許，是因為特定政黨傾向的受訪者有非常高的比例認為經濟情況變得比較好或是比較不好所致。以下，我就介紹一個很實用的統計指標，調整後餘值（adjusted residuals），以及其他幾個相關的概念，來協助我們解讀交叉列表。

　　當我們以觀察值減去期望值，（$O-E$），就是餘值。不過，餘值會受到樣本的大小以及變數類別多寡而影響。所以，我們可以用標準化餘值

的公式（standardized residuals）來計算每一個格子的標準化餘值：

$$e_{ij} = (O_{ij} - E_{ij}) / \sqrt{E_{ij}} \qquad （8-16）$$

我們的卡方值也正是將上述的標準化餘值平方之後並且加總而得：

$$\chi^2 = \sum \frac{(O-E)^2}{E} = \sum e_{ij}^2 \qquad （8-17）$$

　　由於標準化餘值的變異數常常小於或是等於 1，所以，一個更好的方式，是運用調整後餘值。它的計算方式為：

$$d_{ij} = e_{ij} / \sqrt{[(1 - N_i / N)(1 - N_j / N)]} \qquad （8-18）$$

調整後餘值的分布是接近標準常態分配，平均數為 0 而標準差為 1。通常 $|d_{ij}|$ 大於等於 1.96 時，表示該格子與其他觀察值之間具有顯著差異，d_{ij} 的正負值則表示該格子出現的頻率偏高或是偏低。若是落在正負 1.96 之間時，則表示該格子出現的頻率只是略高或略低。

　　我們在表 8-7 中計算出每個格子的調整後餘值，從表中可以發現：相對於全體選民，政黨認同國民黨的民眾，有顯著較高的百分比，傾向認為國家經濟情況比較不好（該細格調整後的餘值為 3.61），也有顯著較低的百分比認為國家經濟情況是比較好的（該細格調整後的餘值為 −3.48）。認為差不多的比例略低（該細格調整後的餘值為 −1.08）。民眾黨認同者認為國家經濟情況比較不好的比例也顯著較高（該細格調整後的餘值為 2.27）。至於無政黨傾向者，相對於全體選民，有顯著較高的百分比，

表 8-7　不同政黨傾向民眾對經濟狀況評估的調整後餘值分布表

	比較不好	差不多	比較好
國民黨	3.61	−1.08	−3.48
民進黨	−7.36	4.37	4.26
民眾黨	2.27	−1.68	−0.88
無傾向	2.64	−2.25	−0.63

資料來源：見表 8-1。

傾向認為國家經濟情況比較不好（該細格調整後的餘值為 2.64），也有顯著較低的百分比認為國家經濟情況是差不多（該細格調整後的餘值為 −2.25）。至於民進黨的認同者，相較於全體選民，有顯著較低的百分比，傾向認為國家經濟情況比較不好（該細格調整後的餘值為 −7.36），也有顯著較高的百分比認為家庭經濟情況是差不多（該細格調整後的餘值為 4.37）或是比較好的（該細格調整後的餘值為 4.26）。

表 8-6 其實可以進一步提供我們相當多的資訊，經過一番整理之後，我們可以將表 8-6 重新整理成表 8-8。表 8-8 中包含相當多樣的資訊，先從該表格最底下的合計區塊來看，在橫列百分比以及總百分比中，可以發現民眾對國家經濟評估為「比較不好」、「差不多」與「比較好」的分別

表 8-8　不同政黨傾向民眾對經濟狀況評估的交叉列表與各種百分比

		比較不好	差不多	比較好	合計
國民黨	（樣本數）	(138)	(82)	(21)	(241)
	橫列百分比	57.3%	34.0%	8.7%	100.0%
	直欄百分比	25.6%	19.3%	11.4%	21.0%
	總百分比	12.0%	7.1%	1.8%	21.0%
民進黨	（樣本數）	(113)	(168)	(83)	(364)
	橫列百分比	31.0%	46.2%	22.8%	100.0%
	直欄百分比	21.0%	39.5%	45.1%	31.7%
	總百分比	9.8%	14.6%	7.2%	31.7%
民眾黨	（樣本數）	(65)	(34)	(15)	(114)
	橫列百分比	57.0%	29.8%	13.2%	100.0%
	直欄百分比	12.1%	8.0%	8.2%	9.9%
	總百分比	5.7%	3.0%	1.3%	9.9%
無傾向	（樣本數）	(223)	(141)	(65)	(429)
	橫列百分比	52.0%	32.9%	15.2%	100.0%
	直欄百分比	41.4%	33.2%	35.3%	37.4%
	總百分比	19.4%	12.3%	5.7%	37.4%
合計	（樣本數）	(539)	(425)	(184)	(1,148)
	橫列百分比	47.0%	37.0%	16.0%	100.0%
	直欄百分比	100.0%	100.0%	100.0%	100.0%
	總百分比	47.0%	37.0%	16.0%	100.0%

是 47.0%、37.0% 與 16.0%。這是我們做進一步比較的基礎，也可以說是期望值或是比較基準，當我們討論其他因素，例如，政黨傾向，對民眾國家經濟情況的評估時，就要看這些因素會不會造成民眾經濟情況認知的百分比變得顯著較高或是較低；或是在考慮了政黨傾向的自變數後，卻發現不同政黨傾向民眾在經濟情況的評估上差異不大。

　　接下來，將我們以民眾的政黨傾向做為解釋民眾對國家經濟情況評估差異。在表格最右方欄位的直欄百分比以及總百分比部分，指出了樣本中的認同國民黨、民進黨、民眾黨以及無傾向的受訪者各占我們成功樣本的比例分別為 21.0%、31.7%、9.9% 和 37.4%。

　　我們現在說明表 8-8 所提供給我們的資訊。以國民黨認同者評估國家經濟情況比較不好的區塊為例，樣本數 138 代表在 1,148 位受訪者中，有 138 位國民黨認同且認為國家經濟情況比較不好者，這個百分比，占所有民眾的 12.0%（參考「國民黨」且認為「比較不好」那個區塊的總百分比）。此外，這 138 位認為經濟情況比較不好的受訪者占所有國民黨認同者（最右邊合計欄位括號內數字為 241 位）的 57.3%（也就是橫列百分比）。

　　相較於認為家庭經濟情況比較不好占所有民眾的百分比 47.0%（參考表格最下方合計的橫列百分比），國民黨認同者認為經濟情況比較不好的百分比為 57.3%，較全體民眾高出超過一成。從表 8-7 的調整後餘值來看，它是 3.61，為一個正數且它的絕對值超過 1.96，所以達到統計上的顯著水準。也就是，我們發現國民黨認同者認為國家經濟情況比較不好的百分比是較全體民眾顯著為高，這是在考慮了抽樣誤差之後，我們認為該細格的百分相較於全體民眾的百分比在統計上的顯著的差異。認為經濟情況比較不好的民眾在這次訪問中總共有 539 位，而國民黨認同者占認為家庭經濟情況比較不好的類別的 25.6%（參考直欄百分比），這可以解釋成：在認為家庭經濟情況比較不好的民眾中，國民黨認同者所占的百分比；也就是認為經濟不好的所有民眾中，約有四分之一是來自認同國民黨的民眾。至於表 8-8 的其他類別的解釋方式，可以依照此一要領一一說明。

　　接下來，我們將表 8-8 轉換成我們一般統計常用的表格，表 8-9 是我

們一般常用的格式。就統計的假設來看，我們運用卡方獨立性檢定拒絕統計的虛無假設，表示政黨傾向與民眾對於家庭經濟的評估兩個變數之間並非獨立。我們進一步結合表 8-7 的調整後餘值資訊，以表 8-9 中的數字為說明重點。一般卡方獨立性檢定多將自變數放在橫列，依變數放在直欄。如表 8-9 中的自變數為政黨認同，我們放在橫列，我們要解釋的民眾對於家庭經濟的評價為依變數，放在直欄。我們以表格下方的合計百分比為基準（即期望值），比較分析各自變數中的橫列百分比是否相對總百分比為高或是為低。從表 8-9 中可以發現：國民黨的政黨認同者中有大約接近六成（57.3%）認為家庭經濟情況變得比較不好，較全體民眾的比例（47.0%）顯著為高；國民黨認同者認為經濟情況差不多者也較全體民眾略低，約三分之一（34.0%），而認為比較好的則顯著較低，不及 9%。至於認同民進黨的民眾認為經濟情況比較不好者，相較於全體民眾，為顯著較低，約三成一（31.0%）左右；認為差不多與比較好者顯著較高，各達四成六（46.2%）與二分之三（22.8%）。因此，結合調整後餘值以及表格中的橫列百分比，我們對於卡方獨立性檢定的詮釋，可以更為深入與適

表 8-9　不同政黨傾向對經濟狀況評估的交叉列表與卡方檢定

		比較不好	差不多	比較好	合計
國民黨	（樣本數）	(138)	(82)	(21)	(241)
	橫列百分比	57.3%	34.0%	8.7%	100.0%
民進黨	（樣本數）	(113)	(168)	(83)	(364)
	橫列百分比	31.0%	46.2%	22.8%	100.0%
民眾黨	（樣本數）	(65)	(34)	(15)	(114)
	橫列百分比	57.0%	29.8%	13.2%	100.0%
無傾向	（樣本數）	(223)	(141)	(65)	(429)
	橫列百分比	52.0%	32.9%	15.2%	100.0%
合計	（樣本數）	(539)	(425)	(184)	(1,148)
	橫列百分比	47.0%	37.0%	16.0%	100.0%
統計資訊：自由度 = 6；卡方值 = 61.48；$p < 0.001$					

資料來源：參考表 8-1。

說明：表格中的數字為橫列百分比（括號內為樣本數）。

切。在一般的民意調查中，交叉列表是我們瞭解兩個名目變數之間關係最常用的方法。

二、關聯性的統計

上述的卡方獨立性檢定，提供我們檢驗變數之間的獨立性。我們的基本假設是兩個變數之間不具備任何關係，也就是變數之間彼此獨立。接下來介紹檢驗變數之間關聯程度的方法。必須注意的是，變數的測量程度不同，我們使用的統計方法也不同。以下先介紹名目資料之間的關聯性統計。

（一）名目變數間的關聯性分析

對於名目資料之間的關聯性統計，常常運用的是以卡方值為基礎而衍生出來的不同統計方法。幾種統計方法包括：

1. 均方列聯係數（mean square contingency coefficient），它的計算方式是將卡方值除以樣本數：

$$\phi^2 = \chi^2 / N \qquad (8\text{-}19)$$

表 8-9 經過計算，所得的均方列聯係數為 0.054。

2. 列聯係數（coefficient of contingency），它的計算方式如下：

$$P^2 = \frac{\chi^2 / N}{1 + (\chi^2 / N)} \qquad (8\text{-}20)$$

表 8-9 經過計算，所得的列聯係數為 0.051。列聯係數的分布為 0 到 1，其中 0 代表兩個變數之間獨立，1 表示完全相關。不過，它會受到表格中欄位數目的影響，且即使完全相關也常常無法達到 1。Kendall 與 Stuart 提出修正。

3.

$$T = \frac{\chi^2 / N}{\sqrt{(r-1)(c-1)}}$$　　　　（8-21）

表 8-10 經過計算，所得的 T 值為 0.022。T 值的分布為 0 到 1，而 0 代表兩個變數之間獨立，1 表示完全相關。不過，即使完全相關，也只有在 r = c 時才會出現 T = 1。所以，Cramer 也提出修正。

4.

$$C = \frac{\chi^2 / N}{\min(r-1, \ c-1)}$$　　　　（8-22）

一般而言，當表格中兩個變數的類別數目相同時，也就是當 *r* = *c* 時，*T* = *C*，否則 *C* > *T*。由於表 8-10 的兩個變數的類別數目不同，經過計算所得的 C 值是 0.027，與 T 值並不相同。

5. 另一種常用的相關性測量為 Goodman 與 Kruskal's Lambda 測量。這是屬於一種誤差降低率（proportional reduction of error, PRE）的相關性測量。其值的分布從 0 到 1。基本概念是：當知道一個變數之後，可以減低我們預測另外一個變數所犯錯的比例。 以表 8-10 來說，我們以 TEDS2020 的面訪資料為例，當我們想知道運用選民的政黨傾向來預測

表 8-10　不同政黨傾向民眾對同婚議題態度的交叉列表

		同婚態度_Y		次數分配小計
		反對同婚_1	支持同婚_2	
政黨傾向_X	傾向泛藍_A	250	71	321
	無傾向_B	354	217	571
	傾向泛綠_C	276	428	704
次數分配小計		880	716	1,596

資料來源：黃紀（2020）。

說明：問卷題目為：「去（2019）年 5 月 17 日立法院通過同性婚姻專法（司法院釋字第748 號解釋施行法），請問您對政府推動的這個立法支持還是不支持？」表中數字不包括沒有表示具體態度的民眾。

受訪者對同婚議題的態度時，會減低多少我們所犯的錯誤。整個計算的程序如下：

(1) 如果沒有民眾的政黨傾向（變數 X）的相關資訊，我們預測民眾對同婚議題態度（Y）的最佳方法是運用眾數，使我們的誤差減低到最小，所以，其誤差為 $e_1 = 1 - \dfrac{880}{1596} = 0.449$。

(2) 當我們有一個變數──民眾的政黨傾向──來協助時，誤差的情況如下：

$$\text{若 X = A，則預測 Y = 1 的誤差} = 1 - \frac{250}{321} = 0.221$$

$$\text{若 X = B，則預測 Y = 1 的誤差} = 1 - \frac{354}{571} = 0.380$$

$$\text{若 X = C，則預測 Y = 2 的誤差} = 1 - \frac{428}{704} = 0.392$$

因此，運用 X 變數來預測 Y 變數的總誤差為：

$$e_2 = \frac{321}{1596}(0.221) + \frac{571}{1596}(0.380) + \frac{704}{1596}(0.392) = 0.353$$

$$\therefore \lambda = \frac{e_1 - e_2}{e_1} = \frac{0.449 - 0.353}{0.449} = 0.214$$

所以，當我們運用民眾的政黨認同來預測他們對同婚議題的態度時，減低了 21.4 個百分點的錯誤，換言之，就誤差降低率的觀點來說，我們考量政黨認同之後，並降低我們預測民眾同婚立場的錯誤率超過五分之一，也就是降低了 21.4%。

　　Lambda 的缺點為具有方向性。以上述的例子而言，是我們運用政黨傾向來預測對同婚的態度。若是要用民眾對同婚的態度來預測他們的政黨傾向時，則需要另行計算一次（Lambda 為 0.087）。所以，Lambda 是一種不對稱的關聯性測量方式。整體而言，對名目資料的各種關聯性的測量

方式都不是非常理想。其中，比較常用的是 Lambda。

（二）順序變數間的關聯性分析

　　當我們所研究變數的測量程度都是順序時，我們可以運用以下幾種關聯性的統計。我們運用的兩個變數，是就不同面向，測量受訪者的政治效能感。政治效能感是民眾認為自己可以對政府事務影響的程度，政治效能感愈高，表示他們認為自己愈可能影響政府的事務，效能感愈低，則表示民眾自認為對政府事務的影響力愈低。兩個測量題目中，「官員不在乎」的問卷題目是：「有人說：『政府官員不會在乎我們一般民眾的想法』」而「民眾無影響力」的問卷題目是：「有人說：『我們一般民眾對政府的作為沒有任何影響力』」。然後詢問民眾對上列敘述的同意程度。我們將兩個變數的交叉列表呈現在表 8-11。在交叉列表中我們將變數按照等第的高低依序排列，以民眾對「官員不在乎」這個敘述的態度而言，我們將其從「非常同意」排序到「非常不同意」，而民眾對「民眾無影響力」這個敘述的看法，也是從「非常同意」排序到「非常不同意」。兩個題目中，民眾回答的不同意程度愈高，其政治效能感愈強。

表 8-11　民眾政治效能感的交叉列表

		官員不在乎				
		非常同意	同意	不同意	非常不同意	小計
民眾無影響力	非常同意	29	20	5	3	57
	同意	28	261	89	5	383
	不同意	18	261	620	24	923
	非常不同意	6	40	62	52	160
	小計	81	582	776	84	1,523

資料來源：見表 8-10。

說明：「官員不在乎」的問卷題目是：「有人說：『政府官員不會在乎我們一般民眾的想法』」，而「民眾無影響力」的問卷題目是：「有人說：『我們一般民眾對政府的作為沒有任何影響力』」。然後詢問民眾對上列敘述的同意程度。本次訪問時成功的樣本數 1,680 位，扣掉 157 位「無反應」者，本表中所列成功樣本數為 1,523 位。

　　在表 8-11 中，如果民眾對兩個變數的態度分布是集中在左上到右下的對角線上，表示他們在這兩個變數上的態度一致性較高；相反地，若是民眾對兩個變數的態度分布是由右上到左下的對角線上，則表示他們在這兩個變數上的態度不一致性較高。針對所有的個案，就 X 變數「民眾無影響力」和 Y 變數「官員不在乎」，這兩個變數排序的高低順序兩兩相比，會出現四種情形：

P＝變數高低順序的方向一致的情況；

Q＝變數高低順序的方向不一致的情況；

X_0＝X 順序相同，但是 Y 順序不相同的情況；

Y_0＝Y 順序相同，但是 X 順序不相同的情況。

上述四種情況的計算方式如下：

P：表格中的數字，乘以該數字右下角（東南方）的數字並將以加總，而不管同一直欄或是同一橫列的數字。

Q：表格中的數字，乘以該數字左下角（西南方）的數字並將以加總，而不管同一直欄或是同一橫列的數字。

X_0：每一格數字乘以同一橫列右方的數字並加總。

Y_0：每一格數字乘以同一直欄下方的數字並加總。

接下來，我們先利用上述公式將 P、Q、X_0 和 Y_0 計算出來，再看處理順序與順序資料的相關性分析的幾種測量方式。

$$P = 29（261 + 89 + 5 + 261 + 620 + 24 + 40 + 62 + 52）+ 20（89 + 5 + 620 + 24 + 62 + 52）+ 5（5 + 24 + 52）+ 28（261 + 620 + 24 + 40 + 62 + 52）+ 261（620 + 24 + 62 + 52）+ 89（24 + 52）+ 18（40 + 62 + 52）+ 261（62 + 52）+ 620（52）= 357,471$$

$$Q = 3（28 + 261 + 89 + 18 + 261 + 620 + 6 + 40 + 62）+ 5（28 + 261 + 18 + 261 + 6 + 40）+ 20（28 + 18 + 6）+ 5（18 + 261 + 620 + 6 + 40 + 62）+ 89（18 + 261 + 6 + 40）+ 261（18 + 6）+ 24（6 + 40 + 62）+ 620（6 + 40）+ 261（6）= 81,167$$

X_0=29（20＋5＋3）＋20（5＋3）＋5（3）＋28（261＋89＋5）＋261

（89＋5）＋89（5）＋18（261＋620＋24）＋261（620＋24）

＋620（24）＋6（40＋62＋52）＋40（62＋52）＋62（52）＝

243,868

Y_0=29（28＋18＋6）＋28（18＋6）＋18（6）＋20（261＋261＋40）

＋261（261＋40）＋261（40）＋5（89＋620＋62）＋89（620＋

62）＋620（62）＋3（5＋24＋52）＋5（24＋52）＋24（52）＝

207,393

順序與順序資料間相關程度的測量方式，我們將其整理在表 8-12，該表中的最後一欄也將表 8-11 的各種相關程度計算出來。在表 8-12 的諸多計算順序資料間關聯程度的公式中，如果表格中的直欄數與橫列數相等時（c ＝ r），我們用的關聯性統計是 Kendall's τ_b，它將 X 值相同但是 Y 值不相同以及 Y 值相同 X 值不相同的情況都納入考量，是較為合理的方法。如果表格中的直欄數與橫列數不相等時（c ≠ r），我們用的關聯性統計是 Kendall's τ_c。此外，Kendall's γ 也是描述順序變數之間關聯程度時，另外一種常用的計算方式。雖然，它的缺點是不處理 X 值相同但是 Y 值不相

表 8-12　各種等第變數間關聯性測量的方法

名　　稱	計算公式	計算結果
Kendall's τ_b	$\dfrac{(P-Q)}{\sqrt{(P+Q+X_0)(P+Q+Y_0)}}$	0.416
Kendall's τ_c	$\dfrac{2m(P-Q)}{N^2(m-1)}, m = \min(r, c)$	0.318
Kendall's γ	$\dfrac{(P-Q)}{(P+Q)}$	0.630
Somer's d	$\dfrac{P-Q}{P+Q+Y_0}$，Y 是依變數	0.428
	$\dfrac{P-Q}{P+Q+X_0}$，X 是依變數	0.405

資料來源：見表 8-10。

同以及 Y 值相同 X 值不相同的情況，導致流失很多資訊。不過，它所獲得的值可以直接當作機率解釋。當所獲得的值為 1 時，代表兩個變數的分布是由左上到右下地對角線分布。而當為 0 時，代表兩個變數完全獨立。Somer's *d* 則適用於有獨立變數以及依變數時的關聯性分析，和 Lambda 一樣，它是一種不對稱的統計方式。

（三）等距變數間的關聯性分析

除了名目以及順序資料之外，有時候我們資料的測量程度是等比資料時，我們可以運用皮爾森積差相關（Pearson Product-moment correlation, Pearson's *r*）來檢視變數之間的關聯程度。以下，假設我們有八位民眾，而他們對蔡英文女士（X）與民進黨（Y）的評分的分布情況如表 8-13。表中除了他們的評分之外，還有計算的過程。計算的公式可以參考公式（8-24）或是（8-25）。

$$r = \frac{\sum xy}{\sqrt{\sum x^2} \cdot \sqrt{\sum y^2}} \quad （8\text{-}24）$$

$$= \frac{n \sum XY - (\sum X)(\sum Y)}{\sqrt{[n \sum X^2 - (\sum X)^2] \cdot [n \sum Y^2 - (\sum Y)^2]}} \quad （8\text{-}25）$$

表 8-13　民眾對蔡英文女士與民進黨評價分數分布以及相關程度的計算方式

資　料		離　差		乘　積		
X	Y	$x = X - \overline{X}$	$y = Y - \overline{Y}$	xy	x^2	y^2
80	65	20	15	300	400	225
50	60	−10	10	−100	100	100
36	35	−24	−15	360	576	225
58	39	−2	−11	22	4	121
72	48	12	−2	−24	144	4
60	44	0	−6	0	0	36
56	48	−4	−2	8	16	4
68	61	8	11	88	64	121
$\overline{X} = 60$	$\overline{Y} = 50$			$\sum xy = 654$	$\sum x^2 = 1304$	$\sum y^2 = 836$

$$= 654/\sqrt{1304} \cdot \sqrt{836} = 0.626$$

　　皮爾森積差相關的係數值會落在 −1 與 +1 之間，這個值告訴我們兩個變數之間的關係的方向性以及關聯程度的強弱。當係數為正時，表示兩個變數之間的關係是正向關係，也就是當一個變數增加的時候，另外一個變數也一樣增加，當係數值為 1 時，代表變數之間的關係是完全正向關係（perfect positive relationship），此時，如果我們將一個變數放在水平的 X 軸，另一個變數放在垂直的 Y 軸，並將所有觀察值標註在這個二維空間上，則所有的觀察值會落在一條由左下到右上的直線上。相對地，當係數為負時，代表兩個變數之間的關係是負向關係，也就是當一個變數的值增加時，另外一個變數的值會減少。若是係數值為 −1 時，代表變數之間的關係是完全負向關係（perfect negative relationship），也就是所有的觀察值會落在一條由左上到右下的直線上。另一種情況是皮爾森積差相關的係數值為 0，這表示兩個變數完全獨立，沒有任何關聯性。皮爾森積差相關係數的絕對值愈大，代表兩個變數之間的關聯程度愈密切。一般而言，皮爾森積差相關的係數絕對值在 0.25 以下時，變數之間的關聯性是非常地弱（little or no relationship）。而在 0.26 到 0.50 之間，變數間的關係可以算是中等的關係（fair degree of relationship）。當其絕對值落在 0.51 到 0.75 之間，則變數之間的關聯程度就算是不錯的程度（moderate to good relationship）。在皮爾森積差相關的係數大於 0.75 時，變數之間的關聯程度就是相當不錯或是極佳的關係（very good to excellent relationship）。對社會科學而言，由於測量工具不夠精確，社會科學認為當兩個變數之間的相關係數達到 0.30 時，就算是具有重要的實質或是理論的相關性。

　　經過計算之後，我們發現民眾對蔡英文女士的評價與對民進黨的評價之間的關聯程度是 0.626。表示民眾對蔡英文女士的評價與對民進黨的評價之間的關聯方向是正向關係，也就是當民眾對蔡英文女士的評價愈高，對民進黨的評價就傾向愈高。係數值為 0.626，表示兩個變數之間具有相當不錯的關聯程度。

（四）迴歸與預測

除了上述的幾種統計方式之外，我們還運用迴歸分析，以模型中的自變數的變化情況，來解釋或是預測依變數的變化情況。例如，假設我們的依變數是民眾對蔡英文女士擔任總統的評價，我們請民眾用 0 分到 100 分來對她擔任總統的表現做一個評分。參與評價的受訪者共有表 8-13 的八位民眾，蔡英文女士的平均得分為 60，標準差是 13.65。我們也請民眾對民進黨以 0 到 100 分來評估他們過去一年的表現。初步結果列於表 8-13。此處，我們運用迴歸分析，先用民眾對民進黨的表現為解釋變數（自變數），民眾對蔡英文女士的表現為依變數。整個迴歸方程式可以呈現如下：

$$Y = \beta_0 + \beta_1 X_1 + \varepsilon \qquad (8\text{-}26)$$

方程式（8-26）之中，Y 是我們的依變數，也就是民眾對蔡英文女士擔任總統的評價。而 X_1 是我們的獨立變數或是解釋變數，是一個用來解釋影響蔡英文女士評價的因素。β_0 是迴歸方程式中的常數項，它的定義是當我們把其他解釋變數的值設定為 0 時，依變數（Y）的平均值。β_1 是解釋變數 X_1 的係數，它表示當 X_1 每變動 1 單位時，Y 變動的大小。ε 則是我們模型中的誤差項，當誤差愈小，表示我們的模型愈能夠正確地預測我們的依變數。方程式（8-26）中，因為我們只有運用一個解釋變數在模型中，我們稱之為簡單迴歸分析（simple regression analysis）。如果我們的解釋變數超過一個，則稱之為複迴歸分析（multiple regression analysis）。

經過迴歸分析，我們得到以下的結果：

$$Y = 20.89 + 0.78\, X_1 + \varepsilon$$
$$R^2 = 0.392 \qquad (8\text{-}27)$$

從迴歸分析的結果可以看出來：當選民對民進黨的滿意度為 0 的時候，我們預測選民對蔡英文女士的滿意度是常數項的 β_0，也就是 20.89。當民眾對民進黨的滿意度每增加 1 個單位，他們對蔡英文女士的滿意度就增加

β_1，也就是 0.78 分。也就是當民眾對民進黨評價的分數是 60 的時候，對蔡英文女士分數的預測，$\hat{Y}$，就成了：

$$\hat{Y} = 20.89 + 0.78 \times 60 = 67.69$$

所以，我們可以預測蔡英文女士的分數就成為 67.69 分。在此處我們使用 $\hat{Y}$ 而不用 Y，是因為我們考慮了誤差項之後，

$$\hat{Y} = Y - \hat{\varepsilon} = \beta_0 + \beta_1 X_1$$

而在簡單迴歸分析中，模型（8-27）中的 R^2 與（8-24）的皮爾森積差相關的平方值相同。就模型中民眾對民進黨的評價與他們對蔡英文女士的評價之間的關係而言，皮爾森積差相關的係數為 0.626，這個值平方之後，正是 0.392。也就是方程式（8-27）中的 R^2。因此，R^2 的分布是介於 0 與 1 之間，它可以解釋成：我們依變數的總變異量，被我們迴歸模型解釋的比例。此處我們不想過度鼓勵讀者以追求更高的 R^2 來尋找所謂的「最佳模型」。對於 R^2 的解釋與討論，學者們的觀點有很大的差異，一方認為，更高的 R^2，表示模型解釋的變異量更多，進而推論這是一個較佳的模型。不過，另一方則認為，R^2 並不是一個絕對的測量，而是一個相對的測量。所以，在社會科學的研究中，測量的誤差往往使我們模型的表現並不突出，努力追求更高的 R^2 還不如專注於理論上重要的自變數，例如模型（8-26）中的 X_1，對我們在解釋依變數的變化上，有沒有實質的幫助，是否可以滿足我們的理論以及假設上的需求。

　　從上面的說明可以發現，運用迴歸分析不但可以瞭解到兩個變數之間的關聯程度，還可以進一步知道，當自變數變動 1 個單位時，對依變數的影響有多少，因此，是相當容易運用以及解釋的統計方法。而在複迴歸模型中，我們可以納入更多的解釋變數，比方說，將民眾對國民黨與台灣民眾黨的評價，一起納入當作解釋變數。整個模型可以在控制其他解釋變數之後，檢視特定的解釋變數對我們依變數的影響情況。

　　不過，在進行迴歸分析之前，必須滿足許多模型要求的假設。更重要的是，在調查研究中許多變數的測量程度都只是順序的測量，我們很少

得到具有等比性質的資料。所以，用這些資料進行迴歸分析都必須要做一個很重要的假定，那就是：我們所得到的資料是具備等比的性質。以上述的例子而言，我們都假設民眾對蔡英文女士的評價以及對民進黨過去一年的表現的評分都是等比資料，然後再繼續進行分析。這種假設是否成立，學者之間的意見不盡相同。所以，使用者運用迴歸分析詮釋調查研究資料時，必須相當謹慎。

參、估計與假設檢定

在本節將說明點估計、區間估計以及假設檢定的概念，我們先介紹點估計時一些抽象的概念與判斷估計好壞的標準。接著，再討論各種不同的區間估計方式。最後，我們將運用區間估計的一些原則，進行假設檢定。

一、點估計

當我們談到估計，指的是我們從樣本獲得一定的資訊，藉以推估母體的可能分布，也就是推論統計的應用。推論統計主要討論的主題包括：統計估計以及假設檢定。一般而言，統計估計可分為兩種類型，他們是點估計（point estimation）以及區間估計（interval estimation）。前者是指，我們利用從樣本所得的相關資訊，來推估母體的參數值（parameter）。而後者則是指，我們根據一定的信心水準，對母體參數值做一個上下區間的估計。

我們在估計時，通常會以下列幾個標準，來評估估計式（estimator）的好壞。他們分別是：計算的成本（computational cost）、最小平方（least squares）、無偏性（unbiasedness）、有效性（efficiency）、一致性（consistency）以及大樣本不偏性（asymptotically unbiased）。在電腦發達之後，估計成本較不成問題。一般的最小平方法（ordinary least squares, OLS）會給我們最小平均，因此，我們一般考慮的重點，在於後

面三項。

二、無偏估計的效率

接下來，我們就分別介紹上述判斷估計式好壞的幾個主要標準。

（一）無偏性

當一個樣本的期望值等於它要推論的母體參數值時，我們就稱此估計式為無偏估計。用統計符號表示就是：

$$E(\hat{\theta}) = \theta \qquad （8-29）$$

$E(\hat{\theta})$ 就是樣本的期望值，而 θ 是母體參數值。而偏誤或誤差的計算方式就是

$$Bias \equiv E(\hat{\theta}) - \theta \qquad （8-30）$$

一般而言，我們希望將誤差降到最低，也就是樣本的期望值愈趨近於母體參數值，這個估計式就愈好，最好的情況，當然就是樣本期望值等於母體參數值。

（二）有效性

有效性較高的估計式是我們估計分布的離散程度較集中的估計式，也就是它的變異數較小，這是我們在比較兩個不同的估計量時用的一個標準。以打靶為例子，假設不同的射擊手用同一枝槍進行打靶，在其他條件都相同的情況下，有效性所關切的重點就是彈著點散布集中與否的情況，如果第一位射擊手的彈著點散布非常廣的話，這位射擊手的穩定性就低。相反地，如果第二位射擊手的彈著點散布非常集中，則這位射擊手的穩定性就非常高。我們當然希望我們的估計式就像第二位射擊手一樣。就符號表示的話，假設有兩個估計式，他們的變異數分別是 V 與 U，則相對有效

性的計算方式為：

$$V \text{ 相對於 } U \text{ 的有效性程度} = \frac{Var(V)}{Var(U)} \tag{8-31}$$

公式（8-31）會得到以下三種結果，而三種結果的意義各不相同。

這個值大於 1	這個值等於 1	這個值小於 1
U 的有效性較好	兩個估計式的有效性相同	V 的有效性較好

（三）偏差估計與無偏估計的有效性

有的時候，我們可能得到一個無偏估計式，不過，它的有效性較差；相對而言，也許得到一個有效性很好，卻是極偏差的估計式。另外一種評判估計式好壞的標準是看平均誤差平方（mean squared error, MSE）。假設我們有一個估計式 V，則其平均誤差平方的計算方式為：

$$MSE \equiv E(V - \theta)^2 \tag{8-32}$$

另一種呈現 MSE 的方式是

$$MSE \equiv Var\,(V) + (\varepsilon)^2 \tag{8-33}$$

而 ε 代表誤差。

（四）一致性

一個估計式，θ，我們說它是母體參數值，θ，的一致性估計式，用公式表示，就是這兩者差異的絕對值，小於一個我們任意指定的一個正的常數，e，的機率接近於 1。用符號表示就是：

$$p = \lim_{n \to \infty} \hat{\theta} = \theta \quad \text{or} \quad \lim_{n \to \infty} Prob(|\,\hat{\theta} - \theta\,| < e) = 1 \tag{8-34}$$

也就是說，當我們的樣本數接近於無限大時，一個具備一致性的估計式的

誤差以及變異數，都會趨近於零。一般而言，一個無偏的估計式，通常也是一個具備一致性的估計式。有時一個在小樣本是偏差的估計式，在大樣本時，它的估計式也會具備一致性。所謂大樣本不偏性是指：當樣本增加至無限大時，該估計式的誤差為零。也就是當樣本增至無限大時，所有估計的值集中地命中母體參數值，成為一個形似針狀的分布。

三、區間估計

在一般選舉時，我們常常看到大眾傳播媒體詢問選民「如果明天是投票日的話，請問，您會將選票投給哪一位候選人？」然後，就將詢問的結果視為誰領先誰落後的重要依據。其實，經過一般抽樣程序所獲得的樣本的相關資訊以及初步統計出來的有關樣本的分布，只是一個根據樣本推估母體參數值的點估計，我們在解讀的時候，還必須將抽樣誤差列入考慮，這樣的推論才會較為合理。當然，要提醒讀者注意的是，加上抽樣誤差並沒有包括問卷設計不良以及未按照標準化執行過程時的誤差。其實，不當的問卷設計以及草率的訪問過程所造成的影響，遠遠大於抽樣所造成的誤差。因此，我們在解讀民調時，一定要將上述的因素考慮進去。有關標準化的執行過程以及問卷設計的部分，請參考本書其他的相關章節，本處將僅針對考慮抽樣誤差而進行的區間估計部分加以探討。

就樣本的區間估計而言，我們可以分為單一樣本的區間估計、兩個獨立樣本的區間估計，以及成對樣本的區間估計。以下就分別加以敘述。

（一）單一樣本的區間估計

在我們進行估計時，通常不一定能百分之百正中目標，為了讓我們的估計更有信心，我們會以區間估計也就是考慮抽樣誤差後加入一個信賴區間（confidence interval）來做成我們的估計。所以

$$\mu = \overline{X} \pm 抽樣誤差 \qquad (8\text{-}35)$$

　　我們考慮點估計時的幾個重點分別是：我們容忍樣本誤差區間的幅度為何?是要大一點還是小一點？一般而言，我們用 95% 的信心水準。在雙尾檢定時，整個分布的左右兩邊各占所有分布的 2.5%。利用本章附錄一的標準常態分布表可以發現其 z 值為 1.96。所以，我們可以說，這一個點估計的上下各 1.96 個標準誤（standard error, SE）之下，是我們在 95% 信心水準之下的區間估計。表示的方式是：

$$\Pr(\mu - 1.96 \times SE < \overline{X} < \mu + 1.96 \times SE) = 95\% \qquad (8\text{-}36)$$

公式（8-36）的意義就是：「於 95% 的機率下，在 1.96 個標準誤之內，$\overline{X}$ 會接近 μ」。或是，我們可以將上述不等式改成：

$$\Pr(\overline{X} - 1.96 \times SE < \mu < \overline{X} + 1.96 \times SE) = 95\% \qquad (8\text{-}37)$$

也就是：「當我們以上述區間估計 μ 值時，有 95% 的機會，μ 會落在上述區間中。」μ 是一個常數，而 $\overline{X} \pm 1.96 \times SE$ 中的 $1.96 \times SE$ 則是變數。一般我們計算 $\overline{X}$ 標準誤的公式為：

$$SE = \frac{\sigma}{\sqrt{N}} \qquad (8\text{-}38)$$

在公式（8-38）中，N 是樣本大小，而 σ 是母體的標準差。所以，結合 z 表後，我們估計出 95% 的信賴區間為：

$$\mu = \overline{X} \pm Z_{0.025} \frac{\sigma}{\sqrt{N}} \qquad (8\text{-}39)$$

在大樣本時，當我們沒有母體的標準差（σ）的資訊時，可以用樣本的標準差（s）來做區間估計，也就是：

$$\mu = \overline{X} \pm Z_{0.025} \frac{s}{\sqrt{N}} \qquad (8\text{-}40)$$

從表 8-4 中的相關資訊，我們運用上述公式，可以將選民對各政治人物的好惡程度加以計算。計算的結果可以列在表 8-14 之中。從表中可以發現，當我們將抽樣誤差考慮進去後，在 95% 的信心水準時，民眾對賴清

德的評分是在 6.09 分到 6.37 分之間，我們可以用（6.09, 6.37）表示，括號中代表上下區間，左手邊先列出的是下限，以逗號區隔之後的右手邊數值則為上限。而侯友宜的估計區間，則是落在 6.14 分到 6.40 分之間，柯文哲則為 5.10 分到 5.42 分之間。所以，在進行點估計之後，我們考慮經過抽樣而得到的資料，一定具備一些誤差。在加入抽樣誤差之後，我們可以更有信心地宣稱，民眾對主要政治人物的好惡程度，是落在上述的區間中。

表 8-14　民眾對國內政治人物好惡程度的區間估計

	賴清德	侯友宜	柯文哲
平均數	6.23	6.27	5.26
標準差	2.39	2.22	2.78
樣本數	1,140	1,141	1,146
標準誤	0.07	0.07	0.08
評分上限	6.37	6.40	5.42
評分下限	6.09	6.14	5.10

資料來源：見表 8-1。

說明：問卷題目與其他說明參考表 8-2。表中評分上下限是以 95% 信心水準估計。

　　不過，當我們的樣本很少時，用上述的估計方式，將較為不穩定。因此，我們捨棄標準常態分布的 z 值不用，而採用較大的 t 值來做區間估計。公式是：

$$\mu = \overline{X} \pm t_{0.025} \frac{s}{\sqrt{N}} \qquad (8\text{-}41)$$

在 t 分布表中，我們需要知道自由度，它的計算方式是：

$$d.f. = N - 1 \qquad (8\text{-}42)$$

這也是我們估計樣本變異數（s^2）所用的除數。從本章附錄二中可以發現：當樣本數小於 100 而且其分布屬於常態分布時，我們運用 t 分布所得到的區間估計較寬，也較具信心。

（二）獨立樣本間平均數差異的差異

我們有時也必須估計兩個獨立樣本平均數差異的信賴區間。估計的方式視我們知不知道母體的變異數而異。當我們知道母體的變異數時，假設我們要比較兩個母體平均數，它們的差異就是：

$$\mu_1 - \mu_2$$

實際上，我們無法取得母體的資料，必須以抽樣的方式在兩個母體各抽出兩套樣本，而比較兩套樣本之間的差異的公式則為：

$$\overline{X}_1 - \overline{X}_2$$

因此，我們以 95% 信賴區間，兩套獨立樣本間的差異為：

$$\mu_1 - \mu_2 = (\overline{X}_1 - \overline{X}_2) \pm z_{0.025} \sqrt{\frac{\sigma_1^2}{N_1} + \frac{\sigma_2^2}{N_2}} \qquad （8\text{-}43）$$

如果兩個母體的變異數相同，則本公式可以改寫為：

$$\mu_1 - \mu_2 = (\overline{X}_1 - \overline{X}_2) \pm z_{0.025} \times \sigma \times \sqrt{\frac{1}{N_1} + \frac{1}{N_2}} \qquad （8\text{-}44）$$

一般而言，我們並不知道母體的變異數。所以，用 95% 信賴區間，獨立樣本間的差異就變成：

$$\mu_1 - \mu_2 = (\overline{X}_1 - \overline{X}_2) \pm t_{0.025} \times S_p \times \sqrt{\frac{1}{N_1} + \frac{1}{N_2}} \qquad （8\text{-}45）$$

而 S_P 的計算方式，在假定兩個母體的變異數相同的情況下，它的計算公式為：

$$S_P^2 = \frac{\sum(X_1 - \overline{X_1})^2 + \sum(X_2 - \overline{X_2})^2}{(N_1 - 1) + (N_2 - 1)} \qquad （8\text{-}46）$$

估計 t 分布的自由度的計算方式則是

$$d.f. = (N_1 - 1) + (N_2 - 1) \qquad\qquad (8\text{-}47)$$

　　在有關政府廉政指標的相關訪問中，我們通常請受訪者以 0 到 10 分為政府清廉程度打分數，其中 0 代表非常不清廉而 10 代表非常清廉。假設我們知道有關政府首長的廉政分數是 5.31 分，而標準差是 2.37，訪問成功的樣本數為 1,324。而在一次新的訪問中，我們訪問 1,298 位民眾，發現民眾對政府首長的廉政程度的評分為 5.14，標準差同樣為 2.37。

　　就點估計而言，我們可以發現新一次訪問中，受訪者對政府首長清廉度的評分比上次低了 0.17 分。不過，這個差異很可能來自於抽樣誤差。所以，我們運用若是要計算兩次訪問評分差異的區間估計，我們運用公式（8-45）計算出：

$$\mu_1 - \mu_2$$
$$= (5.14 - 5.31) \pm 1.96 \times 2.37 \times \sqrt{\frac{1}{1324} + \frac{1}{1298}}$$
$$= -0.17 \pm 0.181 = (-0.351, 0.011)$$

所以兩次評分差異的區間就落在 −0.351 與 0.011 之間。若是上述這個在一定信心水準估計出來的區間包括 0，我們就認為兩者之間的差異，沒有達到該信心水準下的差異。相反地，如果該區間不包括 0，則達到該信心水準下的顯著差異。以上述的例子而言，因為估計的差異區間涵蓋了 0，用統計的一般描述方式則為：在 95% 的信心水準之下，民眾兩次對政府首長廉政分數評分之間的差異，並不顯著。至於詳細的假設檢定方式，我們會在以下繼續說明。

（三）成對樣本（Matched Samples）間平均數差異的估計

　　上述的例證都是做獨立樣本群之間的比較，如果我們要知道同一個民眾在選前以及選後對總統評價的差異時，我們則用成對樣本間平均數的差異。比方說，五位選民對總統評分的分布如表 8-15。

表 8-15　選民對總統在選前選後施政表現的評分分布表

	甲	乙	丙	丁	戊	平　均
選前_X_1	85	95	66	78	88	82.4
選後_X_2	94	83	77	65	76	79.0
選前－選後_D	–9	12	–11	13	12	3.4
$D - \overline{D}$	–12.4	3.6	–14.4	9.6	8.6	
$(D - \overline{D})^2$	153.76	73.96	207.36	92.16	73.96	

我們先計算個別選民評分的差異：

$$D = X_1 - X_2 \qquad\qquad (8\text{-}48)$$

接著，計算該差異的平均數，也就是 $\overline{D}$。然後，就可以建構平均母體差異，Δ，的信賴區間：

$$\Delta = \overline{D} \pm t_{0.025} \frac{S_D}{\sqrt{N}} \qquad\qquad (8\text{-}49)$$

而

$$S_D^2 = \frac{(D - \overline{D})^2}{N - 1} \qquad\qquad (8\text{-}50)$$

代入公式

$$\Delta = 3.4 \pm 2.78\, \frac{\sqrt{150.3}}{\sqrt{5}} = 3.4 \pm 2.78 * 5.48 = 3.4 \pm 15.24 = (\text{–}11.84, 18.64)$$

所以在 95% 的信心水準之下，配對樣本之間差異是落在 –11.84 與 18.64 之間。這五位選民對總統施政滿意度的評分，雖然選前選後的平均分數的差異是 3.4 分，不過，在考慮了抽樣誤差之後，我們認為，在 95% 信心水準之下，選民對總統施政的評分並不存在著顯著差異。

其實，（8-49）也可以用以下的公式計算與表示

$$\Delta = \mu_1 - \mu_2 = (\overline{X}_1 - \overline{X}_2) \pm t_{0.025} \frac{S_D}{\sqrt{N}} \qquad\qquad (8\text{-}51)$$

（四）百分比的區間估計

　　上述的各種區間估計是以數字資料為主。其實，在一般的民意調查中，常常是使用百分比來進行分析與比較。最常見的就是對行政首長的施政滿意度或是選舉期間，選民可能支持哪些候選人的分布比例。以下，一一加以敘述。

1.單一大樣本的區間估計

　　對行政首長的施政滿意度，一直是研究民意調查所關切的重要現象。由於民選首長的施政滿意度，不但攸關該首長是否能夠援引人氣推行重要政策，也與該首長和議會互動時的氣勢密切相關，更重要的是，施政滿意度也會進一步影響該首長或是其所屬政黨的選舉命運。在一般民意調查中，我們常常看到詢問選民「您對過去半年來行政院院長的表現滿意還是不滿意？」假設，在一次民意調查中，我們詢問了民眾對行政院院長表現的滿意程度。結果發現，在 1,067 位受訪者中，有 56% 的受訪者對行政院院長過去半年的表現覺得滿意。我們以 95% 的信心水準而言，在大樣本時對母體百分比的區間估計公式為：

$$\pi = P \pm 1.96 \sqrt{\frac{\pi(1-\pi)}{N}} \qquad (8\text{-}52)$$

其中，

　　π = 母體的比例

　　P = 樣本的比例

　　N = 樣本數

而當我們不知道母體的比例，π，我們可以用 P 代入，也就是

$$\pi = P \pm 1.96 \sqrt{\frac{P(1-P)}{N}} \qquad (8\text{-}53)$$

所以，民眾對行政院長的滿意度就是：

$$\pi = 0.56 \pm 1.96 \times \sqrt{\frac{0.56(1-0.56)}{1067}}$$

$$= 0.56 \pm 0.030 = (0.53, 0.59)$$

所以，在 95% 的信心水準之下，民眾對行政院院長的滿意度是落在 53% 到 59% 這個區間內。也就是說，民眾對行政院院長的施政滿意度，有可能是接近六成（59%），也有可能僅有五成三。

2.兩套獨立樣本差異的區間估計

一般民意調查中，除了對單一訪問的行政首長的滿意度加以分析之外，也希望比較該行政首長民意滿意度的起落並加以詮釋。例如，上述的調查訪問，我們在六個月後以同樣的訪問題目再進行一次訪問。我們這次訪問了 800 位受訪者，結果發現，行政院院長的施政滿意度下滑至 51%。此時，我們若是要對兩次訪問的差異進行比較，以 95% 信心水準而言，估計公式為：

$$\pi_1 - \pi_2 = (P_1 - P_2) \pm 1.96 \sqrt{\frac{P_1(1-P_1)}{N_1} + \frac{P_2(1-P_2)}{N_2}} \qquad （8\text{-}54）$$

因此，行政院長施政滿意度的差異就是：

$$\pi_1 - \pi_2 = (P_1 - P_2) \pm 1.96 \times \sqrt{\frac{0.56(1-0.56)}{1067} + \frac{0.51(1-0.51)}{800}}$$

$$= 0.05 \pm 0.046 = (0.004, 0.096)$$

所以，兩次民調中，行政院長的施政滿意度的差異是在 0.004 與 0.096 之間。因為這個區間並不包括 0，所以，行政院長的施政滿意度真的出現變化，而且，這個變化具有統計上的顯著意義。

四、假設檢定

在上述的諸多區間估計中，我們其實都想進一步知道，到底我們樣本觀察到的結果，與母體參數值或是其他樣本之間具不具有統計上的顯著差

異。或是，我們希望驗證一些我們研究上的假設。接下來，我們就談一談假設檢定在民意調查中的運用。

　　本節的主題是有關假設檢定，在統計上，有以下兩種假設。

1. 虛無假設（null hypothesis）：通常用 H_0 來代表。這個假設通常是假定觀察值與母體參數值之間沒有差異，或是兩個樣本之間沒有存在差異。對研究而言，我們通常是想排除假設，而證明觀察到的樣本值與母體參數值之間，或是樣本與樣本之間，具有差異。

2. 對立假設（alternative hypothesis）：通常用 H_1 來表示，也有用 H_A 來表示的。這通常是我們研究中想驗證的研究假設。

　　面對上述兩種假設，在統計的假設檢定過程中，我們對於統計假設通常會採取以下兩種決策：

1. 拒絕虛無假設：也就是認為我們的觀察值與母體參數值之間或是觀察值與觀察值之間，存在著統計上的顯著的差異。這是絕大多數的研究，希望見到的結果。

2. 無法拒絕虛無假設：因為這次觀察到的樣本，無法提供足夠的資訊讓我們拒絕虛無假設，所以，我們的觀察值與母體參數值之間或是觀察值與觀察值之間，並不存在著統計上的顯著的差異。絕大多數的研究，我們都不希望見到這個結果。

　　當然，由於我們是利用抽樣的資料，來對母體參數值進行推估，因此，非常有可能對我們的假設，做出錯誤的決策。一般統計決策所犯的兩種錯誤，可以稱之為「第一型的錯誤」（type I error）以及「第二型的錯誤」（type II error），茲分述如下（請參考表 8-16）：

1. 當事實上 H_0 為真，我們的決策卻拒絕了 H_0，此時所犯的錯誤稱之為第一型的錯誤。例如，事實上是無辜的嫌疑犯，卻被法院定罪。這是我們研究上最不希望犯下的錯誤，也是我們關切的焦點。犯下該錯誤的機率為 α。

2. 而當事實上 H_0 為偽，我們的決策卻無法拒絕 H_0，此時所犯的錯誤稱之為第二型的錯誤。例如，事實上是有罪的嫌疑犯，卻被法院無罪開釋。犯下該錯誤的機率為 β。

表 8-16　統計檢定的兩種錯誤類型表

		事　實	
		H_0 為真	H_1 為真
決 策	無法拒絕 H_0	$1 - \alpha$（正確機率）	β（錯誤機率）
	拒絕 H_0	α（錯誤機率）	$1 - \beta$（正確機率）

除了上述的兩種錯誤決策之外，表 8-16 中的（$1 - \alpha$）乘以 100% 我們稱之為信心水準（confidence level），而我們常說的 95% 信心水準，就是當 α 等於 0.05 時，計算出來的結果。α 又被稱為顯著程度（significance level），也就是我們犯下第一型錯誤的機率。而表中的（$1 - \beta$）稱之為檢定力（power of a test）或是統計的效力（statistical power）。

　　在我們一般統計上運用的假設檢定，是所謂的古典假設檢定。古典的假設檢定一般而言有以下幾個步驟：

1. 設定虛無假設以及對立假設，並確定樣本數（例如，N = 100）、標準差（σ）以及顯著程度或是 α，一般而言，統計上可以接受的 α 值為 0.05 或是更小的值。

2. 利用上述資訊找出統計檢定的判別值（critical value）（通常用 Z* 來表示）以及拒絕虛無假設的區域。

3. 利用以下的公式，計算觀察樣本的 Z 值。如果我們觀察樣本的 Z 值大於統計檢定的判別值，我們就拒絕虛無假設；否則，就無法拒絕虛無假設。

　　因此，以單尾檢定而言，統計檢定決定的當 α = 0.05 時 Z* 值介於 1.64 與 1.65 之間，所以我們取 1.645，而以雙尾檢定而言，統計檢定決定的 Z* 值在 α = 0.05 時為 1.96。而計算 Z 值的公式為

$$Z = \left| \frac{\overline{X} - \mu_0}{\sigma / \sqrt{N}} \right| \tag{8-55}$$

其中，$\overline{X}$ 是樣本的平均數，μ_0 是母體的平均數，σ 是母體的標準差，如果沒有母體標準差，可以用樣本的標準差來代替，而 N 是樣本數。其實，一旦我們計算出 Z 值，可以透過查詢標準常態分布的表格的方式，找出該觀

察值所代表的 *p* 值。這是另外一種假設檢定的方法，有興趣的讀者可以參考相關的統計教科書，瞭解這一種假設檢定的計算方式。

　　現在，我們再回到上述有關行政院院長施政滿意度的問題。我們知道第二次訪問了 800 位受訪者，結果發現，行政院院長的施政滿意度為 51%。假設，一個研究有關行政院院長施政滿意度的學者告訴你，當行政院院長的施政滿意度不及 55% 時，他所屬政黨在下次立法委員選舉時的席次將會減少。因此，你想要知道這次訪問的結果，跟 55% 的滿意度之間是不是有統計上的顯著差異。因此，你的假設將是：

$$H_0：\pi = 55\%$$
$$H_1：\pi \neq 55\%$$

上述的虛無假設是假定，我們的母體參數值為 55%，而對立假設則是假定我們的母體參數值不等於 55%。虛無假設與對立假設設定的原則是彼此互斥而且集體窮盡所有選項。所以，在一定的信心水準之下，當我們的樣本值，落在這個估計區間內，我們就無法拒絕虛無假設，表示樣本值與母體參數值之間沒有統計上的顯著差異。相反地，如果樣本值落在這個信心水準所包括的區間之外，我們就拒絕虛無假設，而表示樣本值與母體參數值之間具有統計上的顯著差異。由於我們得到的樣本值不論落在母體參數值區間估計的左側或是右側，我們都拒絕虛無假設，所以，我們進行的是雙尾檢定。在 95% 的信心水準下，我們進行的雙尾檢定的統計檢定決定值，*Z**，為 1.96。

　　我們回到公式（8-53），該公式在根號之內的計算方式，就是我們計算樣本的標準誤的公式，也就是公式（8-55）的分母，現在，我們也知道 $\pi = 55\%$ 而 $P = 51\%$。代入公式（8-55），所以，我們可以得到：

$$\left| \frac{0.51 - 0.55}{\sqrt{0.51(1-0.51)} / \sqrt{800}} \right| = 2.26 = Z$$

因為

$$Z > Z^*$$

所以，我們拒絕我們的虛無假設。我們認為，在 95% 的信心水準之下，此次民調中，行政院長的施政滿意度與 55% 在統計上具有顯著差異。

　　上述的統計檢定，是雙尾檢定，所以，我們只能看樣本值與母體參數值或是我們理論上感到興趣的數值之間是不是具有顯著的差異。如果，我們想知道這次民調結果是不是比 55% 低，我們的假設檢定又不同了。這種假設檢定是屬於單尾的假設檢定，也就是在我們考慮抽樣誤差之後，如果樣本值仍然小於我們的母體參數值，我們就拒絕虛無假設，而認為行政院院長的施政滿意度明顯偏低。因此，我們的假設如下：

$$H_0 : \pi \geq 55\%$$
$$H_1 : \pi < 55\%$$

在此，我們設的假設要注意，因為我們希望要證明觀察到的樣本值比母體參數值小，也就是，我們研究的問題是 $\pi < 55\%$，這就是我們的對立假設。對立假設正是我們研究的重點，通常是我們希望驗證的假設。而要驗證該假設是正確的前提，是我們考慮了一定的抽樣誤差後，仍然無法宣稱 $\pi \geq 55\%$ 時，我們就以拒絕虛無假設的方式，肯定我們的對立假設。就單尾檢定而言，統計檢定決定的 Z* 值在 $\alpha = 0.05$ 時為 1.645，所以，運用公式（8-55），我們知道：

$$Z = 2.26 > Z*$$

因此，我們拒絕我們的虛無假設，表示：當信心水準為 95%（或是顯著程度為 0.05）時，行政院院長在此次民調的施政滿意度，顯著低於 55%。

肆、其他相關分析與結語

　　在本章的有限篇幅中，我們討論了對民意調查資料的描述、分析以及假設檢定等相關主題中，最常用的統計分析方法以及解釋方式。其他民意調查較不常用的相關統計分析主題，還包括諸如變異數分析以及對數成敗

比模型等，基於篇幅，本章暫時不加以敘述。

　　就一位從事民意調查的資料分析者而言，當一個民意調查在研究設計之初，就應該對於可能使用的相關統計分析加以規劃。而在問卷設計時，對一些概念的操作化以及對變數的測量程度，都必須考慮到資料分析時將運用的統計方法。當訪問執行結束之後，擔任統計分析的人員，必須檢查所有變數的基本次數分布並注意是否有一些不同於以往研究的重要差異並加以報告。接下來，民意調查的資料分析人員應該對於各變數的離散程度或是變異情形，加以分析與描述。最後，就是對變數之間的關係，加以描述以及進行相關的假設檢定工作。

　　當然，統計分析最重要的一點，就是忠實地將所有民調結果呈現在讀者面前。前面討論到的「無反應」問題，常常是資料分析時的重點，我們在描述時，一定要說明如何處理這些「無反應」的受訪者。此外，選擇哪些項目報告，也會影響讀者對民意調查結果的詮釋。例如，在 1990年代初期的「世界價值觀調查」（World Values Survey），詢問民眾對墮胎問題的看法時，提出了以下四種不同的情境，再詢問民眾贊不贊成墮胎。研究結果發現，美國民眾對墮胎贊成比例由最高到最低的不同情況，分別是「懷孕有害媽媽的健康」（贊成為 85.0%）、「胎兒先天肢體障礙」（53.0%）、「產婦是未婚媽媽」（28.2%）以及「夫妻不想要小孩」（25.2%）。因此，若是我們只報導其中一個結果，可能會對民眾產生誤導，以為支持墮胎的比例是如此的高或是如此的低。

　　在討論到區間估計時，我們曾經強調，對於選舉期間的民調，許多媒體或是一般大眾在解讀時，常常忽略將抽樣誤差一併納入考慮，而只以點估計的百分比數據，視為哪個候選人領先或是落後的重點。而在討論民選首長的施政滿意度時，我們常常看見以台、澎、金、馬地區 1,000、2,000個成功樣本的訪問結果，來比較並推論 16 個縣市加上台北市、新北市、桃園市、台中市、台南市、高雄市六個直轄市市長的施政滿意度。而往往忽略了，有些縣市成功的受訪者人數，可能不到 100 位，而以這種樣本規模進行的推論，其實是具備相當大的誤差。統計分析是民意調查研究者，詮釋民調結果所使用的工具。民意調查的資料分析者，當然要熟知必要的

統計分析方法並據以解釋民調結果。不過，數字本身並不會說話，民意調查的資料分析者，是賦予數字生命並呈現數字真正意義的靈魂人物。因此，如何使數字開口說話，是民調資料分析者的重要責任，這個過程，是科學，也是藝術。

附錄一：標準常態分配機率表

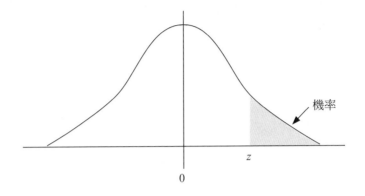

z	0.00	0.01	0.02	0.03	0.04	0.05	0.06	0.07	0.08	0.09
0.0	0.5000	0.4960	0.4920	0.1880	0.4840	0.4801	0.4761	0.4721	0.4681	0.4641
0.1	0.4602	0.4562	0.4522	0.4483	0.4443	0.4404	0.4364	0.4325	0.4286	0.4247
0.2	0.4207	0.41680	0.4129	0.4090	0.4025	0.4013	0.3974	0.3936	0.3897	0.3859
0.3	0.3821	0.3783	0.3745	0.3707	0.3669	0.3632	0.3594	0.3557	0.3520	0.3483
0.4	0.3446	0.3409	0.3372	0.3336	0.3300	0.3264	0.3228	0.3192	0.3156	0.3121
0.5	0.3085	0.3050	0.3015	0.2981	0.2946	0.2912	0.2887	0.2843	0.2810	0.2776
0.6	0.2743	0.2709	0.2676	0.2643	0.2611	0.2578	0.2546	0.2514	0.2483	0.2451
0.7	0.2420	0.2389	0.2358	0.2327	0.2296	0.2266	0.2236	0.2206	0.2177	0.2148
0.8	0.2119	0.2090	0.2061	0.2033	0.2005	0.1977	0.1949	0.1922	0.1894	0.1867
0.9	0.1841	0.1814	0.1788	0.1762	0.1736	0.1711	0.1685	0.1660	0.1635	0.1611
1.0	0.1587	0.1562	0.1539	0.1515	0.1492	0.1469	0.1446	0.1423	0.1401	0.1379
1.1	0.1357	0.1335	0.1314	0.1292	0.1271	0.1251	0.1230	0.1210	0.1190	0.1170
1.2	0.1151	0.1131	0.1112	0.1093	0.1075	0.1056	0.1038	0.1020	0.1003	0.0985
1.3	0.0968	0.0951	0.0934	0.0918	0.0901	0.0885	0.0869	0.0853	0.0838	0.0823
1.4	0.0808	0.0793	0.0778	0.0764	0.0749	0.0735	0.0722	0.0708	0.0694	0.0681
1.5	0.0668	0.0655	0.0643	0.0630	0.0618	0.0606	0.0594	0.0582	0.0571	0.0559
1.6	0.0548	0.0537	0.0526	0.0516	0.0505	0.0495	0.0485	0.0475	0.0465	0.0455
1.7	0.0446	0.0436	0.0427	0.0418	0.0409	0.0401	0.0392	0.0384	0.0375	0.0367
1.8	0.0359	0.0352	0.0344	0.0336	0.0329	0.3022	0.0314	0.0307	0.0301	0.0294
1.9	0.0287	0.0281	0.0274	0.0268	0.0262	0.0256	0.0250	0.0244	0.0239	0.0233
2.0	0.0228	0.0222	0.0217	0.0212	0.0207	0.0202	0.0197	0.0192	0.0188	0.0183

z	0.00	0.01	0.02	0.03	0.04	0.05	0.06	0.07	0.08	0.09
2.1	0.0179	0.0174	0.0170	0.0166	0.0162	0.0158	0.0154	0.0150	0.0146	0.0143
2.2	0.0139	0.0136	0.0132	0.0129	0.0125	0.0122	0.0119	0.0116	0.0113	0.0110
2.3	0.0107	0.0104	0.0102	0.0099	0.0096	0.0094	0.0091	0.0089	0.0087	0.0084
2.4	0.0082	0.0080	0.0078	0.0075	0.0073	0.0071	0.0069	0.0068	0.0066	0.0064
2.5	0.0062	0.0060	0.0059	0.0057	0.0055	0.0054	0.0052	0.0051	0.0049	0.0048
2.6	0.0047	0.0045	0.0044	0.0043	0.0041	0.0040	0.0039	0.0038	0.0037	0.0036
2.7	0.0035	0.0034	0.0033	0.0032	0.0031	0.0030	0.0029	0.0028	0.0027	0.0026
2.8	0.0026	0.0025	0.0024	0.0023	0.0023	0.0022	0.0021	0.0021	0.0020	0.0019
2.9	0.0019	0.0018	0.0017	0.0017	0.0016	0.0016	0.0015	0.0015	0.0014	0.0014
3.0	0.00135									
3.5	0.00233									
4.0	0.0000317									
4.5	0.00000340									
5.0	0.000000287									

資料來源：作者修改自吳柏林（2013, 432-433, figure T4）。

說明：表內數字為 Z 值右側所占之機率，若 Z 值為負值，則表示為 Z 值左側所占之機率。

附錄二：t 分配之判斷值

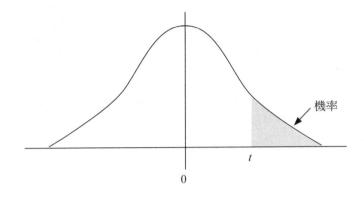

自由度	信心程度				
	80%	90%	95%	98%	99%
	右尾機率				
d.f.	$t_{.100}$	$t_{.050}$	$t_{.025}$	$t_{.010}$	$t_{.005}$
1	3.078	6.314	12.706	31.821	63.656
2	1.886	2.920	4.303	6.965	9.925
3	1.638	2.353	3.182	4.541	5.841
4	1.533	2.132	2.776	3.747	4.604
5	1.476	2.015	2.571	3.365	4.032
6	1.440	1.943	2.447	3.143	3.707
7	1.415	1.895	2.365	2.998	3.499
8	1.397	1.860	2.603	2.896	3.355
9	1.383	1.833	2.262	2.821	3.250
10	1.372	1.812	2.228	2.764	3.169
11	1.363	1.796	2.201	2.718	3.106
12	1.356	1.782	2.179	2.681	3.055
13	1.350	1.771	2.160	2.650	3.012
14	1.345	1.761	2.145	2.624	2.977
15	1.341	1.753	2.131	2.602	2.947
16	1.337	1.746	2.120	2.583	2.921
17	1.333	1.740	2.110	2.567	2.898
18	1.330	1.734	2.101	2.552	2.878

自由度	信心程度				
	80%	90%	95%	98%	99%
	右尾機率				
19	1.328	1.729	2.093	2.539	2.861
20	1.325	1.725	2.086	2.528	2.845
21	1.323	1.721	2.080	2.518	2.831
22	1.321	1.717	2.074	2.508	2.819
23	1.319	1.714	2.069	2.500	2.807
24	1.318	1.711	2.064	2.492	2.797
25	1.316	1.708	2.060	2.485	2.787
26	1.315	1.706	2.056	2.479	2.779
27	1.314	1.703	2.052	2.473	2.771
28	1.313	1.701	2.048	2.467	2.763
29	1.311	1.699	2.045	2.462	2.756
30	1.310	1.697	2.042	2.457	2.750
40	1.303	1.684	2.021	2.423	2.704
50	1.299	1.676	2.009	2.403	2.678
60	1.296	1.671	2.000	2.390	2.660
80	1.292	1.664	1.990	2.374	2.639
100	1.290	1.660	1.984	2.364	2.626
∞	1.282	1.645	1.960	2.326	2.576

資料來源：作者修改自吳柏林（2013, 434, figure T5）。

附錄三：卡方分配之判斷值

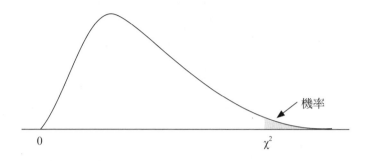

df	右尾機率					
	0.100	0.050	0.025	0.010	0.005	0.001
1	2.71	3.84	5.02	6.63	7.88	10.83
2	4.61	5.99	7.38	9.21	10.60	13.82
3	6.25	7.81	9.35	11.34	12.84	16.27
4	7.78	9.49	11.14	13.28	14.86	18.47
5	9.24	11.07	12.83	15.09	16.75	20.52
6	10.64	12.59	14.45	16.81	18.55	22.46
7	12.02	14.07	16.01	18.48	20.28	24.32
8	13.36	15.51	17.53	20.09	21.96	25.12
9	14.68	16.92	19.02	21.67	23.59	27.88
10	15.99	18.31	20.48	23.21	25.19	29.59
11	17.28	19.68	21.92	24.72	26.76	31.26
12	18.55	21.03	23.34	26.22	28.30	32.91
13	19.81	22.36	24.74	27.69	29.82	34.53
14	21.06	23.68	26.12	29.14	31.32	36.12
15	22.31	25.00	27.49	30.58	32.80	37.70
16	23.54	26.30	28.85	32.00	34.27	39.25
17	24.77	27.59	30.19	33.41	35.72	40.79
18	25.99	28.87	31.53	34.81	37.16	42.31
19	27.20	30.14	32.85	36.19	38.58	43.82
20	28.41	31.41	34.17	37.57	40.00	45.32
25	34.38	37.65	40.65	44.31	46.93	52.62

df	右尾機率					
	0.100	0.050	0.025	0.010	0.005	0.001
30	40.26	43.77	46.98	50.89	53.67	59.70
40	51.80	55.76	59.34	63.69	66.77	73.40
50	63.17	67.50	71.42	76.15	79.49	86.66
60	74.40	79.08	83.30	88.38	91.95	99.61
80	96.58	101.8	106.6	112.3	116.3	124.8
100	118.5	124.3	129.6	135.8	140.2	149.5

資料來源：作者修改自吳柏林（2013, 435-436, figure T6）。

Chapter 9

民意調查報告的撰寫

陳陸輝

壹 民意調查報告的主要內容與寫作

貳 研究結果的呈現

參 結語

調查報告的撰寫，是將研究主題、相關理論、研究架構、研究假設、研究方法、資料蒐集方式、資料分析與詮釋以及重要的研究發現，簡要地報告給讀者或是委託單位。因此，這是所有民意調查最後一個階段卻也是最重要的工作。本章將先說明民意調查報告的主要寫作內容，也分別描述學術報告與一般民意調查報告之間的不同，並就研究報告內容，以實際例子加以說明。接著，我們以兩個研究主題，簡單地介紹研究成果的幾種不同呈現方式。

壹、民意調查報告的主要內容與寫作

一般民意調查報告與學術性調查報告之間的差異，在於兩者的讀者不同。此外，對於研究報告的格式要求，也有差異。一般的民意調查，主要是調查者接受委託，來回答或是解答委託者所需要瞭解的問題。學術性的民意調查，則是對特定研究問題進行探索性、描述性、解釋性或是預測性的研究。因此，當兩者的閱讀對象不同時，報告內容自然有異。有關研究報告的寫作格式，國內外相關的參考書籍不少，讀者撰寫民意調查報告時都可以加以參考。

一、一般民意調查報告與學術報告

一般民意調查報告的讀者，通常未必需要知道整個研究流程的細節以及一些技術性部分的描述。他們只需要瞭解，這份民意調查報告的主要研究發現、不同以往研究的重要差異以及討論這些研究發現對實際政策或是政策推動與執行上的實質助益。因此，一般受委託單位可以在正文內省略一些較技術性的描述，而將相關的技術性內容放於文後的附錄中。至於學術性的調查研究報告，為了說明該資料取得過程的嚴謹，會包括一些較為技術性部分的相關資訊，例如，母體的定義、抽樣的方式、訪問結果表（包括訪問成功率以及訪問失敗因素之統計）、樣本代表性的檢定、進行

加權與否或是加權方法以及最後樣本的代表性等資訊。除了說明研究設計以及資料蒐集的過程之外，為了符合一般學術要求，學術性的報告還必須按照一般學術期刊或是專書要求的格式，除了正文之前的中英文研究摘要與關鍵詞外，正文須將研究動機、研究目的、理論基礎、研究架構、研究假設、研究方法與資料蒐集、資料分析、研究發現與討論和結論等內容清楚敘述，文末除了說明相關的參考文獻外，相關的附錄、問卷的內容、主要變數的分布、編碼簿甚至統計分析的程式也需一併說明。學術性的民意調查報告，所包含的資訊較為詳盡，以方便其他學者對於相關主題有興趣時，可以依照該研究的程序進行資料蒐集，甚至利用相同的方式重製（replicate）該研究，因此，相關的資訊說明地愈詳盡愈好，以利其他學者得以學習以及驗證相關的研究成果。

二、一般民意調查的目次

一般民意調查的目次大致應該包括以下四大部分：

壹、緒論

貳、主要章節

參、研究發現摘要與政策建議

肆、附錄：包括研究方法、樣本檢定與樣本分配表、問卷各題次數分
　　　配表、問卷主要題目交叉列表以及問卷內容

以下我們所用來說明的資料，是陳陸輝主持，而由政治大學選舉研究中心在 2013 年 3 月間，針對台灣地區居民所進行的電話訪問，訪問主題是「民眾對當前兩岸關係之看法」。我們就以該訪問案為實例，摘要其部分內容，說明一般民意調查報告的目次以及相關內容。緒論是說明本研究的研究緣起、分析架構與研究方法。

壹、緒論

一、研究緣起與目的

　　馬英九總統在 2012 年競選連任成功，學者專家討論他能夠繼續連任
的原因不少，不過，妥善處理兩岸關係以及在「九二共識」的基礎上，繼
續推動兩岸良性互動，應該是箇中關鍵。馬總統的連任也彰顯了民眾對於
過去四年兩岸和平穩定現況的支持。

　　本中心長期分析民眾的大陸經驗以及未來規劃、兩岸交流速度、大陸
政府對我是否友善、國人對於統獨立場等問題的態度與看法，在這段期間
的意向如何？有無變化？幅度為何？政府有必要針對這些問題，進行調查
以瞭解人民的想法，作為政策制訂之依據。

　　基於上述的認知，本調查研究的目的，在於探討國內民眾對於下列重
點問題的意見，以提供政府施政的參考：
（一）民眾認知大陸政府對我是否友善與對兩岸交流速度的看法。
（二）民眾的統獨立場。
（三）民眾對制度化協商的看法。
（四）民眾對於兩岸新聞資訊交流的看法。
（五）民眾的大陸經驗與未來規劃。
（六）各類民眾對上述問題看法的差異情形。

　　值得注意的是，本調查除了針對上述各研究內容進行分析之外，本調
查同時持續過去相關的調查結果，進行跨時比較，以利瞭解民眾對某項問
題的長期趨勢。

二、分析架構

　　基於上述的發展、認知以及上述的研究目的，本研究在進行調查
時，問卷內容將納入民眾的個人基本資料與社會背景資料及政治態度，並

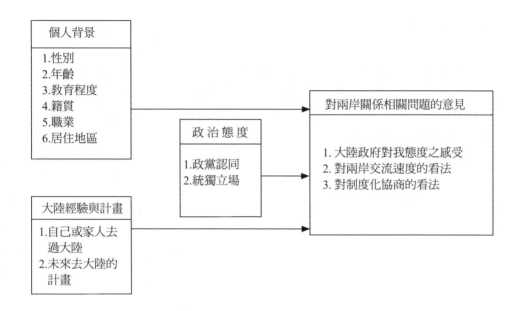

圖 9-1 研究架構圖

資料來源：陳陸輝（2013），作者自繪。

瞭解這些特性與上述問題之間的關聯性。在整個分析的過程上，可用圖 9-1 簡要的分析架構來表示。

　　從以上的分析架構可以瞭解到民眾的個人背景，如教育程度、年齡等 將會影響其對當前兩岸情勢以及相關問題如兩岸交流速度的看法。在這些 變數之間的關係，民眾的政黨認同態度以及統獨立場的差異，也會影響其 對兩岸政策與發展情勢的看法，因此，在本調查當中需要加以特別考量。

　　除了民眾的基本資料之外，從過去所累積得到的調查資料當中，也 發現近年來已經有相當比例的民眾有前往大陸經商、投資、旅遊、就學、 以及探親的經驗，且也有相當數量的民眾表示在未來幾年內有前往大陸進 行前述活動的計畫，由於這些民眾對大陸資訊有較高的需求與關注，其對 兩岸問題的發展與評估，應與其他過去沒有前往大陸或是未來沒有準備到 大陸進行這些活動的民眾有所不同，也因而在本調查當中特別將其區隔出 來，作為不同特性民眾在兩岸問題態度差異上的比較。

三、研究方法

　　根據以上的研究目的，委託單位提供調查主題與問卷，本中心進行問卷前測之後，根據前測結果提供調整問卷之建議。由委託單位做成決定後，交由本中心正式執行訪問。本研究採用電話訪問方式，調查之對象為居住台澎地區之成年民眾，於 2013 年 3 月 7 日至 3 月 10 日進行，訪問成功 1,085 位受訪者。

貳、主要章節

　　委託研究報告的第貳部分，主要包括這次民意調查的主要研究問題，通常可以依照問卷題目的內容區分為多個章節。內容的部分，我們通常針對各題目的次數分配加以描述，然後將圖 9-1 的分析架構中的個人背景、大陸經驗與政治態度當作自變數，主要題目當作依變數，以交叉列表方式呈現。有些委託單位長期執行特定的民意調查，因此，該報告也可以將相同題目的長期分布趨勢加以呈現。我們以民眾對兩岸交流速度的看法為例，來加以說明。

　　從表 9-1 中可以發現：目前大約有超過四成五（45.2%）的民眾認為交流的速度剛剛好，認為太快的民眾略超過三成（31.0%），認為太慢的最低，略超過八分之一（13.2%）。民眾對於兩岸交流速度看法的分布，大致顯示政府目前推動兩岸的交流受到民眾肯定。不過，我們在本研究中發現：仍有超過三成的民眾認為太快，因此，政府在進一步推動兩岸交流時，應該採取穩健務實的做法，不宜躁進。

表 9-1　民眾對於兩岸交流速度看法的次數分配表

	（樣本數）	百分比
太快	(336)	31.0%
剛剛好	(491)	45.2%
太慢	(144)	13.2%
無反應*	(114)	10.6%
合計	(1,085)	100.0%

資料來源：陳陸輝（2013）。

說明：*「無反應」表示受訪者回答「看情形」、「無意見」、「不知道」、「拒答」等
無具體意向之答案。表中數字為直欄百分比（括號內為樣本數）。

　　我們進一步檢視不同背景民眾對於兩岸交流速度的看法，從表 9-2 中
可以發現：具有以下背景的民眾，有超過五成五認為兩岸交流的速度剛剛
好：年齡為 20 多歲、大學及以上教育程度、原住民以及學生。不過，原
住民的受訪者僅 14 位，故推論上要特別注意。至於認為太快的百分比超
過四成者，則包括：教育程度為國初中、農林漁牧業者、以及居住在雲嘉
南地區者。而認為太慢的百分比超過兩成者則為教育程度為專科者。此
外，我們也發現：年齡愈大、教育程度愈低者，沒有給我們具體答案的
「無反應」百分比也愈高。

表 9-2　民眾的背景與對兩岸交流速度的交叉列表

	太快	剛剛好	太慢	無反應*	樣本數
	%	%	%	%	（N）
全體	31.0%	45.2%	13.2%	10.6%	(1,085)
性別					
男性	32.4%	45.6%	15.3%	6.7%	(538)
女性	29.6%	44.9%	11.2%	14.2%	(547)
年齡					
20 至 29 歲	23.9%	55.6%	18.3%	2.3%	(199)
30 至 39 歲	27.5%	51.8%	14.8%	5.9%	(228)
40 至 49 歲	33.1%	44.2%	16.7%	6.1%	(221)
50 至 59 歲	35.3%	43.0%	10.0%	11.7%	(202)

表 9-2 民眾的背景與對兩岸交流速度的交叉列表（續）

	太快	剛剛好	太慢	無反應*	樣本數
	%	%	%	%	（N）
60 歲及以上	34.3%	33.0%	7.4%	25.3%	(223)
教育程度					
小學及以下	35.1%	27.5%	4.4%	33.0%	(188)
國、初中	45.2%	34.8%	9.3%	10.8%	(149)
高中、職	30.4%	52.8%	11.1%	5.7%	(315)
專科	29.5%	43.0%	21.6%	5.9%	(139)
大學及以上	22.1%	55.1%	19.4%	3.3%	(290)
省籍					
本省客家人	30.6%	44.1%	17.8%	7.5%	(113)
本省閩南人	33.7%	43.2%	12.1%	11.0%	(797)
大陸各省市人	17.1%	53.5%	18.2%	11.3%	(114)
原住民	27.4%	64.9%	7.8%	0.0%	(14)
職業八分類					
軍公教人員	27.6%	52.8%	16.0%	3.6%	(132)
私部門管理階層及專業人員	31.0%	45.8%	15.8%	7.4%	(226)
私部門職員	29.1%	47.2%	16.3%	7.3%	(162)
私部門勞工	32.3%	46.0%	11.4%	10.3%	(259)
農林漁牧	46.1%	20.5%	6.6%	26.9%	(58)
學生	18.7%	63.7%	17.6%	0.0%	(62)
家管	32.3%	39.2%	7.9%	20.6%	(175)
其他	39.0%	18.7%	21.7%	20.5%	(12)
地理區域					
大台北都會區	25.6%	54.8%	14.4%	5.1%	(234)
新北市基隆	36.8%	42.3%	13.4%	7.5%	(93)
桃竹苗	29.9%	41.2%	17.5%	11.4%	(158)
中彰投	26.4%	48.9%	10.5%	14.2%	(205)
雲嘉南	40.0%	35.2%	12.1%	12.7%	(160)
高屏澎	34.2%	42.9%	11.9%	11.0%	(176)
宜花東	24.7%	44.8%	13.9%	16.6%	(48)

資料來源：同表 9-1。

說明：*「無反應」表示受訪者回答「看情形」、「無意見」、「不知道」、「拒答」等
無具體意向之答案。表中數字為橫列百分比（括號內為樣本數）。

此外，本研究也運用政治大學選舉研究中心過去執行相同主題累積的長期資料，觀察民眾對兩岸交流速度的看法，從表 9-3 中可以發現：自 1998 年以來，民眾認為交流速度剛好的百分比之歷年平均為 39.4%、太快的為 22.8%，太慢的為 17.4%。我們也發現，在 2000 年之前以及 2008 年之後，認為剛剛好的比例都超過四成。在 2008 年之後，認為太快的百分比上升頗多，至 2010 年已經將近四成，不過 2012 年以後大約在三成左右。至於認為太慢者，在 2004 年與 2006 年較高，均超過兩成甚至到達四分之一，2013 年降低至八分之一左右。整體而言，本次調查結果可以看出，民眾有超過四成五的比例認為兩岸交流速度「剛剛好」，應該是對於政府當前兩岸交流步調的肯定。

表 9-3 民眾對兩岸交流速度看法的趨勢分布表

	太快	剛剛好	太慢	無反應*	（樣本數）
1998.07	12.0	40.3	15.4	32.3	(1,098)
2000.04	9.9	42.0	16.1	32.0	(1,085)
2002.07	16.4	30.7	18.4	34.5	(1,091)
2004.07	14.2	36.6	20.8	28.4	(1,153)
2006.09	26.2	36.2	25.1	12.5	(1,068)
2008.08	29.5	40.6	17.5	12.4	(1,094)
2010.09	37.5	40.3	13.2	9.0	(1,072)
2012.08	28.8	42.4	16.6	12.2	(1,072)
2013.03	31.0	45.2	13.2	10.6	(1,085)
歷年平均	22.8	39.4	17.4	20.4	

資料來源：同表 9-1。
說明：*無反應包括：看情形、無意見、不知道、拒答。

參、研究發現摘要與政策建議

在前述各章節描寫主要的研究發現、交叉分析以及長期趨勢分析之後，通常最後一個章節會將前述研究發現做摘要整理。當然，在一般政府的委託案中，政策建議應該是報告的關鍵。不同的政府部會通常會有不同

的要求。有些部會會要求執行單位提出：立即可行、短期實施、長期規劃等多種類型的政策建議。政策建議可以從研究的發現著眼，也可以從當前的政治氛圍入手。

肆、附錄

委託的民意調查中，訪問的執行過程除了在緒論稍做說明外，一般放在附錄中。其內容雖較為技術性，不過，為了突顯嚴謹的民意調查執行過程，相關的資料都會在附錄中呈現。通常包括：研究方法、樣本檢定與樣本分配表、問卷各題次數分配表、問卷主要題目交叉列表以及問卷內容。以下一一說明。

一、研究方法

在研究方法的部分，通常包括訪問對象的定義、抽樣方法的說明、調查方法的描述、樣本代表性的檢定等部分。以下一一加以說明。

（一）訪問對象

以設籍在台灣與澎湖地區且年滿 20 歲以上的成年人為本次調查的訪問對象。

（二）抽樣方法

本次電話訪問的樣本主要是以「中華電信住宅部 99～100 年版電話號碼簿」為母體清冊，依據各縣市電話簿所刊載的電話數占台灣地區所刊電話總數比例，計算各縣市應抽出電話數比例，以等距抽樣法先抽出各縣市電話樣本，再以隨機亂數修正電話號碼的最後二碼或四碼，以求接觸到未登錄電話的住宅戶，達到較佳的涵蓋率。在開始訪問之前，訪員將按照（洪氏）戶中抽樣的原則，抽出應受訪的對象再進行訪問。

（三）調查方法

　　本研究以電話訪問之方式進行訪問。訪問期間自 2013 年 3 月 7 日（星期四）至 3 月 10 日（星期日）於政治大學選舉研究中心執行，本次訪問預定完成 1,067 個樣本，經實際訪問完成 1,085 個有效樣本，以 95% 之信心水準估計，最大可能隨機抽樣誤差為：±2.98%，訪問結果詳見表 9-4。

表 9-4　訪問結果表

	人數	百分比	占總百分比
(A) 有效接通訪問結果			
(1) 合格受訪者			
訪問結果			
訪問成功	1,085	32.4%	8.4%
受訪者不在（非當日約訪者）	1,695	50.7%	13.1%
受訪者中拒（非當日約訪者）	9	0.3%	0.1%
受訪者拒訪（無法再訪者）	46	1.4%	0.4%
受訪者中拒（無法再訪者）	445	13.3%	3.4%
因語言因素無法受訪	13	0.4%	0.1%
因生理因素無法受訪	45	1.3%	0.3%
受訪者訪問期間不在	6	0.2%	0.0%
(1)小計	3,344	100.0%	25.8%
(2) 其他			
訪問結果			
接電話者即拒訪	923	93.5%	7.1%
戶中無合格受訪對象	37	3.8%	0.3%
已訪問過或非受訪地區	3	0.3%	0.0%
無法確定是否有合格受訪者	24	2.4%	0.2%
(2)小計	987	100.0%	7.6%
(A)合計	4,331	100.0%	33.4%
(B) 非人為因素統計表			
訪問結果			
無人接聽	3,132	36.2%	24.1%
電話中	80	0.9%	0.6%
電話停話改號故障空號	4,164	48.2%	32.1%

表 9-4 訪問結果表（續）

傳真機	643	7.4%	5.0%
答錄機	140	1.6%	1.1%
宿舍機關公司營業用電話	489	5.7%	3.8%
(B)合計	8,648	100.0%	66.6%

資料來源：同表 9-1。

在表 9-4 中包括幾個部分，(A) 部分為有效接通者，其中包括(1)為接觸到合格受訪者，共計 3,344 位，其中 1,085 位接受訪問，所以第三欄的百分比是以 3,344 為分母，訪問成功的百分比為 32.4%。至於占總百分比的欄位，係以(A)部分的 4,331 位受訪者加上(B)部分的 8,648 位受訪者共計 12,979 位受訪者為分母計算而得。所以我們該次訪問共撥打出 12,979 通電話，最後訪問成功 1,085 位受訪者，總計的成功率為 8.4%。這是因為我們為求電話號碼的涵蓋率更佳，所以電話號碼的尾數後兩碼或是後四碼以隨機號碼代入，所以，可以看到(B)部分中，無人接聽、電話號碼改號或是故障等七項因素一共占了總樣本數的 66.6%。

（四）樣本代表性檢定

訪問結束後，為了瞭解 1,085 份有效樣本的代表性，我們通常會以母體有的性別、年齡層、教育程度以及居住地區等資訊，將樣本分布與母體分布進行樣本代表性檢定，看我們所得到的樣本，是否與母體在上述背景上面有顯著差異。以下分別就性別、年齡、教育程度、居住地區等四方面予以檢定。

表 9-5 訪問成功樣本之代表性檢定：性別（加權前）

	樣　本		母　體	檢　定　結　果
	人　數	百分比	百分比	
男	502	46.3	49.6	卡方值 = 4.76
女	583	53.7	50.4	$p < 0.05$
合　　計	1,085	100.0	100.0	樣本與母體不一致

資料來源：同表 9-1。

表 9-6　訪問成功樣本之代表性檢定：年齡（加權前）

	樣　　本		母體	檢　定　結　果
	人　數	百分比	百分比	
20-29 歲	142	13.2	18.7	
30-39 歲	237	22.0	21.4	卡方值 = 47.11
40-49 歲	282	26.2	20.7	$p < 0.05$
50-59 歲	238	22.1	18.8	樣本與母體不一致
60 歲以上	179	16.6	20.5	
合　　　計	1,078	100.0	100.0	

資料來源：同表 9-1。

表 9-7　訪問成功樣本之代表性檢定：教育程度（加權前）

	樣　　本		母體	檢　定　結　果
	人　數	百分比	百分比	
小學及以下	92	8.5	17.4	
國、初中	94	8.7	13.8	卡方值 = 129.21
高中、職	316	29.2	29.1	$p < 0.05$
專科	162	15.0	12.9	樣本與母體不一致
大學及以上	418	38.6	26.8	
合　　　計	1,082	100.0	100.0	

資料來源：同表 9-1。

表 9-8　訪問成功樣本之代表性檢定：居住地區（加權前）

	樣　　本		母　體	檢　定　結　果
	人　數	百分比	百分比	
大台北都會	223	20.7	21.8	
新北市基隆	84	7.8	8.7	
桃竹苗	148	13.8	14.7	
中彰投	221	20.6	19.1	卡方值 = 5.98
雲嘉南	180	16.7	14.9	$p > 0.05$
高屏澎	175	16.3	16.4	樣本與母體一致
宜花東	44	4.1	4.5	
合　　　計	1,075	100.0	100.0	

資料來源：同表 9-1。

　　由表 9-5 至表 9-8 的樣本代表性檢定顯示：性別、年齡、教育程度的樣本結構與母體並不一致，僅居住地區與母體無顯著差異。為了使樣本與母體結構更相近，本研究對樣本的分布特性使用多變數「反覆加權法」（raking）進行加權。加權之後的結果在表 9-9 至表 9-12，從表中的檢定可以看出：加權後的樣本結構和母體並無顯著差異，本研究內容以加權後的資料進行後續分析。

表 9-9　訪問成功樣本之代表性檢定：性別（加權後）

	樣　　本		母　體	檢　定　結　果
	人　數	百分比	百分比	
男	538	49.5	49.6	卡方值 =0.0006
女	547	50.5	50.4	$p > 0.05$
合　　計	1,085	100.0	100.0	樣本與母體一致

資料來源：同表 9-1。

表 9-10　訪問成功樣本之代表性檢定：年齡（加權後）

	樣　　本		母　體	檢　定　結　果
	人　數	百分比	百分比	
20-29 歲	199	18.5	18.7	
30-39 歲	228	21.2	21.4	卡方值 = 0.0777
40-49 歲	221	20.6	20.7	$p > 0.05$
50-59 歲	202	18.8	18.8	樣本與母體一致
60 歲以上	223	20.8	20.5	
合　　計	1,073	100.0	100.0	

資料來源：同表 9-1。

表 9-11　訪問成功樣本之代表性檢定：教育程度（加權後）

	樣　　本		母　體	檢　定　結　果
	人　數	百分比	百分比	
小學及以下	188	17.4	17.4	
國、初中	149	13.8	13.8	
高中、職	315	29.1	29.1	卡方值 = 0.0004 $p > 0.05$ 樣本與母體一致
專科	139	12.9	12.9	
大學及以上	290	26.8	26.8	
合　　計	1,081	100.0	100.0	

資料來源：同表 9-1。

表 9-12　訪問成功樣本之代表性檢定：居住地區（加權後）

	樣　　本		母　體	檢　定　結　果
	人　數	百分比	百分比	
大台北都會	234	21.8	21.8	
新北市基隆	93	8.7	8.7	
桃竹苗	158	14.7	14.7	
中彰投	205	19.1	19.1	卡方值 = 0.0035 $p > 0.05$ 樣本與母體一致
雲嘉南	160	14.9	14.9	
高屏澎	176	16.4	16.4	
宜花東	48	4.5	4.5	
合　　計	1,074	100.0	100.0	

資料來源：同表 9-1。

　　在上述研究方法的描述中，我們向讀者說明樣本的定義、抽樣方法、調查方式、訪問結果表的呈現、樣本代表性的檢定以及加權後的樣本分布情況，雖然屬於較為技術性的層次，不過，對於一個嚴謹的調查研究來說，是相當重要的資訊。也因此，內容愈詳盡愈好。

二、樣本分配表

　　除了母體具備的性別、年齡、教育程度與居住地區之外，在委託的民

意調查中，也會將訪問成功樣本的分配表呈現，讓讀者大概掌握母體或是本次樣本的特性。表 9-13 中就是樣本分配表所應該包括的資訊。除了上述四項外，我們一般也將父親的省籍、職業以及政黨認同等相關資訊列於該表中，供讀者參考。

表 9-13　樣本分配表

		次數	百分比
性別			
	男性	538	49.5%
	女性	547	50.5%
年齡			
	20 至 29 歲	199	18.5%
	30 至 39 歲	228	21.2%
	40 至 49 歲	221	20.6%
	50 至 59 歲	202	18.9%
	60 歲及以上	223	20.8%
教育程度			
	小學及以下	188	17.4%
	國、初中	149	13.8%
	高中、職	315	29.1%
	專科	139	12.9%
	大學及以上	290	26.8%
父親省籍			
	本省客家人	113	10.8%
	本省閩南人	797	76.8%
	大陸各省市人	114	11.0%
	原住民	14	1.4%
職業			
	軍公教人員	132	12.1%
	私部門管理階層及專業人員	226	20.8%
	私部門職員	162	15.0%
	私部門勞工	259	23.9%
	農林漁牧	58	5.3%

表 9-13　樣本分配表（續）

	次數	百分比
學生	62	5.8%
家管	175	16.1%
其他	12	1.1%
居住地區		
大台北都會區	234	21.8%
新北市基隆	93	8.7%
桃竹苗	158	14.7%
中彰投	205	19.1%
雲嘉南	160	14.9%
高屏澎	176	16.4%
宜花東	48	4.4%
政黨認同		
國民黨	304	28.0%
民進黨	282	26.0%
新黨	9	0.9%
親民黨	26	2.4%
台灣團結聯盟	16	1.5%
中立及看情形	431	39.7%
無反應及其他政黨	17	1.6%

資料來源：同表 9-1。

三、問卷各題次數分配表

　　除了樣本分配表之外，一般委託的民意調查報告，可以將調查研究的所有結果，製成次數分配表，列於報告的附錄之中。讀者若是對於第一部分感到興趣，而想進一步瞭解所有訪問問題的次數分配表，可以參考這一部分。在「問卷各題次數分配表」部分，一般會在題目的標題處，將問卷題目完整列出，並且標示該問題在問卷中的位置，以利讀者參考對照。一般的形式如下：

表 9-14　請問您認為大陸政府對台灣人民的態度是友善，還是不友善？
　　　　（問卷第 2 題）

	次數	百分比
非常不友善	125	11.5%
不友善	351	32.4%
友善	403	37.1%
非常友善	28	2.6%
無反應*	178	16.4%
合計	1,085	100.0%

資料來源：同表 9-1。

說明：*無反應包括：看情形、無意見、不知道、拒答。

　　表 9-14 與表 9-1 的格式大致相似，主要差異是表 9-14 中將問卷題目直接列於表的標題上，其中，「無反應」的選項包括受訪者回答不知道、看情形、無意見以及拒絕回答等。訪問出來的結果，如果有非常多原先問卷設計的選項以外的答案時，研究者在呈現資料之前，可以先將選項予以歸併，讓表格不至於太過複雜。

四、問卷各題交叉列表

　　在列出了訪問各題目的次數分配表之後，我們也可以提供，想進一步瞭解不同背景民眾其態度上差異的讀者更多的資訊，所以，我們進一步列出「問卷各題交叉列表」。該表格的格式，如表 9-15 所示。表中是將受訪者認為大陸政府對我人民友善程度的主觀感受，與其個人的性別、年齡、教育程度、省籍、職業、居住的地理區域以及政黨認同等變數，做交叉分析。讀者可以比較這些不同的因素，與民眾認為大陸對我人民友善程度之間的關聯性。

表 9-15　請問您認為大陸政府對台灣人民的態度是友善，還是不友善？
（問卷第 2 題）

	非常不友善	不友善	友善	非常友善	無反應	回答人數
	%	%	%	%	%	N
全體	11.5%	32.4%	37.1%	2.6%	16.4%	1,085
性別						
男性	10.7%	30.9%	39.4%	4.6%	14.4%	538
女性	12.3%	33.8%	34.9%	0.7%	18.3%	547
年齡						
20 至 29 歲	9.7%	40.2%	35.5%	1.2%	13.4%	199
30 至 39 歲	9.4%	34.3%	46.9%	1.6%	7.9%	228
40 至 49 歲	10.4%	34.5%	40.0%	2.9%	12.1%	221
50 至 59 歲	17.1%	24.9%	38.6%	2.5%	16.8%	202
60 歲及以上	11.3%	27.0%	25.9%	5.0%	30.8%	223
教育程度						
小學及以下	14.4%	26.3%	14.7%	3.5%	41.1%	188
國、初中	18.3%	33.6%	33.8%	1.2%	13.1%	149
高中、職	10.4%	29.7%	43.8%	2.0%	14.1%	315
專科	7.8%	37.1%	42.9%	4.0%	8.2%	139
大學及以上	8.8%	36.3%	43.5%	2.9%	8.6%	290
省籍						
本省客家人	9.3%	36.8%	33.4%	5.2%	15.4%	113
本省閩南人	12.6%	35.0%	35.7%	1.2%	15.5%	797
大陸各省市人	0.7%	17.1%	52.5%	10.7%	19.0%	114
原住民	32.5%	7.8%	59.7%	0.0%	0.0%	14
職業八分類						
軍公教人員	9.7%	27.3%	44.6%	8.0%	10.3%	132
私部門管理階層及專業人員	9.7%	35.2%	40.6%	2.9%	11.6%	226
私部門職員	9.3%	35.4%	41.6%	2.9%	10.8%	162
私部門勞工	11.3%	33.1%	35.9%	0.4%	19.4%	259
農林漁牧	19.6%	21.3%	17.5%	1.8%	39.8%	58
學生	3.2%	47.1%	35.3%	3.9%	10.5%	62
家管	16.8%	27.8%	33.7%	0.2%	21.5%	175

表 9-15　請問您認為大陸政府對台灣人民的態度是友善，還是不友善？
（問卷第 2 題）（續）

	非常不友善	不友善	友善	非常友善	無反應	回答人數
	%	%	%	%	%	N
其他	26.9%	18.3%	9.8%	15.2%	29.7%	12
地理區域						
大台北都會區	10.7%	26.9%	46.7%	1.7%	13.9%	234
新北市基隆	7.3%	34.9%	42.8%	7.2%	7.8%	93
桃竹苗	14.0%	27.5%	35.0%	3.2%	20.3%	158
中彰投	9.4%	34.4%	36.3%	2.3%	17.5%	205
雲嘉南	15.5%	35.5%	23.9%	1.5%	23.6%	160
高屏澎	10.2%	38.1%	36.3%	2.8%	12.5%	176
宜花東	10.4%	29.0%	42.8%	0.0%	17.8%	48

資料來源：同表 9-1。

　　除了交叉列表以外，如果有長期趨勢的分布，可以依照上述表 9-3 的格式，將長期趨勢列出，並討論趨勢的變化。

五、問卷內容

　　在一般的民意調查報告中，最後一部分可以附上問卷，讓讀者瞭解研究者所使用的測量工具。列出研究的問卷，一方面可以讓讀者知道研究者使用的問卷題目，一方面，也可以提供對相關議題感興趣的研究者，日後進行類似研究時的參考資訊。在許多研究摘要或媒體報導中只是說明研究發現，但未說明實際使用的問卷。有時相同主題的調查，卻出現不同結果。我們列出問卷內容，才可使讀者知道或是比較不同調查結果的差異，是否因為問卷內容不同所致。

訪員編號：_____　　督導過錄：_____　　督導鍵入：_____

訪員簽名：_____　　座位號碼：_____　　日期：____月____日

（如因電腦當機而手動輸入者，請詳填以上資料，輸入完畢後勿再使用，逕交專任助理保存，謝謝）

//

問卷編號 ⬜⬜⬜⬜（訪員免填）　樣本編號 ⬜⬜⬜⬜

「民眾對當前兩岸關係之看法」

計畫主持人：陳陸輝教授

電訪執行單位：政治大學選舉研究中心

⬜⬜⬜⬜ — ⬜⬜⬜⬜⬜⬜　訪問對象：☐男　☐女

（區域號碼）　　（電話號碼）

訪員簽名：_____

　　您好，我們是政治大學的學生，我們的老師正在做一項關於民眾對兩岸關係看法的研究，有幾個問題想請教您。首先想請問：您家中年齡在二十歲以上的成年人有幾位？這_____位當中男性有_____位？那麼，麻煩請_____來聽電話好嗎？（訪員請按戶中抽樣原則抽出受訪者）我們想請教他一些問題，謝謝！

> ****請轉記受訪者的稱呼方式****
>
> _____

在開始訪問時，請訪員務必唸下列句子：

> 我想開始請教您一些問題，如果我們的問題您覺得不方便回答的，請您告訴我，我們就跳過去。

（訪問開始，訪員請記下現在時間：___月___日,星期___,___時___分）

1. 請問您認為大陸政府對我們（台：咱）政府的態度是友善（台：好），還是不友善（台：不好）？（訪員請追問強弱程度）

01. 非常不友善	02. 不 友 善	03. 友　　善	04. 非常友善
95. 拒　　　答	96. 看 情 形	97. 無 意 見	98. 不 知 道

2. 請問您認為大陸政府對台灣人民的態度是友善（台：好），還是不友善（台：不好）？（訪員請追問強弱程度）

01. 非常不友善	02. 不 友 善	03. 友　　善	04. 非常友善
95. 拒　　　答	96. 看 情 形	97. 無 意 見	98. 不 知 道

3. 請問您覺得目前兩岸（台：台灣甲大陸）交流的速度是太快、太慢、還是剛剛好？

01. 太　　　快	02. 太　　　慢	03. 剛 剛 好
95. 拒　　　答	96. 看 情 形	97. 無 意 見	98. 不 知 道

4. 關於台灣和大陸的關係，有下面幾種不同的看法：

　　1.<u>儘快</u>（台：卡緊）統一　　　　2.<u>儘快</u>（台：卡緊）宣布獨立

　　3.維持現狀，以後走向統一　　　4.維持現狀，以後走向獨立

　　5.維持現狀，看情形再決定獨立或統一　6.永遠維持現狀。

　　請問您比較偏向哪一種？

01. 儘快統一	02. 儘快宣布獨立	03. 維持現狀，以後走向統一

04. 維持現狀，以後走向獨立	05. 維持現狀，看情形再決定獨立或統一

06. 永遠維持現狀	90. 其他____（請訪員寫在工作記錄表上）

95. 拒　　答	96. 看情形	97. 無意見	98. 不知道

5. 請問您支不支持（台：咁有支持）兩岸持續（台：繼續）透過制度化協商，來處理兩岸間交流的問題？（**訪員請追問強弱程度**）

01. 非常不支持	02. 不　支　持	03. 支　　　持	04. 非常支持

95. 拒　　　答	96. 看　情　形	97. 無　意　見	98. 不　知　道

　　由於本章只是對一般民意調查報告應該包括的內容加以概略說明，因此，上述的問卷內容僅列出該訪問案中的部分問卷，供讀者參考。

　　就一般民意調查報告的內容而言，一份涵蓋了上述的幾個部分的民意調查報告，算是相當充實的。不過，有時候委託單位會希望執行單位針對各研究問題以文字或是圖表的方式對研究結果做進一步的說明，所以研究報告的目次也將不同。以下就是一份包含章節的報告內容。

研究發現摘要
目次
　　表次
　　圖次
　　章節
　　　　第一章、緒論
　　　　第二章、民眾認為大陸政府對我是否友善與對兩岸交流速度的看法
　　　　第三章、民眾對統獨立場的看法
　　　　第四章、民眾對兩岸協商制度化的看法
　　　　第五章、結論
　　附錄
　　　　附錄一、研究方法
　　　　附錄二、樣本分配表
　　　　附錄三、問卷各題次數分配表
　　　　附錄四、問卷各題交叉列表
　　　　附錄五、問卷

三、學術調查報告的內容

　　就學術調查的研究報告而言，除了與上述一般民意調查相似的目次之外，還必須檢閱相關的研究文獻、提出研究假設並附上參考書目。

研究發現摘要
目次
　　表次
　　圖次
　　章節
　　　　第一章、研究緣起
　　　　第二章、研究理論、研究方法與研究假設
　　　　第三章、民眾認為大陸政府對我是否友善與對兩岸交流速度的看法
　　　　第四章、民眾對統獨立場的看法
　　　　第五章、民眾對兩岸協商制度化的看法
　　　　第六章、結論
　　附錄
　　　　附錄一、問卷各題次數分配表
　　　　附錄二、過錄編碼表
　　　　附錄三、問卷
　　參考書目

　　在「研究緣起」這部分，研究者說明該民意調查的主要研究問題以及該研究對於相關學術研究的重要性。一個研究要吸引人，在於該研究提出新的理論或是試圖解決重要的社會問題。而研究緣起這一部分的重點，在於清晰地指出本研究可能解答哪些重要的理論問題或是實務問題。

　　在第二章有關「研究理論、研究方法與研究假設」這一部分，「研究理論」是指研究者參考並整理過去相關的研究，將其他研究對相同問題的理論解釋、研究方法以及研究發現，做一個概括性的整理，而對於過去研究的優缺點以及可能不足之處，提出說明，然後，進一步描述目前這一份研究與其他研究的差異。一個好的經驗性研究必須找到一個儉約（parsimonious）、可溝通、具有邏輯性、放諸四海皆準且可以驗證的好理論（Rich et al. 2018, 23）。所謂儉約是指能用更少的變數來有效解釋一個現象，就是愈有用的理論。除了運用既有的理論之外，我們的研究，也希望提出新的解釋變數，來解釋社會或是政治現象。如果新的理論讓我們更容易理解政治或是社會現象，那我們的研究，就對學術社群具有貢獻。一般在社會科學的學術研究或是碩、博士論文中，研究理論這一部分特別被看重，相關理論或是文獻經過「整理」過並以有系統地呈現才是知識。目前各種學術期刊以及電子書較為普及，許多期刊或是書籍在網路上都可以取得，加上google scholar的網路搜尋平台相對方便，讓我們在研究理論或文獻整理上相對較為輕鬆。文獻整理要針對報告中的重要概念加以定義。例如，我們如果研究論文的主題是討論民眾的政黨認同，則文獻應該先定義該概念，然後說明造成民眾不同政黨認同的成因以及政黨認同可能對民眾其他政治態度或是投票行為的影響（陳陸輝 2000）。因此，在文獻整理時，就以該依變數為核心，說明其定義、形成因素以及政治後果。在文獻整理中是以變數或是概念來「整理」，而不是一篇一篇學術文章來予以「摘要」。以政黨認同為例，民眾的政治社會化中，例如：台灣社會中過去重要的省籍因素，是一個重要的差異。我們在文獻檢閱時，就將不同文章中，不同省籍背景民眾在政黨認同上的差異予以整理。當然，政黨認同也與政黨重組（party realignment）或是政黨解組（party dealignment）等概念相關，台灣的研究可以看出不同教育程度或

是不同職業民眾其政黨認同的轉變，我們在文獻整理時也可以針對上述兩個變數對政黨認同的影響（陳陸輝 2021; 陳陸輝與陳映男 2013）。當然，如果你的研究是要提出一個新的理論來解釋既有的現象，則在理論基礎部分，就更為重要。例如，台灣的選舉政治中，自 21 世紀以來，「北藍南綠」的現象受到關注，學者就應用不同區域的產業結構可能對於選民政黨支持的影響提出重要的理論，來解釋「北藍南綠」的現象（耿曙與陳陸輝 2003）。文獻整理時也要注意你的「分析單位」（unit of analysis），例如，如果你要看民眾是否參與社會運動，則應是以民眾個體層次的資料進行分析。但是，如果你要看民主轉型的國家，社會運動參與的人數多寡，對反對黨選舉結果的影響，則你應該是以總體的統計資料進行分析，所以，你在撰寫論文時先確定你的分析單位，再依照你的分析單位，進行文獻整理。文獻整理當然要聚焦，許多論文的研究問題太過複雜，放入太多中介或是調節變數，在理論鋪陳也顯得龐雜。如前所述，一個好的理論要保持簡明易懂（keep it simple and stupid, KISS），愈簡單且一聽就懂的理論才是影響力強大的理論。學術研究強調「言之有據」，所以在文獻整理時，當你提到「很多學者」或「大家認為」時，後面要引用資料來源，說明那些「很多」或是「大家」是哪位或是哪些學者。學術論文不建議間接引用（轉引），可能的話，儘量找出原來的相關文獻，以求嚴謹。

至於「研究方法」則包括了研究架構與資料蒐集的方式、母體的定義以及抽樣方法、調查訪問的執行時間、調查訪問的結果以及樣本代表性的檢定等內容。這一部分著重在提出研究想要檢驗的假設，以及研究資料取得方法與過程的詳細描述。如圖 9-1 提出一個研究架構，會讓讀者清楚知道本研究的主要自變數以及依變數以及變數間影響的方向。

在學術性的民意調查報告中，對於一些研究假設，也會更清楚的提出。一般的民意調查報告，通常以描述現象為主，較少解釋以及預測。不過，學術性的調查研究報告，必須將研究的假設清楚提出。研究假設是我們依據相關理論，提出變數之間關係預測的一個陳述。例如，我們認為總統的滿意度與經濟情況息息相關，我們的研究假設就是：「當民眾認為總體經濟情況愈好時，他們愈傾向滿意總統的施政表現。」這樣的研究假設

具有明確的方向性，讓我們後續可以運用資料分析予以檢證。

　　除了研究的假設之外，在學術性民意調查報告中，研究者還可以對變數的測量方式，加以詳細說明。例如，上述的假設中，「總體經濟情況」這個概念，可以用許多不同的方式加以測量。研究者可以用總體的經濟指標，包括：國民生產毛額（gross national product, GNP）、失業率或是通貨膨脹等。當然，我們也可以運用「您覺得現在我們國家整體的經濟狀況與一年以前相比，是變得比較好、比較不好，還是差不多？」這類問題，詢問選民個人對國家總體經濟情況的認知或是評估。

　　至於研究的發現以及詮釋，通常在研究報告中有關「研究方法」之後的章節，章節數目端視研究主題的多寡而定。就本章上述的範例而言，我們列出三個主題。研究發現或是資料分析部分，要包括完整的統計分析，並驗證你的研究假設，所以在分析時，可以先描述依變數的分佈、自變數與依變數的交叉分析、納入其他變數建構模型的多變數分析中，檢視主要變數之間的關係。資料分析要有重點，不要描述太多其他不相關的內容。此外，用適當的統計方法非常重要，適當的數值與統計檢定結果應出現在報表中，報表格式請符合一般學術規範（如第八章的表 8-9 中，可以包括：表頭、內容、資料來源以及表格內呈現數字的說明）。表格內的數字是（橫列或直欄）百分比、樣本數、估計係數、標準誤、p-value等都需要加以清楚標示，表格內的數字請（按照小數點或是個位數）對齊。統計分析部分，「數字不會說話」，你要幫他們開口，所以要好好解釋表中數字的意義，並檢視它與你的研究假設之間的關係。在資料分析中常常會出現表格，我們一般學術研究的編排中，往往是文字說明在前，然後才出現表格，所以編排上也需要注意。

　　由於「執行過程」以及「樣本分配表」都在第二章加以敘述，在附錄這一部分，僅包括問卷各題次數分配表、過錄編碼表以及問卷等三部分。其中「過錄編碼表」列出所有變數的名稱、變數內各數值代表的意義以及各變數在電子資料檔案中的位置，以利資料使用者以過錄編碼簿按圖索驥，找到該筆資料中所需要的變數。而在學術研究報告中沒有列出「問卷各題交叉列表」，是因為主要的分析內容，已經散見前述的各章節，而且

資料使用者也許會運用不同變數作為研究的依變數。再加上學術性的民意調查的變數較多，要完整列出會相當占篇幅，因此，可以視情況列出重要變數。

　　在參考書目方面，可依照學術報告要求的格式，加以列註。這些相關的格式，除了參考國內有關「論文寫作」的相關參考書目之外，在一般國內期刊中，也有「文稿體例」的附錄說明，讀者可以參考。

貳、研究結果的呈現

　　民意調查報告的研究結果，學者可以運用文字、表格、或是圖形等不同形式，來加以呈現。以下，我們以民眾的投票抉擇以及政黨認同等兩個不同的例子來加以說明。

一、選民的投票抉擇

　　眾所矚目的 2020 年總統大選，在當年度的 1 月 11 日正式投票與開票，TEDS 研究團隊則在選後的寒假，針對台灣地區有投票權的民眾，進行一波面對面的訪問。以下利用 2020 年總統與立委二合一選舉選後，由黃紀所主持的 TEDS 面對面訪問資料，來加以說明。[1]從圖 9-2 中可以發現：民眾對三位候選人的支持度中，蔡英文獲得 67%，韓國瑜則有 28% 的支持，宋楚瑜則僅有 5%（由於上述百分比是民意調查的結果，因此，與實際的選舉結果有些出入）。

1　本章使用的資料庫與第八章相同，請見上章的說明。「台灣選舉與民主化調查」（TEDS）2001 年至 2020 年多年期計畫主持人為國立政治大學黃紀教授，TEDS2020 為針對 2020 年總統與立法委員選舉執行之年度計畫，詳細資料請參閱 TEDS 網頁：http://www.tedsnet.org。作者感謝上述機構及人員提供資料協助，惟本章之內容概由作者自行負責。

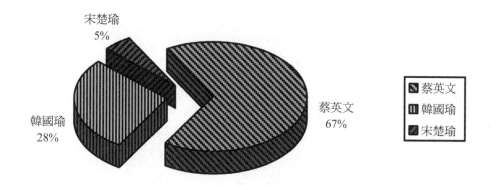

圖 9-2　2020 年總統大選民眾對三位候選人支持程度的圓餅圖

資料來源：黃紀（2020）。

　　當我們進一步分析選民的省籍背景與其投票支持對象的關聯性時，從圖 9-3 中可以發現：本省客家籍的選民中，表示其在選舉中投票給蔡英文的百分比為 62.2%，這個比例，與上述圖 9-2 所有選民支持蔡英文的百分比相較，是屬於較低的。此外，本省客家籍的選民，有 32.6% 支持韓國瑜，另有 5.2% 的客家選民支持宋楚瑜。至於本省閩南籍的選民中，支持蔡英文的百分比達 73.1%，而對韓國瑜的支持偏低，僅有 22.6%。此外，僅有 4.2% 的本省閩南籍的選民支持宋楚瑜。就大陸各省的選民而言，韓國瑜囊括了其中三分之二的支持，而僅有 26.3% 與 6.8% 的大陸各省籍選民分別投給蔡英文與宋楚瑜。

　　以上的敘述，是文字及圖形的方式，說明研究的成果。圖 9-2 是以圓餅圖表示三位主要候選人在民意調查中的支持度，而圖 9-3 則是利用長條圖將選民的省籍與他們的支持對象，做交叉分析的呈現。一般的套裝軟體在圖表的製作上非常方便，以微軟的套裝軟體而言，Excel 以及 Power Point 都可以製作圖 9-2 與 9-3 的圖形，讀者不妨參考使用手冊，瞭解各種圖表的製作方法。此處我們雖然省略了表格的呈現，不過，以表格呈現也是另外一種不錯的方式，我們在以下的說明，就包括表格的使用。

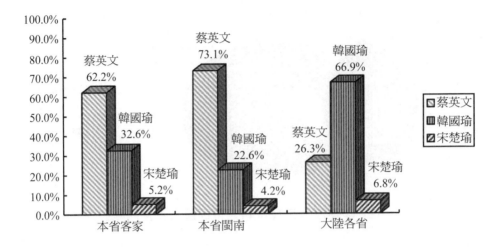

圖 9-3　2020 年總統大選不同省籍民眾對總統候選人支持程度的長條圖

資料來源：見圖 9-2。

二、選民的政黨認同

　　「政黨認同」是選民對政黨一種感情上的歸屬感，屬於一種較穩定的心理因素。不過，對於這個源自美國的概念能否運用到其他民主國家或是台灣，學者之間有許多討論，本章在此不加以贅述。以下，我們就檢視不同省籍的選民，政黨認同的分布情況，來說明台灣地區選民的省籍背景與政黨認同的關聯性。

　　在表 9-16 中，我們先將國內政黨區分為兩大陣營：泛藍與泛綠。其中，泛藍包括國民黨與親民黨；泛綠包括民進黨、時代力量與台灣民眾黨。民眾中，傾向泛綠的百分比為 43.8%、認同泛藍政黨的百分比為 19.6%，而沒有特定政黨認同傾向者為 36.6%。我們可以發現：選民中以傾向泛綠的比例最高，僅有不及兩成的選民，認同泛藍政黨，至於無傾向者，則超過三分之一，達到接近三成七的比例。

表 9-16 不同省籍民眾政黨傾向分布的卡方獨立性檢定表

		傾向泛藍	無傾向	傾向泛綠	總和
本省客家	（個數）	(50)	(80)	(87)	(217)
	%	23.0%	36.9%	40.1%	100.0%
本省閩南	（個數）	(201)	(454)	(594)	(1,249)
	%	16.1%	36.3%	47.6%	100.0%
大陸各省	（個數）	(66)	(58)	(27)	(151)
	%	43.7%	38.4%	17.9%	100.0%
總和	（個數）	(317)	(592)	(708)	(1,617)
	%	19.6%	36.6%	43.8%	100.0%
統計資訊：自由度 = 4；卡方值 = 81.96；$p < 0.001$					

資料來源：黃紀（2020）。

說明：表格中數字為橫列百分比（括號內為樣本數）。

　　我們結合上一章介紹的調整後餘值的資訊，以及卡方獨立性檢定的相關程序，我們從表 9-16 中可以進一步觀察不同省籍背景的選民政黨傾向的差異。就本省客家籍的選民而言，相對於全體選民，其認同泛綠陣營的百分比較低，僅略高於四成，無傾向的百分比略高於全體選民，接近三成七左右，至於認同泛藍陣營的百分比略高為兩成三。本省閩南的選民中，相對於全體民眾，有顯著較高的比例認同泛綠陣營，接近四成八。無政黨傾向的比例也顯著較全體民眾略低，約三成六，至於傾向泛藍的比例則顯著偏低，僅一成六。就大陸各省籍選民而言，認同泛綠政黨的比例顯著偏低，僅不及一成八，其無傾向的比例約三成八，也較全體民眾略高，至於其認同泛藍政黨者，高達近四成四，也較全體民眾顯著偏高。

　　除了選民的省籍背景之外，我們也希望瞭解選民對政府官員的信任程度，對他們政黨認同的影響。我們利用三個有關民眾對政府官員行政能力以及操守的評價，建構成一個「政治信任感」量表。[2]這個量表的分數分布由 1 分到 4 分，分數愈高表示對政府的信任感愈高。由於泛綠政黨為

---

[2] 有關「政治信任感」量表所使用的題目以及建構方式，讀者可以參考陳陸輝（2002; 2006; 2007）的相關討論。

執政黨，所以，我們預期選民的政治信任感愈高，對泛綠政黨的認同機率也愈高。我們的模型中將包括三個解釋變數，其中有兩個是選民省籍背景的虛擬變數（dummy variable），一個則是選民的政治信任感。由於我們的依變數是選民認同泛綠政黨與否，所以，是一個二分類（認同泛綠政黨者與不認同泛綠政黨者）的依變數，我們利用二分勝算對數模型分析（binary logit），[3]來解釋選民的政黨認同。

　　從表 9-17 中可以發現，選民的省籍背景（大陸各省籍及本省閩南）與選民的政治信任感，對他們認同泛綠政黨的傾向，有顯著的影響。也就是，相較於其他背景的選民，當選民的籍貫為本省閩南或是政治信任感較高時，他們對泛綠政黨認同的機率就會增加。相對地，大陸各省的民眾對於泛綠政黨的認同機率是顯著較低的。如果我們將表 9-17 的最後一個欄位（exp(B)）具體解釋，我們可以說：本省閩南認同泛綠政黨相對於不認同的機率比，是本省客家選民的 1.397 倍，而大陸各省認同泛綠政黨相對於不認同的機率比，是本省客家選民的 0.379 倍。此外，當民眾的政治信任增加一個單位，其認同泛綠政黨相對於不認同的機率比，就增加為原來

表 9-17　省籍與政治信任對民眾認同泛綠政黨傾向的二分勝算對數模型

變數名稱	估計係數（B）	（標準誤）	Exp(B)
省籍（本省客家=0）			
本省閩南	0.334	(0.172)	1.397
大陸各省	–0.970**	(0.280)	0.379
政治信任	1.713***	(0.136)	5.543
常數	–4.380***	(0.355)	0.013
模型資訊	樣本數：1,378; LRX^2(G^2) = 247.61 自由度 = 3; Nagelkerke R^2 = 0.22; $p < 0.001$		

資料來源：黃紀（2020）。

說明：依變數為民眾認同泛藍傾向，編碼 1 代表傾向泛綠，其他為 0。

　　　*: $p < 0.05$; **: $p < 0.01$; ***: $p < 0.01$。

3　有關對數成敗比的應用以及機率的計算，讀者可以參考陳陸輝（1999）的討論。

的 5.543 倍。不過，表 9-17 是勝算對數模型的統計分析的結果表，它的估計係數較難直接解釋，所以，我們將表 9-17 的結果，以圖 9-4 來加以呈現。

從圖 9-4 中，下面的實線是大陸各省人，上面的虛線是本省閩南人。從圖 9-4 中，我們可以發現：大陸各省民眾與本省閩南民眾之間，隨著政治信任的高低，對泛綠政黨的認同機率，有 6% 到 30% 的差異。當大陸各省籍的選民與本省閩南籍的選民，政治信任感都是 1 分時，對泛綠政黨認同的機率分別是 2.6% 與 8.8%。當其政治信任感上升到 2.5 分時，對泛綠政黨的認同機率分別是 25.6% 與 55.9%。不過，當民眾政治信任感極高時，他們對泛綠政黨認同機率的差異約一成三（在政治信任感量表為 4 分）。大陸各省與本省閩南對泛綠政黨的認同機率分別達到 81.8% 與 94.3%。所以，選民的政治信任感對他們認同泛綠政黨的機率，是有重要影響的。

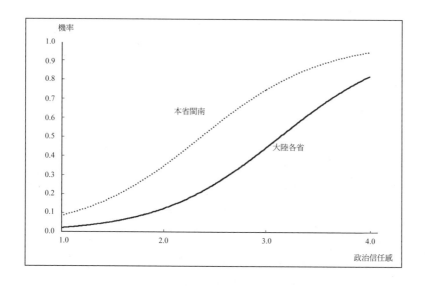

圖 9-4　政治信任感對不同省籍民眾認同泛綠政黨之影響

資料來源：黃紀（2020）。

參、結語

　　本章說明了一般民意調查報告與學術性民意調查報告的差異、研究報告的寫作格式，以及研究報告中資料的呈現與說明。

　　就一般的民意調查與學術性民意調查的差異而言，一般性的民意調查報告可以省略許多較為技術性的內容，而僅將委託者感興趣的主題，以文字、表格或是圖形來加以呈現。而學術性的民意調查報告，將包括更多的技術性資訊以及較為複雜的統計分析，以提供研究者對特定現象做理論性解釋或是假設驗證。

　　就民意調查報告的呈現方式而言，我們可以用條列式的文字敘述，或是以表格配合文字說明。當然，簡單卻清晰的圖表，對於說明研究發現上，也收事半功倍之效。目前相關的套裝軟體在製圖、製表與統計分析上都相當便利，一般讀者不妨參考相關的書籍並妥為運用。

Chapter **10**

調查研究倫理

游清鑫、鄭夙芬

　　民意調查是以「人」為對象的研究方法，因此在進行研究時，因為牽涉生理或心理上的人際接觸，研究者必須立一套專業的倫理規範，以保障所有參與研究者的權利與福祉，並避免可能引發的道德或法律問題。倫理的專業規範，不論是道德層面的或是法律層面的規範系統，是給予研究者進行研究時，一個行為上的指引（章英華譯 1999），同時也給學術社群一個對學術品質的判斷標準。

壹、研究倫理的道德層面

　　對於研究倫理的討論，起源於醫學研究領域，以人體作為實驗對象所引發的道德問題，尤其是二次世界大戰期間，德國納粹對猶太人及日本在中國東北地區以民眾所進行的不人道實驗，引發「研究」侵犯「被研究者權利與福祉」，以及研究目的不應傷害人類福祉議題的討論，因而在 1947 年的紐倫堡宣言，強調研究的進行，「必須取得受試者知情且出於自願的同意」與「研究設計必須是科學上有效的方法，並能為人類帶來利益」。這些原則後來也成為世界醫學大會所制訂作為當今主要醫學倫理來源「赫爾辛基宣言」的主要精神；而後美國「生物醫學及行為研究之人類受試者保護國家委員會」於 1979 年提出「貝爾蒙報告書」（Belmont Report）訂定「保護研究中人類受試者之倫理原則與綱領」，提出「尊重人格」、「行善」與「正義」等精神（章英華譯 1999, 76; 蔡甫昌2005a, 71-74; 2005b, 84-87）。

　　在社會科學的研究中，雖然不似醫學研究直接以人體為實驗對象，但因為在探討人類社會、個人行為與態度的同時，也可能引發道德性的爭議。在社會科學研究中幾個著名的爭議研究，如 Milgram（1963）的實驗，原為研究人順從權威的程度，卻因未事先告知實驗中對他人的電擊是假的，對象也是事安排的，而引發對被研究者的欺騙與心理傷害問題；Humphreys（1970）的「公廁交易」（又稱茶室交易）的研究，研究者隱藏自己的身分，進入同性戀團體，直接對同性戀者的生活及行為進行觀

察，被批評涉及欺騙與傷害被研究者；Vidich 與 Bensman（1958）的「斯布林代爾」（Springdale）社區研究案例，雖然得到當地區民的同意進入社區進行觀察與訪談，但因為研究報告中的描述，受訪者的身分可以很容易被辨識，因而造成對被研究者隱私及匿名的嚴重侵犯，而且當地區民也認為研究者對於其社會結構的描述有所誤導，而質疑研究的正確性，同時也使該地居民不願意再與任何研究者合作（畢恆達 1998, 40-42, 64-68; 章英華譯 1999, 27-32, 81-84）。這些案例所引發的倫理問題，主要在於研究者對研究對象的不當對待方式、不當的資料蒐集方法、資料分析與報導的誠實問題，以及忽視研究結果對社會的責任，而使得學術界開始思考應如何平衡學術研究的信效度與研究參與者的權益。在 1973 修訂的心理學研究原則中，即提出研究者必須遵守：「獲受試者告知同意後的參與、保證免於強迫的參與、在研究關係中維持公平性、保護受試者免於生理與心理傷害、研究一旦完成，遵守對參與者的責任、保證參與者的匿名與資料的保密」等原則（章英華譯 1999, 83）。

貳、研究倫理的法律層面

以人為對象的研究，不僅有道德層面的問題，也可能因為對研究對象的心理及生理所造成的傷害，而引發法律訴訟。因此許多國家也都制定相關法律來規範研究的範圍、行為以及如何處理相關損害及賠償問題。此外，許多的大學及研究機構，也制定相關的規定，以規範其機構內成員的行為。例如：美國密西根大學的「人類研究保護計畫」（Human Research Protection Program, HRPP: http://www.research.umich.edu/hrpp/om）中，即強調在進行以人類為研究對象的研究時，必須符合美國聯邦相關法律、密西根州法及密西根大學相關法規的規定。

在台灣，政府也制定了《個人資料保護法》（2010 年 5 月 26 日修正公布，2012 年 10 月 1 日施行）來規範公務及非公務機關（包括自然人、法人或其他團體）處理個人資料的方式，其目的是避免民眾的人格權受侵

害,並促進對個人資料之合理利用;同時也規範機關應明定個人資料使用範圍、對象、資料保存及銷毀方式、移轉方式,以及損害權益時如何賠償的方式。

　　有關研究倫理的法律規定,是對研究者行為的指引與規範,同時也是以法律對研究對象的權益進行保障,所有的研究者,不僅應對研究倫理有基本的認識,同時在進行研究時,也應符合法律的相關規定。

參、不同研究階段的倫理問題

　　在執行民意調查時,每個不同的執行階段,都會有不同的專業倫理面向,簡述如下:

一、研究設計階段

　　研究者必須注意是否採用最合適的研究設計及調查工具,以確保研究結果的信度與效度。

二、資料蒐集方法與過程

　　研究者必須保障所有參與研究的人員,尤其是被研究者的權益,研究者有善盡告知責任、得到被研究者同意的自願參與、保障隱私及匿名性、以及不讓參與者受到心理或生理上傷害的責任與義務。

三、資料的詮釋與公開

　　研究者對研究結果的詮釋,不應故意逾越資料所及的範圍,也不應策略性地進行不當的詮釋;同時在研究報告中應提供研究方法、研究發現及

適當的研究細節。[1]

四、資料的保存與銷毀

對研究資料的保存，研究者所應遵守的規範是：保障提供資料者的隱私及匿名性、資料釋出方式與使用對象的適當性、與保障資料的安全性。

肆、研究倫理的類型化

在現今複雜的人類社會結構中，研究倫理所面臨的問題也相當錯綜複雜，以研究領域來看，不同學科領域有不同的研究倫理，如醫學研究倫理、企業研究倫理、新聞研究倫理；以研究方法而言，不同研究方法所強調的研究倫理也有不同，如質化研究的倫理與量化研究的倫理，就分別面對不同的倫理項目；以研究角色分，研究者與同儕之間、研究者與被研究者、研究者與委託者之間，也有不同的權利義務關係（見圖 10-1）。以下我們將針對民意調查領域所會遭遇的研究倫理問題，以及相關的規範進行說明。

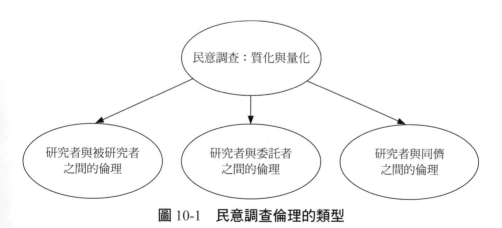

圖 10-1　**民意調查倫理的類型**

---

[1]　美國民意研究協會（American Association for Public Opinion Research, AAPOR）對於公開研究結果時應包括的項目，有詳細的建議，請參見 http://www.aapor.org/disclosurestandards。

一、研究者與被研究者之間的研究倫理

研究者與被研究者之間的倫理問題，主要在於如何避免讓被研究者心理或生理受到傷害及保障其權益。被研究者在研究過程中，可能受到的心理影響或生理傷害，可能是因為接觸的人員或研究進行的程序，讓他們產生緊張與焦慮、在人格、態度及意見上產生實質的改變、生理健康受損、研究所蒐集的個人資訊，因資料公開而讓他們難堪或涉及法律案件、因參與研究而遭遇與自己有關的不愉快資訊、以及個人隱私遭到侵犯等（章英華譯 1999, 49-50）。因此研究者在德道及法律層面上，都應採取行動保護被研究者。可以保護被研究者的方式如下：

（一）資料蒐集方式及過程不讓被研究者受辱或受傷

研究者除了不能對被研究者進行對身體有害的實驗外，在資料蒐集過程中，也不可以對被研究者個人或其所提供的資訊進行批判。

（二）不能在未充分告知被研究者相關資訊與權利、未得到同意、非自願的情況下進行研究

在進行研究前，研究者必須取得同意，以口頭或書面讓被研究者（或其代理人）理解研究的內容及參與的性質，同意書或說明中，必須包括可能的風險（如可能有的不適、不便或因研究而來的傷害），讓被研究者自行決定是否願意參與研究，不能以身分（如老師與學生）或利益衝突（如醫生與病患之間）強迫被研究者參與研究。被研究者一定要拿到同意書的副本，以作為保障自身權益的依據；另外，研究對象也有權知道是誰在維護資料或誰可以取得資料。[2]

2　HRPP: http://www.research.umich.edu/hrpp/om.

（三）提供心理或生理受損時的賠償資訊與方式

當研究涉及風險時，給被研究者的說明以及同意書中，必須註明所提供的補償或治療，以及告知必要的資訊來源；研究對象也必須被告知，當對自己的權利有問題或受到傷害時，可以和誰聯絡的資訊。

（四）保障被研究者的隱私及匿名性

在資料蒐集及處理過程中，研究者應將一切被研究者會因其提供的資料，而被指認出其個人身分的資料列為機密（例如問卷上不應列出受訪者的姓名、地址或身分證字號）；同時，沒有得到受訪者的同意之前，不能洩漏受訪者的名字，或利用受訪者的名義做非研究目的用途，尤其不能讓被研究者因而涉及法律訴訟（例如訪談中指出賄選的實證）。在資料釋出時，也應隱去所有可以連結到被研究者身分或聯絡方式的項目，不讓資料的使用者，可以辨識被研究者的身分或查探其所在之處。

（五）妥善的資料保存與保密

對於被研究者所提供的研究資料，研究者必須以安全的方式妥善保存，也應界定使用範圍及可以使用的人員，所有參與研究的人（包括研究人員、訪員、資料處理人員等），都應該簽署保密協定；釋出資料時，也必須對申請使用者界定使用的權限及範圍，並要求簽署保密協定。

（六）不能扭曲或過度詮釋被研究者提供的資訊

研究者對於被研究者所提供的資料，在詮釋時，不應因為個人的偏見，或者為達成某種特定目的（例如企圖影響輿論或選情），而逾越資料所及的範圍或造假。

二、研究者與委託者之間的倫理

不論是學術研究單位或一般進行民意調查的機構或公司，與委託（或補助）者之間，也有應該遵守的倫理規範，研究者與委託人應於研究進行前，簽定委託合約，以清楚界定彼此的權利與義務關係：

（一）過程與結果的保密

研究者及委託人應該對研究進行的過程及研究成果加以保密，除非委託人特意授權公開相關資訊，或雙方事先對結果的公開方式有所約定。在釋出研究結果時，研究者也應要求委託者遵守符合倫理的標準及原則。

（二）研究方法的正當性與正確性

美國民意研究協會建議研究者應該接受自己能力及技術範圍所及的委託，並以委託者的最大權益做考量，使用最適當的研究方法及資料蒐集方式；[3]如果研究可能對被研究者造成傷害時，應事先界定賠償責任。在進行資料分析與詮釋時，除了不應故意或策略性地扭曲資料或詮釋研究發現之外，也不能應委託者的要求，將研究結果扭曲或造假，或在研究過程中，為迎合委託者的利益，以不正當的方式影響研究結果。

（三）資料的保存與應用

對於研究所產生的資料，除非有特殊約定，通常資料所有權屬於委託者，研究者不應做研究之外的用途或自行釋出。因此，研究者應事先與委託者以契約約定資料所有權歸屬、使用範圍及釋出規定，以明訂雙方對資料的權限。

---

3 AAPOR Code of Professional Ethics and Practices: http://www.aapor.org/aaporcodeofethics.

三、研究者與同儕之間的倫理

　　根據國科會統計，近年來有 19 篇研究論文中，竟然有兩篇為「全文抄襲」，而在不少的「研究計畫」中，還有不當採用別人的點子或想法之情況，這些抄襲或剽竊的行為，都涉及違反研究者對其研究同儕之間的研究倫理，[4]卻也經常存在於學術界或學生撰寫的報告或論文之中。因此，應採取行動要求任何人在進行研究時，應對他人的研究心血予以尊重。

　　學術上對於「抄襲」有嚴格的定義與要求（李美華等譯 1998, A30-A33; 轉引自盛杏湲 2005, 182-183）：

（一）不能在沒有使用**引號**及給予**完整引述處**的情況下，一字不漏地使用別人的文字。原則上，使用別人的作品中一個段落，卻沒有引述出處時，即為抄襲。

（二）如果引用他人的**文字**，而未加上引號，即使在最後標明是某人的作品，也是抄襲。

（三）沒有詳細註明出處，**重新編輯或重新敘述**別人的著作中的文字，並將修改過的文字以自己的作品方式呈現，也是抄襲。

（四）沒有詳細註明出處，或提出相關參考文獻，即使**使用了跟原始作者完全不一樣的文字**來描述某個觀念，但是把別人的觀念當成是自己的觀念來呈現，也是令人無法接受的。

　　不僅研究者應在進行研究時，將上述之原則隨時謹記於心，同時也應在出版、升等或申請補助時，以此為基本條件，推動同儕評鑑制度，進行雙向匿名的評審（余漢儀 1998, 2-4）。

　　除了不抄襲及剽竊他人的研究成果之外，研究者對於自己研究成果的發表或出版，也應注意下列的規範：

（一）公開研究素材及研究方法

　　美國民意研究協會建議：研究者的責任是在發表或釋出研究結

---

[4]　http://www.ettoday.com/2004/12/12/142-725098.htm（檢索日期：2007 年 1 月 17 日）。

果的報告時，應將研究如何執行當作是必要的資訊。該協會制定了一個在發表研究結果時至少應有之項目的建議（standards for minimal disclosure），[5]其中包括的項目大致如下：1. 註明委託者及執行者；2. 怎麼問受訪者的精確用語（exact wording），包括因為預期有可能會影響回答的情況，而提供給訪員及受訪者更進一步的指示或說明之文件；3. 對母體的定義，以及抽樣清冊的說明；4. 抽樣設計的說明，明確指出受訪者是如何被抽出，或者全部是自選的；5. 樣本數、適當合格標準的篩選程序、及根據 AAPOR 標準定義（standard definitions）計算的回應率（response rate），最低程度也要有一個樣本分布的說明，以計算回應率；6. 對於研究發現的確切討論，包括樣本誤差的估計，以及加權或估計程序的描述；7. 有哪些結果是根據部分而不是全體樣本，以及此一部分樣本的樣本數；8. 資料蒐集的方法、地點及時間。

（二）客觀的資料分析

研究者應以客觀的態度進行資料分析，也不應因為個人的偏見或為了達成特定目的，而故意擴大解釋或扭曲研究資料。對於研究資料的不當使用，除了有可能造成對被研究者的傷害，使之不願再參與任何的研究之外，同時也嚴重損害研究的公信力，甚至可能對社會造成不良的影響。

（三）嚴謹的學術論文格式

學術論文的格式，相當於研究者之間溝通的語言規格，因此研究者應在發表及出版著作時，遵守一定的寫作格式。學術刊物通常會有撰稿體例說明，目前社會科學界常用的有「美國政治學會」（American Political Science Association, APSA）「作者—日期」（author-date）體例、「美國精神病學學會」（American Psychiatric Association）的「APA 格式」（APA Style）、「芝加哥格式」（The Chicago Manual of Style）、「哈佛

5　AAPOR: http://www.aapor.org/disclosurestandards.

格式」（Harvard style）等，這些格式皆是可以參考的。

（四）客觀的同儕審查

對於他人研究成果或學術著作的審查，也應秉持專業的客觀標準，不應攙雜個人偏見或挾怨報復，相關機構也應建立審查或評鑑制度，並聘任專業上合格的審查人進行審查或評鑑。

伍、結語

本章討論關於研究倫理的根本、面向及類型等問題，然而研究倫理的實踐，可以是法律的規定，也可以是道德上的約束，但在大部分的情況下，仍然高度仰賴研究者的良心，客觀的倫理規範仍需研究者衷心的服從，即便在某些情形下進行特定性質的研究時，可能會讓研究倫理變得隱晦不彰，研究者仍須時時刻刻抓緊尊重被研究者權益的基本信條，不應單方面地為了追求研究成果而忽略此一要求。換言之，在研究過程中，經常會面臨倫理的要求與研究者原有的設計企圖相衝突的情形，例如在 Milgram 的研究當中，雖然諸多的批評認為該研究沒有事先告知被研究者那些用來懲罰他人的電壓是假的，以及其他的參與者也都是事先安排好的，然而，對 Milgram 的研究設計來講，如果事先告知被研究者這些事情，則針對一般人在面對權威時的服從程度的探索研究時，便會因為被研究者事先已經知曉而無法進行完全的實驗規劃，也無法達致嚴謹的結果。顯然，此案中研究倫理所要求不應欺騙被研究者的基本要求是直接與研究目的無法並存的，因此，對研究倫理的實踐方式更需要進一步的思索，尤其是類似此種研究更是如此，從後續對 Milgram 研究在倫理規範的討論當中，也進一步強調研究者必須在事前告知被研究者如在身體上或心理上有任何不適的感受時，隨時有停止參與研究的權利，甚至研究者也需隨時密切觀察被研究者的感受，避免造成被研究者在身體或是心靈上的創傷。這樣的討論在相當程度上，是將研究倫理的實踐進行轉化，但仍舊強調一

點：研究倫理的實踐仍舊是在研究者個人的心中，研究者才是研究倫理最後的守衛者，如果研究者放棄此一責任，則再多的外在規範也難有實質效用。

　　社會科學的研究基本上是以人為主要對象，人的自由意志以及自身權益的維護不應受到任何以「學術研究」為名的各種活動之侵犯。因此，在相當程度上，研究倫理的實踐會成為研究的阻力，因為有太多的規範需要被遵守，被研究對象也可以憑藉研究倫理的保護而拒絕提供研究所需的資訊，然而，研究倫理的實踐也可以成為研究的助力，當被研究對象完全明瞭其權益的保障限度，其參與對研究成果的貢獻，以及信任研究者的作為時，如此的研究才能全面地推展。再者，研究倫理的實踐也是提供研究者更進一步走向學術專業的基本保障，這一保障使得研究者不會受到研究資助單位不當的干擾，以及捍衛自己辛苦研究的成果。最後，透過一致性的倫理規範要求，學術社群的每一分子對於學術研究的各項成果，在產生過程與最終品質上有基本的共同認知，這一基本認知是學術社群相互對話的互信基礎，也唯有強化此種基礎，對於最終的學術研究累積與再運用才能發揮最大的效果。本書僅希望透過對研究倫理的探討，彰顯研究倫理的重要性，並提供一些在進行研究時可以遵循的規則，也期待能提高一些研究的道德標準。

References

參考書目

王石番，1995，《民意理論與實務》，台北：黎明文化。

余漢儀，1998，〈社會研究的倫理〉，嚴祥鸞主編，《危險與秘密：研究倫理》，台北：三民。

吳柏林，2013，《現代統計學》，台北：五南。

吳統雄，1984，《電話調查：理論與方法》，台北：聯經。

李美華、孔祥明、林嘉娟、王婷玉譯，Earl Babbie 原著，1998，《社會科學研究方法》（*The Practice of Social Research*），台北：時英出版社。

李政忠，2003，〈從抽樣與統計方法探討網路問卷調查的可行性：比較電話訪談與網路問卷樣本的實質差異性〉，《廣播與電視》，21：55-95。

李政忠，2004，〈網路調查所面臨的問題與解決建議〉，《資訊社會研究》，6：1-24。

杜素豪、羅婉云、洪永泰，2009，〈以入選機率調整法修正調查推估偏差的成效評估〉，《政治科學論叢》，41：151-176。

周祖誠，1999，〈選舉民意調查機構效應之探討〉，《致理學報》，12：31-51。

周祖誠，2001，〈民調數字替誰說話？〉，《聯合報》，5月10日，第15版。

林宗弘，2015，〈再探台灣的世代政治：交叉分類隨機效應模型的應用，1995-2010〉，《人文及社會科學集刊》，27（2）：395-436。

林長志，2010，〈立委選制變遷對選民投票行為之影響：投票穩定與變遷的分析〉，國立政治大學政治學系博士學位論文。

林啟耀，2015，〈選舉制度對投票參與的影響：跨國比較與台灣個案分析〉，國立政治大學政治學系博士論文。

林彩玉、洪永泰、鄭宇庭，2004，〈調查研究中『無反應』選項問題之分析〉，《調查研究》，2：111-141。

洪永泰，1989，〈抽樣調查中訪問失敗問題的處理〉，《社會科學論叢》，37：33-52。

洪永泰，1995，〈抽樣調查中戶籍資料適用性之探討〉，《選舉研究》，
　　2（2）：83-97。

洪永泰，1996，〈抽樣調查中樣本代表性問題〉，《調查研究》，1：
　　7-37。

洪永泰，2005，〈台灣地區抽樣調查各種母體定義、抽樣底冊、和涵蓋率
　　的比較〉，《調查研究》，18：9-44。

洪永泰，2009，〈抽樣〉，游清鑫主編，《民意調查新論》，台北：五
　　南。

洪永泰，2021，〈雙底冊電話調查的估計成效評估：以選前調查為例〉，
　　《選舉研究》，28（2）：95-126。

洪永泰、洪百薰、林宇旋、呂孟穎、許勝懋、吳淑慧、卓仲彥、徐書儀，
　　2012，〈手機使用對台灣地區電話調查涵蓋率之影響評估〉，2012
　　調查研究方法與應用學術研討會，9月7日，台北：中央研究院人文
　　社會科學研究中心調查研究專題中心。

洪永泰、黃永政，2000，〈台灣地區電話隨機撥號抽樣方法之研究〉，
　　《選舉研究》，7（1）：173-184。

胡毓忠、游清鑫，2000，《網路使用人參與政府事務之研究》，台北：行
　　政院研究發展考核委員會。

韋端，1990，《抽樣方法之應用》，台北：中國統計學社。

耿曙、陳陸輝，2003，〈兩岸經貿互動與台灣政治版圖：南北區塊差異的
　　推手？〉，《問題與研究》，42（6）：1-27。

張傳賢、蒙志成，2013，〈選民在藍綠認同、統獨議題與族群認同上的立
　　場與變遷：擬似定群資料的建構與應用〉，黃紀主編，《台灣選舉與
　　民主化調查（TEDS）方法論之回顧與前瞻》，台北：五南。

梁世武，1998，《市場調查理論實務手冊》，台北：世新大學出版中心。

畢恆達，1998，〈社會研究的研究者與倫理〉，嚴祥鸞主編，《危險與秘
　　密：研究倫理》，台北：三民。

盛杏湲，2005，〈研究論文之撰寫〉，國立政治大學第十二期研究方法研
　　習營，台北：國立政治大學研究發展處。

陳陸輝，1999，〈「固定樣本連續訪談法」（panel studies）樣本流失問題之探討〉，《選舉研究》，6（1）：175-204。

陳陸輝，2002，〈政治信任與台灣地區選民投票行為〉，《選舉研究》，9（2）：65-84。

陳陸輝，2006，〈政治信任的政治後果——以 2004 年立法委員選舉為例〉，《台灣民主季刊》，3（2）：39-62。

陳陸輝，2007，〈民眾對中央和地方政府的政治信任對其縣市長選舉的影響〉，《政治學報》，43：43-70。

陳陸輝，2011，〈我國大學生政治社會化的定群追蹤研究〉，計畫編號：NSC100-2628-H-004-084-MY4，台北：行政院國家科學委員會補助專題研究計畫。

陳陸輝，2013，〈「民眾對當前兩岸關係之看法」民意調查報告書〉，台北：行政院大陸委員會。

陳陸輝，2021，〈藍綠陣營選民基礎的長期分析〉，陳陸輝主編，《2020年總統選舉：新時代的開端》，台北：五南。

陳陸輝，2022，〈2020年至2024年「台灣選舉與民主化調查」四年期研究規劃〉，行政院國家科學委員會補助專題研究計畫，計畫編號：MOST 109-2740-H-004 -004 -SS4，台北：行政院國家科學委員會。

陳陸輝、陳映男，2013，〈臺灣政黨選民基礎的持續與變遷〉，陳陸輝主編，《2012年總統與立法委員選舉：變遷與延續》，台北：五南。

陳義彥、許志鴻、盛杏湲，1995，《民意測驗》（修訂版），台北：華視文化。

陳義彥、陳陸輝，2004，〈我國大學生政治價值與態度的持續與變遷——大學四年政治化過程之研究〉，計畫編號：NSC93-2414-H-004-032-SSS，台北：行政院國家科學委員會補助專題研究計畫。

陳肇男，2001，〈大型電訪之省思〉，《調查研究》，10：121-138。

章英華譯，Allan J. Kimmel 原著，1999，《應用性社會研究的倫理與價值》（*The Ethics and Values in Applied Social Research*），台北：弘智文化。

游清鑫、黃紀、洪永泰、蔡佳泓，2007，〈建置實驗性網路民意調查系統之規劃〉，計畫編號：RDEC-095-06，台北：行政院研究發展考核委員會。

隋杜卿，1986，〈問卷調查中的樣本代表性研究〉，《思與言》，23（6）：72-86。

黃紀，2000，〈實用方法論芻議〉，《政治學報》，31：107-139。

黃紀，2001，〈一致與分裂投票：方法論之探討〉，《人文及社會科學集刊》，13（5）：541-574。

黃紀，2005，〈投票穩定與變遷之分析方法：定群類別資料之馬可夫鍊模型〉，《選舉研究》，12（1）：1-35。

黃紀，2008，〈因果推論與觀察研究：「反事實模型」之思考〉，《社會科學論叢》，2（1）：1-21。

黃紀，2010，〈因果推論與效應評估：區段識別法及其於「選制效應」之應用〉，《選舉研究》，17（2）：103-134。

黃紀，2011，〈滾動式橫斷面調查的理論與應用〉，「海峽兩岸民意調查的理論、方法和實踐」學術研討會，6月25-26日，廈門大學。

黃紀，2012a，〈2012年至2016年「選舉與民主化調查」四年期研究規劃〉，計畫編號：NSC101-2420-H-004-034-MY4，台北：行政院國家科學委員會補助專題研究計畫。

黃紀，2012b，〈2009年至2012年「台灣選舉與民主化調查」三年期研究規劃（3/3）：2012年總統與立法委員選舉電訪案（TEDS 2012-T）〉，計畫編號：NSC100-2420-H-002-030，台北：行政院國家科學委員會補助專題研究計畫。

黃紀，2013，〈政治學計量方法的回顧與前瞻〉，吳玉山、林繼文、冷則剛主編，《政治學的回顧與前瞻》，台北：五南。

黃紀，2015，〈「台灣選舉與民主化調查」十五年：現況與展望〉，「兩岸四地民意調查：現況與展望」學術研討會，國立政治大學社會科學資料中心，11月7日。

黃紀，2016，〈「台灣選舉與民主化調查」TEDS 2012-2016四年期計畫

考評報告〉，科技部人文司，2016 年 3 月。

黃紀，2017，〈TEDS 網路調查實驗平台第一次測試報告〉，科技部專題研究計畫〈2016 年至 2020 年「臺灣選舉與民主化調查」四年期研究規劃（1/4）〉，計畫編號：MOST 105-2420-H-004 -015 -SS4。

黃紀，2020，〈2016 年至 2020 年「臺灣選舉與民主化調查」四年期研究計畫報告〉，計畫編號：MOST 105-2420-H-004 -015 -SS4，台北：科技部專題研究計畫。

黃紀，2021，〈政黨偏好與經濟評估：2016 vs. 2020〉，陳陸輝主編，《2020年總統選舉：新時代的開端》，台北：五南。

黃紀，2023，〈政治極化的成因及影響〉，國立政治大學台灣政經傳播研究中心 2022 年政策報告書。

黃紀、王德育，2016，《質變數與受限依變數的迴歸分析》，台北：五南。

黃紀、張卿卿，2023，〈台灣政經傳播研究：政治極化之定群追蹤面訪調查（TIGCR-PPS 2018-2022）〉，國立政治大學台灣政經傳播研究中心，DOI: 10.6923/TW-TIGCR-PPS-PANEL。

黃紀、郭銘鋒、王鼎銘，2014，〈日本選民政黨支持與投票抉擇：小泉執政時期參眾兩院選舉的分析〉，《台灣政治學刊》，18（2）：1-78。

黃毅志，1997，〈抽樣調查中訪問失敗的問題之探討：以台灣地區社會變遷調查為例作說明〉，《調查研究》，4：113-129。

趙民德、謝邦昌，1999，《探索真相：抽樣理論和實務》，台北：曉園出版社。

劉義周，1996，〈測不到的誤差：訪員執行訪問時的偏誤〉，《調查研究》，2：35-58。

蔡甫昌，2005a，〈研究倫理與赫爾辛基宣言（一）〉，《健康世界》，232：71-74。

蔡甫昌，2005b，〈研究倫理與赫爾辛基宣言（二）〉，《健康世界》，233：84-87。

蔡佳泓、徐永明、黃琇庭，2007，〈兩極化政治：解釋台灣 2004 總統大選〉，《選舉研究》，14（1）：1-31。

鄭夙芬，2000，〈政治類調查訪問中訪員錯誤類型之研究〉，《選舉研究》，7（2）：143-191。

鄭夙芬，2006，〈焦點團體研究法在改善調查品質上的應用〉，《政治學報》，41：1-33。

鄭夙芬、陳陸輝，1998，〈台灣地區民眾參與調查研究態度的變遷：1986-1998〉，《選舉研究》，7（1）：115-138。

鄭貞銘，2001，《民意與民意測驗》，台北：三民。

賴世培、丁庭宇、莫季雍、夏學理，1996，《民意調查》，台北：國立空中大學。

羅啟宏，1992，〈台灣省鄉鎮發展類型之研究〉，《台灣經濟》，190：41-68。

蘇建州，1998，〈穩健電話調查程序之初探〉，《調查研究》，6：119-143。

蘇蘅，1986，《傳播研究調查法》，台北：三民。

Alvarez, R. Michael, Robert P. Sherman, and Carla VanBeselaere. 2003. "Subject Acquisition for Web-Based Surveys." *Political Analysis* 11(1): 23-43.

Amstutz, Mark R. 1982. *An Introduction to Political Science: The Management of Conflict*. Glenview: Scott Foresman and Co.

Asher, Herbert. 2012. *Polling and the Public: What Every Citizen Should Know*. CQ Press.

Auspurg, Katrin and Thomas Hinz. 2015. *Factorial Survey Experiments*. Thousand Oaks: Sage.

Bachmann, Duane, John Elfrink, and Gary Vazzana. 1996. "Tracking the Progress of E-mail vs. Snail-mail." *Marketing Research* 8(2): 30-35.

Baker, Reg et al. 2010. "Research Synthesis: AAPOR Report on Online Panels." *Public Opinion Quarterly* 74(4): 711-781.

Baker, Therese L. 1994. *Doing Social Research*. New York: McGraw-Hill, Inc.

Baldassarri, Delia and Andrew Gelman. 2008. "Partisans without Constraint: Political Polarization and Trends in American Public Opinion." *American Journal of Sociology* 114(2): 408-446.

Bansak, Kirk, Jens Hainmueller, Daniel J. Hopkins, and Teppei Yamamoto. 2021. "Conjoint Survey Experiments." In James N. Druckman, and Donald P. Green, eds., *Advances in Experimental Political Science*. Cambridge: Cambridge University Press.

Barabas, Jason and Jennifer Jerit. 2010. "Are Survey Experiments Externally Valid?" *American Political Science Review* 104(2): 226-242.

Bartels, Larry M. 2006. "Three Virtues of Panel Data for the Analysis of Campaign Effects." In Henry E. Brady and Richard Johnston, eds., *Capturing Campaign Effects*. Ann Arbor: The University of Michigan Press.

Bautista, René. 2012. "An Overlooked Approach in Survey Research: Total Survey Error." In Lior Gideon, ed., *Handbook of Survey Methodology for the Social Sciences*. New York: Springer.

Bell, Andrew and Kelvyn Jones. 2015. "Age, Period and Cohort Processes in Longitudinal and Life Course Analysis: A Multilevel Perspective." In Claudine Burton-Jeangros, Stephane Cullati, Amanda Sacker, and David Blane, eds., *A Life Course Perspective on Health Trajectories and Transitions*. Heidelberg: Springer Open.

Berrens, Robert P., Alok K. Bohara, Hank Jenkins-Smith, Carol Silva, and David L. Weimer. 2003. "The Advent of Internet Surveys for Political Research: A Comparison of Telephone and Internet Samples." *Political Analysis* 11(1): 1-22.

Biemer, Paul P. and Ronald S. Fesco. 1994. "Evaluation and Controlling Measurement Errors in Business Survey." In Brenda G. Cox et al., eds., *Business Survey Methods*. New York: John Wiley & Sons.

Bitzer, George Y. 2005. "Attidude Strength." In Samuel J. Best and Benjamin

Radcliff, eds., *Polling America: An Encyclopedia of Public Opinion* (pp. 24-30). Westport, C.T.: Greenwood Press.

Blair, Graeme and Kosuke Imai. 2012. "Statistical Analysis of List Experiments." *Political Analysis* 20(1): 47-77.

Blair, Graeme, Kosuke Imai, and Jason Lyall. 2014. "Comparing and Combining List and Endorsement Experiments: Evidence from Afghanistan." *American Journal of Political Science* 58(4): 1043-1063.

Blais, André. 2012. "To Vote or To Abstain: An Experimental Study." Speech delivered at the Election Study Center, National Chengchi University, April 30.

Bourque, Linda B. and Eve P. Fielder. 1995. *How to Conduct Self-Administered and Mail Survey*. Thousand Oaks: Sage.

Bradburn, Norman M. and Seymour Sudman. 1979. *Improving Interview Method and Questionnaire Design*. San Francisco: Jossey-Bass.

Brady, Henry E. and Richard Johnston. 2006. "The Rolling Cross-Section and Causal Attribution." In Henry E. Brady and Richard Johnston, eds., *Capturing Campaign Effects*. Ann Arbor: The University of Michigan Press.

Brehm, John. 1993. *The Phantom Respondents: Opinion Surveys and Political Representation*. Ann Arbor: The University of Michigan Press.

Buchanan, Tom and John L. Smith. 1999. "Using the Internet for Psychological Research: Personality Testing on the World Wide Web." *British Journal of Psychology* 90(1): 125-144.

Callegaro, Mario and Charles DiSogra. 2008. "Computing Response Metrics for Online Panels." *Public Opinion Quarterly* 72(5): 1008-1032.

Campbell, Angus. 1960. "Surge and Decline: A Study of Electoral Change." *Public Opinion Quarterly* 24(3): 397-418.

Campbell, Angus, Philip E. Converse, Warren E. Miller, and Donald Stokes. 1960. *The American Voter*. Chicago: University of Chicago Press.

Campbell, Donald T. and Julian C. Stanley. 1963. *Experimental and Quasi-Experimental Designs for Research*. Chicago: Rand McNally College Publishing Company.

Cantril, Hadley. 1940. "Experiments in the Wording of Questions." *Public Opinion Quarterly* 4(2): 330-332.

Cantril, Hadley. 1944. *Gauging Public Opinion*. Princeton: Princeton University Press.

Carey, John M., Katherine Clayton, and Yusaku Horiuchi. 2020. *Campus Diversity: The Hidden Consensus*. Cambridge: Cambridge University.

Carmines, Edward J. and Richard A. Zeller. 1979. *Reliability and Validity Assessment*. Beverly Hills: Sage.

Chang, Linchiat and Jon A. Krosnick. 2009. "National Survey via RDD Telephone Interviewing versus the Internet: Comparing Sample Representativeness and Response Quality." *Public Opinion Quarterly* 73(4): 641-678.

Cochran, William G. 1956. "On Simplification of Sampling Design through Replication with Equal Probabilities and Without Stages." *Journal of the American Statistical Association* 51: 24-53.

Cochran, William G. 1977. *Sampling Techniques* (3rd edition). New York: John Wiley and Sons.

Couper, Mick P. 1996. "Public Opinion Polls?" In Adam Kuper and Jessica Kuper, eds., *The Social Science Encyclopedia* (2nd edition). London: Rouledge.

Couper, Mick P. 2000. "Web Surveys: A Review of Issues and Approaches." *Public Opinion Quarterly* 64(4): 464-494.

Couper, Mick P., Arie Kapetyn, Matthias Schonlau, and Joachim Winter. 2007. "Noncoverage and Nonresponse in an Internet Survey." *Social Science Research* 36(1): 131-148.

Curtice, John. 1996. "Public Opinion Polls." In Adam Kuper and Jessica Kuper, eds., *The Social Science Encyclopedia* (2nd edition). London: Rouledge.

DeLeeuw, E. D. and J. J. Hox. 1994. "Are Inconsistent Respondents Consistently Inconsistent? A Study of Several Nonparametric Person Fit Indices." In J. J. Hox and W. Jenson, eds., *Measurement Problems in the Social Sciences*. Amsterdam: SISWO.

Deming, W. Edward and F. F. Stephan. 1940. "On a Least Square Adjustment of a Sampled Frequency Table When the Expected Marginal Totals Are Known." *Annals of Mathematical Statistics* 11: 427-444.

Deming, W. Edward. 1956. "On Simplification of Sampling Design through Replication with Equal Probabilities and Without Stages." *Journal of the American Statistical Association* 51: 24-53.

Denzin, Norman K. and Yvonna S. Lincoln, eds. 1998. *Strategies of Qualitative Inquiry*. Beverly Hills: Sage.

Dever, Jill, Ann Rafferty, and Richard Valliant. 2008. "Internet Surveys: Can Statistical Adjustments Eliminate Coverage Bias?" *Survey Research Methods* 2: 47-60.

Dillman, Don A. 1978. *Mail and Telephone Survey: The Total Design Method*. New York: Wiley.

Dillman, Don A. 2000. *Mail and Internet Surveys: The Tailored Design Methods* (2nd edition). New York: Wiley.

Dillman, Don A., Jolene D. Smyth, and Leah Melani Christian. 2014. *Internet, Phone, Mail, and Mixed-Mode Surveys: The Tailored Design Method* (4th edition). Hoboken, NJ: Wiley.

Dommeyer, Curt and Eleanor Moriarty. 2000. "Comparing Two Forms of an E-mail Survey: Embedded vs. Attached." *International Journal of Market Research* 42(1): 39-50.

Downs, Anthony. 1957. *An Economic Theory of Democracy*. New York: Harper and Row.

Duncan, Dudley and Beverly Davis. 1953. "An Alternative to Ecological

Correlation." *American Sociological Review* 18(6): 665-666.

Duncan, Greg J. and Graham Kalton. 1987. "Issues of Design and Analysis of Surveys Across Time." *International Statistical Review* 55(1): 97-117.

Erikson, Robert S. and Kent L. Tedin. 2007. *American Public Opinion: Its Origins, Content, and Impact.* New York: Pearson/Longman.

Fink, Arlene. 2003. *How to Design Survey Studies* (2nd edition). Thousand Oaks: Sage.

Fowler, Floyd Jackson Jr. 2002. *Survey Research Methods* (3rd edition). Thousand Oaks: Sage.

Fowler, Floyd Jackson Jr. 2004. "The Case for More Split-Sample Experiments in Developing Survey Instruments." In Stanley Presser, Jennifer M. Rothgeb, Mick P. Couper, Judith T. Lessler, Elizabeth Martin, Jean Martin, and Eleanor Singer, eds., *Methods for Testing and Evaluating Survey Questionnaires.* Hoboken: Wiley.

Fowler, Floyd Jackson Jr. and Thomas W. Mangione. 1990. *Standardized Survey Interviewing: Minimizing Interviewer-Related Error.* Newbruy Park: Sage.

Frey, James H. and Sabine Merterns Oishi. 1995. *How to Conduct Interviews by Telephone and in Person.* Thousand Oaks: Sage.

Gerber, Alan S. and Donald P. Green. 2008. "Field Experiments and Natural Experiments." In Janet M. Box-Steffensmeier, Henry E. Brady, and David Collier, eds., *Oxford Handbook of Political Methodology.* Oxford: Oxford University Press.

Gerber, Alan S. and Donald P. Green. 2012. *Field Experiments: Design, Analysis, and Interpretation.* New York: W.W. Norton & Company.

Gideon, Lior, ed. 2012. "Introduction." In *Handbook of Survey Methodology for the Social Sciences.* Lior Gideon. New York: Springer.

Glenn, Norval D. 2005. *Cohort Analysis* (2nd edition). Thousand Oaks: Sage.

Glynn, Carroll J., Susan Herbst, Robert Shapiro, and Garrett O'Keefe. 1999. *Public Opinion.* Coloarado: Westview Press.

Groves, Robert M. 1989. *Survey Errors and Survey Costs*. New York: Wiley.

Groves, Robert M. and Mick P. Couper. 1998. *Nonresponse in Household Interview Survey*. New York: John Wiley and Sons.

Groves, Robert M., Floyd J. Fowler, Jr., Mick P. Couper, James M. Lepkowski, Eleanor Singer, and Roger Tourangeau. 2009. *Survey Methodology* (2nd edition). Hoboken: Wiley.

Hainmueller, Jens and Daniel J. Hopkins. 2015. "The Hidden American Immigration Consensus: A Conjoint Analysis of Attitudes toward Immigrants." *American Journal of Political Science* 59(3): 529-548.

Hainmueller, Jens, Daniel J. Hopkins, and Teppei Yamamoto. 2014. "Causal Inference in Conjoint Analysis: Understanding Multidimensional Choices via Stated Preference Experiments." *Political Analysis* 22(1): 1-30.

Hankinson, Michael. 2018. "When Do Renters Behave Like Homeowners? High Rent, Price Anxiety, and NIMBYism." *American Political Science Review* 112(3): 473-93.

Hansen, Morris H. and William N. Hurwitz. 1943. "On the Theory of Sampling from Finite Populations." *Annals of Mathematical Statistics* 14: 332-362.

Hansen, Morris H., William N. Hurwitz, and William G. Madow. 1953. *Sample Survey Methods and Theory*. New York: John Wiley and Sons.

Hennessy, Bernard. 1985. *Public Opinion* (5th edition). Belmont: Wadsworth Inc.

Hensher, David A, John M. Rose, and William H. Greene. 2015. *Applied Choice Analysis* (2nd edition). Cambridge: Cambridge University Press.

Hess, Robert D. and Judith V. Torney. 1967. *The Development of Political Attitudes in Children*. Chicago: Aldine Publishing Co.

Hetherington, Marc and Weiler, Jonathan. 2018. *Prius or Pickup? How the Answers to Four Simple Questions Explain America's Great Divide*. Boston, MA, Houghton Mifflin Harcourt.

Hewson, Clair, Peter Yule, Dianna Laurent, and Carl Vogel. 2003. *Internet*

Research Methods: A Practical Guide for the Social and Behavioral Sciences. London: Sage.

Hoogendoorn, Adriaan W. and Jacco Daalmans. 2009. "Nonresponse in the Recruitment of an Internet Panel Based on Probability Sampling." *Survey Research Methods* 3: 59-72.

Horiuchi, Yusaku, Zachary Markovich, and Teppei Yamamoto. 2022. "Does Conjoint Analysis Mitigate Social Desirability Bias?" *Political Analysis* 30(4): 535-549.

Horvitz, D. G. and D. J. Thompson. 1952. "A Generalization of Sampling Without Replacement from a Finite Universe." *Journal of the American Statistical Association* 47: 663-685.

Huang, Chi. 2006. "The Evolution of Taiwanese Identity: A Pseudo Panel Analysis." Paper presented at the 2006 Annual Meeting of the American Political Science Association, August 31-Sepetember 3, Philadelphia.

Huang, Chi. 2018. "Testing Partisan Effects on Economic Perceptions: A Panel Design Approach." *Journal of Electoral Studies* 25(2): 89-115.

Huang, Chi. 2019. "Generation Effects? Evolution of Independence-Unification Views in Taiwan, 1996-2016." *Electoral Studies* 58: 103-112.

Huang, Chi and Ching-hsin Yu. 2011. "Political Cycle of Voters' Understanding of the New Electoral System: The Case of Taiwan." *Japanese Journal of Electoral Studies* 27(2): 60-76.

Huang, Chi and Tzu-ching Kuo. 2022. "Actual and Perceived Polarization on Independence-Unification Views in Taiwan." *Asian Journal of Communication* 32(2): 75-92.

Huang, Chi, Ching-hsin Yu, and Yi-ching Hsiao. 2011. "Citizens' Awareness of the New MMM Electoral System in Taiwan: A Cohort Analysis." *Election Studies* 1(2): 7-43.

Huang, Chi, Hung-chung Wang, and Chang-chih Lin. 2012. "Knowledge of the Electoral System and Voter Turnout." *Taiwanese Political Science Review*

16(1): 239-279.

Huang, Chi, Hung-chung Wang, and Chang-chih Lin. 2013. "Knowledge of the Electoral System and Voting: The Case of Taiwan's 2012 Legislative Election." *Issues & Studies*, forthcoming.

Humphreys, Laud. 1970. *Tearoom Trade*. Chicago: Aldine.

Imai, Kosuke. 2011. "Multivariate Regression for the Item Count Technique." *Journal of the American Statistical Association* 106(494): 407-416.

Jacobsohn, John. 1997. *An Introduction to Political Science*. Belmont: Wadsworth Publishing Company.

James, Jeannine M. and Richard Bolstein. 1992. "Large Monetary Incentives and Their Effect on Mail Survey Response Rates." *Public Opinion Quarterly* 56: 442-453.

Jennings, M. Kent and Gregory B. Markus. 1984. "Partisan Orientations Over the Long Haul: Results from the Three-Wave Political Socialization Panel Study." *American Political Science Review* 78(4): 1000-1018.

Johnston, Richard. 2008. "Survey Methodology." In Janet M. Box-Steffensmeier, Henry E. Brady, and David Collier, eds., *Oxford Handbook of Political Methodology*. Oxford: Oxford University Press.

Johnston, Richard and Henry E. Brady. 2002. "The Rolling Cross-Section Design." *Electoral Studies* 21(2): 283-295.

Kasprzyk, Daniel, Greg Duncan, Graham Kalton, and M.P. Singh, eds. 1989. *Panel Surveys*. New York: John Wiley and Sons.

Kenski, Kate. 2004. "Research Design Concepts for the Rolling Cross-Section Approach." In Daniel Romer, Kate Kenski, Paul Waldman, Christopher Adasiewicz, and Kathleen Hall Jamieson, eds., *Capturing Campaign Dynamics: The National Annenberg Election Survey*. Oxford: Oxford University Press.

Key, V.O. 1961. *Public Opinion and American Democracy*. New York: Knopf.

Kish, Leslie. 1965. *Survey Sampling*. New York: Wiley.

Krosnick, Jon A. 1999. "Survey Research." *Annual Review of Psychology* 50: 537-567.

Kruger, Richard A. and Mary Anne Casey. 2000. *Focus Group* (3rd edition). Thousand Oaks: Sage.

Lake, Celinda C. 1987. *Public Opinion Polling: A Handbook for Public Interest and Citizen Advocacy Groups*. Washington, D.C.: Island Press.

Lavrakas, Paul J. 1993. *Telephone Survey Methods: Sampling, Selection and Supervision* (2nd edition). Beverly Hills: Sage.

Lazarsfeld, Paul F. 1982[1948]. "The Use of Panel in Social Research." In Patricia L. Kendall, ed., *The Varied Sociology of Paul F. Lazarsfeld*. New York: Columbia University Press.

Lazarsfeld, Paul F., Bernard Berelson, and Hazel Gaudet. 1968[1944]. *The People's Choice: How the Voter Makes Up His Mind in a Presidential Campaign* (3rd edition). New York: Columbia University Press.

Lebo, Matthew J. and Christopher Weber. 2015. "An Effective Approach to the Repeated Cross-Sectional Design." *American Journal of Political Science* 59(1): 242-258.

Lee, Sunghee. 2004. "Statistical Estimation Methods in Volunteer Panel Web Surveys." Ph.D. diss. University of Maryland.

Lee, Sunghee. 2006. "Propensity Score Adjustment as a Weighting Scheme for Volunteer Panel Web Surveys." *Journal of Official Statistics* 22(2): 329-349.

Lee, Sunghee and Richard Valliant. 2009. "Estimation for Volunteer Panel Web Surveys Using Propensity Score Adjustment and Calibration Adjustment." *Sociological Methods & Research* 37(3): 319-343.

Lippmann, Walter. 1925. *The Phantom Public*. New Brunswick and London: Transaction Publishers.

Little, Roderick J. A. and Donald B. Rubin. 2002. *Statistical Analysis with Missing Data* (2nd edition). Hoboken: Wiley.

Litwin, Mark S. 1995. *How to Measure Survey Reliability and Validity*. Thousand Oaks: Sage.

Loosveldt, Geert and Nathalie Sonck. 2008. "An Evaluation of the Weighting Procedures for an Online Access Panel Survey." *Survey Research Methods* 2(2): 93-105.

Lyber, Lars, Paul Biemer, Martin Collins, Edith De Leeuw, Cathryn Dippo, Norbert Schwarz, and Dennis Trewin, eds. 1997. *Survey Measurement and Process Quality*. New York: John Wiley & Sons.

MacKuen, Michael B. 1981. "Social Communication and the Mass Policy Agenda" In Michael B. MacKuen and Steven Coombs, eds., *More than News: Media Power in Public Affairs*. Beverly Hills: Sage.

Madow, William G., Ingram Olkin, and D.B. Rubin, eds. 1983. *Incomplete Data in Sample Surveys*. New York: Academic Press.

Mahalanobis, Prasanta C. 1939. "A Sample Survey of the Acreage under Jute in Bengal." *Sankhya* 4: 511-530.

Mahalanobis, Prasanta C. 1946. "Recent Experiments in Statistical Sampling in the Indian Statistical Institute." *Journal of the Royal Statistical Society* 109: 325-378.

Malhotra, Neil and Jon A. Krosnick. 2007. "The Effect of Survey Mode and Sampling on Inferences about Political Attitudes and Behavior: Comparing the 2000 and 2004 ANES to Internet Surveys with Nonprobability Samples." *Political Analysis* 15(3): 286-323.

Manheim, Jarol, Richard Rich, and Lars Willnat. 2002. *Empirical Political Analysis: Research Methods in Political Science* (5th edition). New York: Longman.

Marshall, Catherine and Gretchen B. Rossman. 1999. *Designing Qualitative Research* (3rd edition). Thousand Oaks: Sage.

Menard, Scott. 2008. "Introduction: Longitudinal Research Design and Analysis." In Scott Menard, ed., *Handbook of Longitudinal Research:*

Design, Measurement, and Analysis. San Diego: Academic Press.

Milgram, Stanley. 1963. "Behavioral Study of Obedience." *Journal of Abnormal and Social Psychology* 67: 371-378.

Monroe, Alan D. 1975. *Public Opinion in America*. New York: Dodd, Mead & Company.

Morgan, David. 1997. *Focus Groups as Qualitative Resarch* (2nd edition). Thousand Oaks: Sage.

Morris, Merrill and Christine Ogan. 1996. "The Internet as Mass Median." *Journal of Communication* 46(1): 39-50.

Nie, Norman and Lutz Erbring. 2000. *Internet and Society: A Preliminary Report*. Stanford: Stanford Institute for the Quantitative Study of Society.

Norris, Pippa. 2001. *Digital Divide: Civic Engagement, Information Poverty, and the Internet Worldwide*. Cambridge, MA: Cambridge University Press.

O'Brien, Robert M. 2015. *Age-Period-Cohort Models: Approaches and Analyses with Aggregate Data*. Boca Raton: CRC Press.

Pelzer, Ben, Rob Eisinga, and Philip Hans Franses. 2004. "Ecological Panel Inference from Repeated Cross Sections." In Gary King, Ori Rosen, and Martin A. Tanner, eds., *Ecological Inference: New Methodological Strategies*. Cambridge: Cambridge University Press.

Pennings, Paul, Hans Keman, and Jan Kleinnijenhuis. 2006. *Doing Research in Political Science* (2nd edition). London: Sage.

Petersen, Thomas. 2008. "Split Ballots as an Experimental Approach to Public Opinion Research." In Wolfgang Donsbach and Michael W. Traugott, eds., *The Sage Handbook of Public Opinion Research*. Thousand Oaks: Sage.

Pitkow, James E. and Margaret M. Recker. 1994. "Result from the First World-Wide Web User Survey." *Computer Networks and ISDN Systems* 27: 243-254.

Plewis, Ian. 1985. *Analysing Change: Measurement and Explanation Using Longitudinal Data*. Chichester: Wiley.

Price, Vincent. 1967. *The Development of Political Attitudes in Children*. Chicago: Aldine Publishing Co.

Price, Vincent. 1992. *Public Opinion*. Newbury Park: Sage Publication.

Ranney, Austin. 2001. *Governing: A Brief Introduction to Political Science* (8th edition). N.J.: Prentice Hall.

Rivers, Douglas. 2007. "Sampling for Web Surveys." Paper prepared at the 2007 Joint Statistical Meeting, Salt Lake City, UT.

Roskin, Michael G., Robert L. Cord., Janes A. Medeiros, and Walter S. Jones. 1997. *Political Science: An Introduction* (7th edition). Upper Saddle River: Prentice Hall.

Rubenstein, Sondra M. 1995. *Surveying Public Opinion*. Belmont: Wadsworth.

Scheaffer, Richard L., William Mendenhall, and Lynn Ott. 1996. *Elementary Survey Sampling* (5th edition). Ottawa: Duxbury Press.

Schonlau, Matthias, Arthur van Soest, and Arie Kapteyn. 2007. "Are 'Webographic' or Attitudinal Questions Useful for Adjusting Estimates from Web Surveys Using Propensity Scoring?" *Survey Research Methods* 1(3): 155-163.

Schonlau, Matthias, Kinga Zapert, Lisa Payne Simon, Katherine Haynes Sansted, Sue M. Marcus, John Adams, Hongjun Kan, Rachel Turner, and Sandra H. Berry. 2004. "A Comparison between Responses from a Propensity-Weighted Web Survey and Identical RDD Survey." *Social Science Computer Review* 22: 128-138.

Schuman, Howard and Stanley Presser. 1981. *Questions & Answers in Attitude Survey: Experiments on Question Form, Wording, and Context*. London: Sage.

Schuman, Howard and Stanley Presser. 1996. *Questions & Answers in Attitude Survey: Experiments on Question Form, Wording, and Context* (2nd edition). London: Sage.

Spector, Paul E. 1992. *Summated Rating Scale Construction: An Introduction*.

London: Sage Publications.

Smith, M. A. and Leigh B. 1997. "Virtual Subjects: Using the Internet as an Alternative Source of Subjects and Research Environment." *Behavior Research Methods, Instruments and Computers* 29(4): 496-505.

Sniderman, Paul M. 2011. "The Logic and Design of the Survey Experiment: An Autobiography of a Methodological Innovation." In James N. Druckman, Donald P. Green, James H. Kuklinski, and Arthur Lupia, eds., *Cambridge Handbook of Experimental Political Science*. Cambridge: Cambridge University Press.

Strauss, Anselm and Juliet Corbin. 1990. *Basics of Qualitative Research: Grounded Theory, Procedures, and Techniques*. Thousand Oaks: Sage.

Suchman, E. and B. McCandless. 1940. "Who Answer Questionnaires?" *Journal of Applied Psychology* 24: 758-769.

Terhanian, George and John Bremer. 2000. "Confronting the Selection-Bias and Learning Effects Problems Associated with Internet Research." Harris Interactive White Paper, August 16.

Tse, A.C.B. 1998. "Comparing the Response Rate, Response Speed and Response Quality of Two Methods of Sending Questionnaires: E-mail vs. Mail." *Journal of Market Research Society* 40: 353-361.

Vehovar, Vasja, Katja Lozar Manfreda, and Gasper Koren. 2008. "Internet Surveys." In Wolfgang Donsbach and Michael W. Traugott, eds., *The Sage Handbook of Public Opinion Research*. Thousand Oaks: Sage.

Vidich, Arthur J. and Joseph Bensman. 1958. *Small Town in Mass Society: Class, Power, and Religion in a Rural Community*. Princeton: Princeton University Press.

Waldman, Paul. 2004. "Survey Procedures, Content, and Dataset Overview." In Daniel Romer, Kate Kenski, Paul Waldman, Christopher Adasiewicz, and Kathleen Hall Jamieson, eds., *Capturing Campaign Dynamics: The National Annenberg Election Survey*. Oxford: Oxford University Press.

Wardle, J., K. Robb, and F. Johnson. 2002. "Assessing Socioeconomic Status in Adolescents: The Validity of a Home Affluence Scale." *Journal of Epidemiology and Community Health* 56(8): 595-599.

Weisberg, Herbert F. 2005. *The Total Survey Error Approach: A Guide to the New Science of Survey Research*. Chicago: The University of Chicago Press.

Witte, James, Lisa M. Amoroso, and Philip E.N. Howard. 2000. "Research Methodology: Method and Representation in Internet-Based Survey Tools-Mobility, Community, and Cultural Identity in Survey 2000." *Social Science Computer Review* 18(2): 179-195.

Wolter, Kirk M. 1985. *Introduction to Variance Estimation*. New York: Spinger-Verlag.

Yang, Yang and Kenneth C. Land. 2006. "A Mixed Models Approach to the Age-Period-Cohort Analysis of Repeated Cross-Section Surveys, with an Application to Data on Trends in Verbal Test Scores." *Sociological Methodology* 36 (1): 75-97.

Yang, Yang and Kenneth C. Land. 2013. *Age-Period-Cohort Analysis: New Models, Methods, and Empirical Applications*. Boca Raton: CRC Press.

Yeric, Jerry L. and John R. Todd. 1983. *Public Opinion: The Visible Politics*. Itasca: F.E. Peacock Publishers, Inc.

國家圖書館出版品預行編目資料

民意調查／陳義彥等著. －－六版.－－臺北
　市：五南圖書出版股份有限公司，2023.09
　面；　公分
　ISBN 978-626-366-471-5（平裝）

1.CST: 民意調查

540.19　　　　　　　　　112013217

1Z64

民意調查

主　　編 — 陳陸輝(266.5)

作　　者 — 陳義彥、黃　紀、洪永泰、盛杏湲、游清鑫
　　　　　　鄭夙芬、陳陸輝、蔡佳泓、俞振華

發 行 人 — 楊榮川

總 經 理 — 楊士清

總 編 輯 — 楊秀麗

副總編輯 — 劉靜芬

責任編輯 — 黃郁婷、邱敏芳

封面設計 — 姚孝慈

出 版 者 — 五南圖書出版股份有限公司

地　　址：106台北市大安區和平東路二段339號4樓

電　　話：(02)2705-5066　　傳　　真：(02)2706-6100

網　　址：https://www.wunan.com.tw

電子郵件：wunan@wunan.com.tw

劃撥帳號：01068953

戶　　名：五南圖書出版股份有限公司

法律顧問　林勝安律師

出版日期　2001年11月初版一刷
　　　　　2009年5月二版一刷
　　　　　2013年9月三版一刷
　　　　　2016年9月四版一刷
　　　　　2020年10月五版一刷
　　　　　2023年9月六版一刷

定　　價　新臺幣500元

經典永恆・名著常在

五十週年的獻禮——經典名著文庫

五南，五十年了，半個世紀，人生旅程的一大半，走過來了。

思索著，邁向百年的未來歷程，能為知識界、文化學術界作些什麼？

在速食文化的生態下，有什麼值得讓人雋永品味的？

歷代經典・當今名著，經過時間的洗禮，千錘百鍊，流傳至今，光芒耀人；

不僅使我們能領悟前人的智慧，同時也增深加廣我們思考的深度與視野。

我們決心投入巨資，有計畫的系統梳選，成立「經典名著文庫」，

希望收入古今中外思想性的、充滿睿智與獨見的經典、名著。

這是一項理想性的、永續性的巨大出版工程。

不在意讀者的眾寡，只考慮它的學術價值，力求完整展現先哲思想的軌跡；

為知識界開啟一片智慧之窗，營造一座百花綻放的世界文明公園，

任君遨遊、取菁吸蜜、嘉惠學子！